AF362943

La Industria 4.0
en la sociedad digital

Antoni Garrell

Llorenç Guilera

Colección: Gestiona
Director: David Soler

La Industria 4.0 en la sociedad digital
1.ª edición, 2019

© 2019, Antoni Garrell Guiu, Llorenç Guilera Agüera
© de esta edición, incluido el diseño de la cubierta, ICG Marge, SL

Edita: Marge Books
València, 558 – 08026 Barcelona
Tel. 931 429 486 – marge@margebooks.com
www.margebooks.com

Edición: Núria Gibert
Compaginación: Mercedes Lara
Impresión: Prodigitalk, SL (Martorell, Barcelona)

Edición impresa: ISBN 978-84-17313-85-2
Edición digital: ISBN 978-84-17313-86-9
Depósito Legal: B 4340-2019

El papel empleado en este libro no ha sido blanqueado con cloro elemental (CI_2).

Índice

Los autores

Antoni Garrell

Ingeniero industrial por la Universidad Politécnica de Cataluña (UPC), estudios de doctorado en sistemas automáticos de toma de decisión y Máster en Gestión y Administración. Director general de la Fundació per l'ESDi (FUNDIT), impulsora de la formación en la cultura del diseño, la innovación y la tecnología. Es una de las voces expertas sobre la sociedad digital y la Industria 4.0. Fue fundador del Cercle per al Coneixement y presidente del mismo, ha ocupado cargos directivos en importantes empresas multinacionales y de consultoría, banca e industria.

Llorenç Guilera

Ingeniero industrial y doctor en Psicología. Ha dirigido los servicios informáticos de tres universidades. Ha sido director de consultoría en dos empresas multinacionales de las tecnologías de la información y la comunicación. Dirigió la Escuela Superior de Diseño (ESDi), adscrita a la Universidad Ramon Llull (URL), entre 2010 y 2014. Dirige el Máster de Innovación en Industrias Textiles y es profesor de creatividad y competencias directivas.

Prólogo

Hace apenas una década, en numerosas áreas del planeta, la industria era considerada, de forma errónea, como algo del pasado, una actividad contaminante y molesta. Hoy en día, de forma creciente y continuada, los expertos coinciden en que tan solo una sociedad con un fuerte componente industrial es capaz de minimizar los impactos negativos, los inevitables ciclos a los que está sometida la actividad económica, una actividad que parece tender a excluir a los humanos de los procesos productivos.

Desde antes de la gran crisis iniciada en 2007, en los países con economías más avanzadas sobrevuela la amenaza de la falta de trabajo para los humanos como consecuencia de la progresiva automatización y robotización de la sociedad en general, y de las fábricas en particular. Diversas previsiones indican que dentro de 20 o 30 años la sustitución puede rondar el 50 %.

Según la consultora McKinsey Global Institute, antes del 2030, entre 400 y 800 millones de personas se verán afectadas, a escala mundial, por este proceso. En consecuencia, deberán encontrar un nuevo empleo o variar sus funciones de forma muy significativa. Estas presiones sobre los puestos de trabajo empiezan a ser percibidas con alarma por la sociedad, ya que, a pesar del progresivo envejecimiento de la población, en los países europeos, la oferta de puestos de trabajo es insuficiente y el número creciente de personas que queriendo trabajar no pueden evidencia el desajuste entre la oferta y la demanda. Las consecuencias directas son dobles: por un lado, altas tasas de paro y, por otro, precariedad y bajos salarios.

La pérdida actual de puestos de trabajo es el primer efecto de la irrupción de la tecnología no solo en las cadenas de producción, sino en todo nodo productivo o de toma de decisiones.

Pero la predicción más fiable es que, a pesar de la sustitución de humanos por robots, surgirán nuevos empleos y todavía faltará mucho para que los humanos podamos dejar de trabajar. De hecho, el último informe del Foro Económico Mundial, *Future of Jobs 2018,* afirma que la automatización eliminará 75 millones de puestos de trabajo antes de 2025, pero añade que se crearán 133 millones de nuevos. Consecuentemente, habrá un superávit de 58 millones de nuevos puestos de trabajo. Unos nuevos empleos para los que se requerirán nuevas actitudes en el desarrollo de la tarea, incorporar la interacción de humanos con robots y, a la vez, el dominio de aspectos asociados a internet móvil de alta velocidad, el análisis de grandes volúmenes de datos, la computación en la nube, saber utilizar las herramientas propias de la inteligencia artificial y, muy especialmente, todos aquellos aspectos directamente asociados al diseño de productos inteligentes. Prepararse adecuadamente para estas nuevas profesiones se está convirtiendo en fundamental para seguir activo o acceder al mercado laboral.

Estamos ante la punta del iceberg de la transformación del modelo productivo que avanza hacia otro estado en el cual la tecnología inteligente estará omnipresente, es decir inmerso en la robótica, la inteligencia artificial, la impresión 3D, la telepresencia inmersiva, el internet de las cosas, y las máquinas autónomas que interactúan con productos y entre ellas mismas tomando decisiones.

No hay dudas de que todavía estamos lejos de poder robotizar los trabajos en los que se requiere creatividad frente a nuevas situaciones, o en aquellos que necesitan inteligencia emocional. Pero es innegable que se van abriendo las puertas de la gran convergencia tecnológica (la simbiosis entre la *tecno* y la *cogno)* y la creación de clones humanos digitales que serán capaces de incorporar todo el conocimiento de cada uno de nosotros, actuarán de acuerdo a nuestro carácter, reaccionarán sobre la base del registro e interiorización de nuestras emociones y usarán nuestro lenguaje verbal y corporal.

Son avances que se vislumbran como utópicos para muchos ciudadanos, pero que son vistos como un futuro cercano para los nativos digitales. Estamos iniciando el camino hacia un nuevo modelo productivo que no solo pretende mejorar la productividad. Su objetivo último es mejorar la competitividad gracias al diseño y fabricación de productos inteligentes.

No nos queda otra alternativa que acelerar el modelo productivo teniendo muy presente la agenda 2030, aprobada por la ONU en 2015, que establece las estrategias para combatir la pobreza, la desigualdad y los desequilibrios derivados de la globalización. Hay que tener presente que, según el informe de Oxfam de enero de 2018, el 1 % de los ricos del mundo acumula el 82 % de la riqueza global y que la FAO en septiembre de 2018 indicaba que una de cada nueve personas en el mundo tiene problemas de falta de alimentos.

Eliminar estas desigualdades obliga, por un lado, a extraer productividad de los avances técnicos y científicos y, por otro, a socializar parte de los beneficios logrados.

Del mismo modo que el vapor hace años permitió cambios radicales en los procesos, la tecnología está conformando una nueva revolución industrial, que ha sido bautizada como Industria 4.0. La cuarta revolución industrial persigue la simbiosis entre los métodos de producción y las tecnologías de la información y la comunicación. El objetivo es fabricar productos que incorporen conectividad e inteligencia artificial para aportar soluciones innovadoras a las demandas explícitas o implícitas de los ciudadanos.

La Industria 4.0 es, pues, la palanca de construcción del futuro, una revolución que, además de robotizar las fábricas, persigue el reto de utilizar la tecnología en beneficio de todos. Hoy ya no es suficiente extraer capacidad productiva de la tecnología, como se ha hecho a lo largo de las tres revoluciones industriales precedentes, ahora el objetivo avanzar en la fabricación de productos inteligentes y, a la vez, socializar los beneficios asociados a la automatización industrial y a la toma de decisiones automáticas, sin olvidar asumir modelos de desarrollo sostenible. Un hecho no solo posible sino insoslayable.

En este contexto se encuadra este libro, cuya finalidad es ayudar a la comprensión de la cuarta revolución industrial, e identificar los pasos para poder transformar los procesos productivos propios de la industria 3.0 para alcanzar las oportunidades propias de la Industria 4.0. El éxito y arraigo de los nuevos procesos y modelos productivos que se describen aquí obligan a articular empresas que pongan el acento en el talento de las personas. En vertebrar organizaciones «sabias». Es decir, organizaciones que sepan integrar ciencia y tecnología de forma simbiótica con la creatividad y la inteligencia humana, tanto la emocional como la racional. Organizaciones excelentes para trabajar y desarrollarse las personas, dado que en ellas surge el compromiso, la ética en toda actuación y la empatía con clientes y proveedores.

Sin duda, esta nueva revolución industrial nos abre las puertas a un futuro muy diferente en el que las tecnologías han de permitirnos alcanzar mayores niveles de calidad de vida y de desarrollo humano.

Josep Bombardó Navines
Presidente de la FUNDIT

Introducción

Este texto surge a raíz de múltiples conversaciones y sesiones de trabajo desarrolladas desde la FUNDIT –durante el segundo semestre de 2017 y el primer trimestre de 2018, en el marco del PECT (Plan Estratégico de Competitividad Territorial) «Vallès Industrial: innovació i disseny de la indústria europea»– con más de un centenar de industriales y directivos de empresas de diversos sectores, tamaño y ubicación, en las que se detectó la necesidad de dar una aproximación introductoria, al tiempo que rigurosa, de los cambios que la sociedad digitalizada está provocando en todo el entorno socioeconómico de los países avanzados y cómo los cambios tecnológicos de las últimas décadas están afectando a los modelos productivos, a los hábitos y las relaciones sociales y económicas y se han convertido en el motor de lo que los analistas han bautizado con el nombre de *cuarta revolución industrial* o, en forma más abreviada, Industria 4.0.

En el capítulo 1 se repasan las sucesivas revoluciones industriales para comprender cuáles son los factores tecnológicos, energéticos y sociales que generan impactos disruptivos en los procesos productivos y sus repercusiones en las relaciones sociales y económicas de toda una época. En el capítulo 2 se analiza el grado de digitalización actual alcanzado por las sociedades económicamente avanzadas. En el capítulo 3 se relacionan las tecnologías que están propiciando en el nuevo cambio disruptivo en las industrias. En el capítulo 4 se define el concepto válido de fábrica inteligente. En el capítulo 5 se abordan los cambios que las tecnologías y la Industria 4.0 aportan a la logística. En el capítulo 6 se describe la importancia de las nanotecnologías y los materiales que nos proporcionan. En el capítulo 7 se plantean los retos éticos y sociales que se tendrán que resolver para que el cambio sea realmente de progreso para toda la sociedad. En el capítulo 8 se da una visión de por dónde pueden venir las futuras soluciones energéticas que la sociedad y la conservación del medio ambiente necesitan. El capítulo 9 incide en la necesidad imperiosa del ecodiseño y la sostenibilidad. El capítulo 10 enumera los retos que el nuevo paradigma tiene por delante. El capítulo 11 concreta cómo debe adaptarse la formación profesional y universitaria para hacer frente a los nuevos puestos de trabajo que se van a generar. Finalmente, el capítulo 12 define la hoja de ruta que las industrias actuales tienen que seguir para alcanzar con éxito su transformación al nuevo paradigma productivo, comercial y logístico.

La obra ha sido dirigida por el director general de la FUNDIT, Antoni Garrell, experto conocedor del tema, y compilada por el Dr. Llorenç Guilera, profesor y director del Máster de Innovación de las Industrias en la Escuela Superior de Diseño (ESDi), adscrita a la Universidad Ramon Llull. Ha contado con la colaboración en algunas temáticas de los expertos Juan Luis de los Ríos,[1] Ramón Martínez[2] y Rafael Suñol.[3]

---

[1] Ha colaborado como experto en impactos socioeconómicos de la Industria 4.0 del capítulo 7.

[2] Ha colaborado como experto en los temas de logística del capítulo 5.

[3] Se usó como punto de partida, en las reuniones con industriales y directivos, el texto sobre problemáticas de la industria en la era digital, de la Fundació per la Indústria elaborado por su consejo asesor bajo la coordinación y dirección de Rafael Suñol (Suñol, 2014).

Capítulo 1
Las sucesivas revoluciones industriales

La importancia de la industria

La industria fue el principal motor de la economía a partir del siglo XIX. Hasta la Segunda Guerra Mundial, la industria fue durante muchos años el sector económico que más aportaba al producto interior bruto (PIB) y el que más puestos de trabajo creaba. Desde entonces, y con el aumento de la productividad por la mejora tecnológica de las máquinas y —sobre todo— por el desarrollo creciente del sector servicios, el peso de la industria en el PIB ha pasado a un segundo plano. No obstante, sigue siendo esencial, ya que no tienen sentido servicios que no estén basados en un desarrollo industrial.

La industria acumula *inputs* de muchos otros sectores de actividad, los dota de valor añadido, los organiza y repercute actividades a otros sectores industriales y al consumidor final. La cadena de valor puede ser más corta o más larga, dependiendo de varios factores, pero es indudable que la transformación industrial tiene siempre efectos multiplicadores en el conjunto de la economía y en los hábitos de la sociedad.

En cinco de los diez países más competitivos del mundo, el peso del PIB industrial supera el 20 %. A escala mundial, la industria representa el 16 % del PIB, el 70 % del comercio global y origina más de las tres cuartas partes de la investigación y desarrollo (I+D) en el ámbito privado.

Las estadísticas muestran que, por cada unidad monetaria del PIB generado por el sector industrial, se genera otro tanto (o incluso más) en los sectores vinculados o inducidos (proveedores, transportes, comercio, etc.). Y por cada empleo nuevo en la industria se genera otro tanto o más en otros sectores económicos. El crecimiento de la industria tiene siempre efecto multiplicador en la economía de un país, aumenta el PIB y la tasa de empleo.

Cómo afectó la crisis de 2008 a la industria

La crisis económica de 2008 causó que el sector industrial de muchos países perdiera peso en el PIB. En España, por ejemplo, la industria, que representaba el 25 % en 1980, no llegaba al 14 % en 2013. Esta crisis terminó con el 30 % del entramado industrial español. Se cerraron más de 49.500 empresas del sector de la manufactura, según el Consejo General de Economistas. Vale la pena comprobar la forma razonada y rigurosa con que el profesor Josep Oliver[4] explica estos hechos en el número 1 de la colección *Conèixer la indústria*.

En cambio, la crisis de 2008 pasó como una tormenta de verano por la región de América Latina. En 2009, los PIB de toda América del Sur –que habían terminado 2008 en positivo– se derrumbaron meses después. Argentina fue el país peor golpeado con una caída del 5,9 % en el PIB por su fuerte dependencia de la entrada de divisas; pero también fue el país que se recuperó con más fuerza en 2010, cuando este indicador subió más del 10 %. La recuperación —a partir de 2010— fue tan fulgurante como la caída. América Latina demostró haber aprendido de sus múltiples crisis financieras.

Las grandes diferencias con la UE fueron disponer de una mejor regulación bancaria y de aprovechar un incremento en el precio de las materias primas. La relación entre deuda externa y reservas era mucho más favorable y propició una situación inédita de liquidez y solvencia. Los gobiernos tuvieron recursos para aplicar políticas contracíclicas, para apuntalar la producción y el consumo con dinero público.

Latinoamérica, con todo, dista mucho de ser un bloque uniforme. Se pueden agrupar las economías en dos grandes ejes: América del Sur –muy dependiente del valor de sus exportaciones de materias primas– y México y sus países vecinos –muy abiertos al exterior y con creciente peso de las manufacturas sobre su economía–. Se dice que un resfriado en Estados Unidos es una gripe en México; por esta causa, en 2009 el PIB mexicano cayó más de un 5 %, arrastrado por el desplome en los pedidos de su industria.

Al sur, la caída de la financiación externa y el derrumbe de la demanda de materias primas afectaron a los países productores, como Brasil, Argentina, Chile y Perú –Venezuela ya se regía por sus propias dinámicas, a pesar de que el petróleo aún cabalgaba por encima de los cien dólares por barril–. Pero todas estas economías contaban con superávit fiscales y las arcas de sus bancos centrales estaban llenas. En Brasil, la crisis se cobró 654.000 puestos de trabajo y veinte puntos de caída de la

---

[4] Véase OLIVER, JOSEP (2014).

actividad industrial a finales de 2008. Pero la reacción del gobierno revertió rápidamente las consecuencias, al inyectar en el mercado 60.000 millones de dólares para reactivar el mercado interno, y usar reservas internacionales que ayudaran a las empresas con deudas en el exterior. Chile sufrió su ya histórica dependencia de las exportaciones de cobre. En 2009, la economía cayó un 1,7 %, pero las políticas correctoras del gobierno permitieron alcanzar la recuperación solo un año después, con una subida de 4,3 %.

Sea como sea, cada país debe reconocer las ventajas competitivas de que dispone para afrontar la inevitable cuarta revolución industrial, y procurar solucionar las debilidades que se deben superar como sociedad. Sin olvidar que el daño que ha provocado la crisis de 2008 en el tejido industrial y empresarial y al empleo es, sin duda, de gran magnitud, también cabe destacar, en la cara positiva, que la reacción a la crisis por parte de las empresas ha sido rápida en el ajuste de su capacidad productiva, audaz para conseguir nuevos mercados internacionales que sustituyeran la falta de demanda interna, y lúcida a la hora de tomar conciencia de que el modelo de negocio debía ser sustituido por otro más competitivo. Estas son algunas de las fortalezas que permiten ser optimistas de cara al futuro. Pero es necesario afrontar algunos problemas arraigados de manera muy profunda en las economías desarrolladas y en la manera en cómo nos comportamos como sociedad.

Una sociedad avanzada necesita una industria avanzada. De hecho, las industrias avanzan a remolque de los avances de las sociedades y, en paralelo, los progresos e innovaciones de las industrias revierten en progresos de todo tipo de la sociedad. Hay siempre un círculo virtuoso entre sociedad e industria que hace que ambas dimensiones de la organización humana se potencien y enriquezcan mutuamente. Pero esta misma interrelación hace que cuando un país no renueva a tiempo los procesos y tecnologías de sus fábricas, su industria pierde peso en el PIB y el país se empobrece.

La digitalización que han experimentado las informaciones, las comunicaciones y el conocimiento y que ha propiciado grandes avances en todas las esferas de las actividades humanas, lo que algunos autores denominan *sociedad digital,* está propiciando la cuarta revolución industrial.

Organismos como la Organización para la Cooperación y el Desarrollo Económicos (OCDE), el Banco Mundial y el Fondo Monetario Internacional (FMI), o gobiernos de gran relevancia como el de Estados Unidos se plantean la necesidad de una «nueva política industrial», y la propia Comisión Europea considera la industria como uno de los pilares de un nuevo modelo económico que garantice un crecimiento sostenible en la Unión Europea (UE). No podemos vivir a espaldas del nuevo paradigma Industria 4.0 que nos viene impulsado por la sociedad digitalizada, la sociedad interconectada.

En continua evolución desde la Edad de Piedra

Dos advertencias previas:

1. Solemos usar la palabra *industria* como sinónimo de «fábrica» o, también, para significar todo un subsector de actividad (por ejemplo, cuando hablamos de la industria textil o la industria del automóvil). Pero, en buena ley lingüística, la palabra *industria* viene de más lejos. Según la primera acepción del diccionario de la Real Academia de la Lengua Española significa: «Maña y destreza o artificio para hacer algo». Por tanto, es lingüísticamente correcto hablar de «la admirable industria de las abejas» o de la magnífica industria de un herrero o de un artesano.
2. En nuestro contexto, entenderemos por *revolución* un cambio drástico en la organización de los medios de producción y su inevitable repercusión en la organización económica y social.

La explotación del entorno natural

La humanidad se ha distinguido por haber aprendido a explotar su entorno con el fin de satisfacer sus necesidades cada vez más sofisticadas; a utilizar los elementos que la naturaleza le ofrece para crear herramientas que le permiten procesar materias primas y obtener productos que no existían antes de manera natural.

En la prehistoria se usó el sílex primero y los metales después para mejorar la caza e inventar la agricultura; se aprendió a procesar las pieles de los animales cazados y las fibras vegetales para protegerse de la intemperie.

La sociedad medieval hizo de las artesanías manuales sobre fibras naturales, pieles, cerámicas, vidrio, metales y maderas el motor principal de su economía durante un buen número de siglos.

La automatización de los telares gracias a la invención de las máquinas de vapor en el siglo XVIII puso en marcha el concepto de industria, es decir, de producción masiva, de fabricación de series de productos idénticos y provocó una auténtica revolución socioeconómica que los historiadores han bautizado con el nombre de Revolución Industrial o primera revolución industrial.

La primera revolución industrial

Las revoluciones industriales han estado caracterizadas por la confluencia de cambios significativos en lo que se refiere a las fuentes energéticas y las comunicaciones, generando un nuevo marco productivo más eficiente, eficaz y disruptivo.

En los talleres de telares de la primera revolución industrial predominaba el empleo de las mujeres.
(Fuente: Postal antigua de Jubia, A Coruña)

Antes de finales del siglo XVIII las fuentes de energía que movían las producciones humanas se limitaban al fuego, a la fuerza animal (de hombres, caballos, mulas, bueyes y similares) y al viento. Recordemos la importancia que tuvieron la navegación a vela (los principales imperios de la era moderna nacieron y se expandieron gracias a las armadas marítimas) y los molinos de viento (la agricultura pudo progresar en terrenos de secano gracias los pozos de agua bombeados por molinos de viento).

La invención clave que propició la primera revolución industrial fue, sin duda, la máquina de vapor, inventada ya en 1712 por Newcomen y que, en 1768, fue perfeccionada de manera sustancial por James Watt para permitir el auténtico aprovechamiento de la energía del vapor.

Los pequeños talleres de telares manuales se transformaron en grandes fábricas de cientos de telares y nacieron los conceptos de obreros industriales e ingeniería industrial. Muchos de los agricultores, ganaderos y artesanos migraron a las grandes ciudades y se transformaron en manipuladores de máquinas accionadas por vapor. Las fábricas dependían de suministros continuos de agua y combustible y por eso eran construidas preferentemente a las orillas de los ríos.

Máquina de vapor de Watt de 1890. (Fuente: Bitácora de la Historia del diseño)

Se modificaron las bases socioeconómicas de la sociedad; apareció la clase obrera y una nueva burguesía enriquecida por la inversión de su capital en fábricas. Se produjeron migraciones en masa del campo a las ciudades, que crecieron desordenadamente y se degradaron con suburbios de baja calidad de servicios.

El primer país en industrializarse fue Gran Bretaña durante la segunda mitad del siglo XVIII. En la primera mitad del siglo XIX la industrialización se expandió a Bélgica, Cataluña, Alemania y Estados Unidos. En la segunda mitad del siglo XIX se introdujo en el norte de Italia, los Países Bajos, Rusia y Japón. Las causas concurrentes fueron:

- La aplicación de la energía del vapor a la mecanización de los telares y el transporte por ferrocarril.
- La aplicación de la ciencia a la creación de máquinas y procesos productivos.
- La atracción de los capitales a crear fábricas.
- La mejora técnica de la agricultura que crea paro laboral en el campo.
- El crecimiento de la industria del carbón y el hierro.
- El fuerte crecimiento demográfico propiciado por la mejora de la higiene de la población.

En Gran Bretaña actuaron de forma combinada una serie de factores particulares:

- Una fuerza naval superior al resto de Estados marítimos.
- La explotación de un imperio colonial que le dio el control del comercio mundial.
- Una situación geográfica privilegiada que la dejó fuera de los conflictos continentales.
- La potencia de un comercio exterior, que le permitió acumular cada vez más recursos.
- Un sistema bancario desarrollado.
- La aportación de capital de burgueses y aristócratas, necesario para llevar a cabo investigaciones científicas y técnicas.
- Una gran libertad comercial interior.
- La desaparición de costumbres feudales en su sistema social y la doctrina de la igualdad ante la ley.
- La consolidación de los valores de libertad civil y religiosa y una aristocracia dominante que se adaptó a los cambios de las nuevas condiciones económicas.

Las nuevas fábricas fueron muy diferentes de los talleres artesanales o gremiales. La producción a gran escala de series idénticas de producto, con la ayuda de la maquinaria, desvinculó al trabajador del producto de su trabajo y las relaciones entre obreros y empresarios se despersonalizaron progresivamente. En la primera mitad del siglo xix aparecieron las primeras luchas de clases y arrancaron las bases de las ideologías del liberalismo y del socialismo.

La segunda revolución industrial

A finales del siglo xix y principios del xx (inicio de la Primera Guerra Mundial) se producen importantes innovaciones tecnológicas que propician la segunda revolución industrial: la introducción del gas y de los derivados del petróleo como combustibles; el motor de combustión interna para suplir o complementar el motor de vapor; la electricidad como nueva fuente de energía. Ya no era necesario construir las fábricas junto a los ríos y la productividad y la diversidad industrial se incrementaron de manera notable.

Aparecieron con fuerza tres nuevos sectores industriales: el químico, el metalúrgico y el eléctrico. En esta nueva fase de industrialización, los Estados Unidos de América fueron la nación líder. En España se desplegaron las industrias de la electricidad, de la construcción y metalúrgica, gracias, principalmente, a la repatriación de capitales de los «indianos» provenientes de las colonias (tras el desastre de 1898) y por los éxitos en la exportación de productos vitícolas.

Grandes inventos del siglo xx

Otros inventos como la cámara fotográfica, la máquina de escribir, el telégrafo, el teléfono o el automóvil, llegaron a ser accesibles a ciertas capas de la población y contribuyeron a consolidar la percepción de vivir en una nueva época y crear una clase media.

Año	Invento	Inventor
1908	Modelo T de Ford	Henry Ford
1911	Celofán	Jacques E. Brandenberger
1923	Autogiro	Juan de la Cierva
1924	Televisión	John Logie Baird
1927	Aerosol	Erik Rotheim
1928	Penicilina	Alexander Fleming
1931	Microscopio electrónico	Max Knoll - Ernst Ruska
1935	Radar	Robert Watson-Watt
1935	Nailon	Wallace Carothers
1938	Bolígrafo	George y Ladislao Biro
1946	Ordenador electrónico digital	John Presper Eckert, John W. Mauchly
1955	Fibra óptica	Narinder Singh Kapany
1956	Fregona	Manuel Jalón Corominas
1957	Satélite artificial	Científicos soviéticos
1960	Láser	Theodore Maiman, Charles H. Townes, Arthur L. Schawlow
1963	Cámara de fotos Instamatic	Kodak
1971	Microprocesador	Marcian Edward Hoff
1977	Máquina de escribir portátil	Olympia Business Systems
1982	Corazón artificial	Robert K. Jarvik
1983	Teléfono celular	Motorola

Inauguración del canal de Panamá el 7 de junio de 1914. (Fuente: e-wiki.org)

La industria siderometalúrgica creó nuevas aleaciones y nuevas técnicas para conseguir metales más puros, que contribuyeron al desarrollo del resto de sectores de la industria. Se aprendió a producir acero más barato y más puro, a generar acero inoxidable y a utilizar el aluminio.

En los transportes, se extendió la red de vías férreas que hicieron posible una rápida distribución de las materias primas y los bienes producidos, a la vez que contribuyeron a abrir nuevos mercados, cada vez más lejanos. Los antiguos clíperes, los barcos rápidos de vela usados para el transporte de bienes coloniales, fueron sustituidos por barcos de vapor, mientras la apertura de los canales de Suez y de Panamá consiguió que el comercio marítimo fuera mucho más rápido.

Se iniciaron las grandes concentraciones empresariales y se consolidó el capitalismo. Paralelamente los bancos pasaron a monopolizar el capital monetario y se produjo una concentración financiera. Las consecuencias del proceso de concentración industrial y bancaria modificaron el capitalismo de libre competencia y generaron un incremento de los beneficios que, de rebote, representaron la progresiva internacionalización del capitalismo. Fue la época en que nacieron grandes monopolios.

Una característica de esta segunda revolución industrial es que se inició un movimiento de búsqueda de nuevos mercados donde poder invertir capitales y productos manufacturados y de donde poder extraer materias primas. Este fenómeno produjo una ola colonizadora de los países industrializados centrada fundamentalmente en los continentes africano y asiático.

La tercera revolución industrial

A finales del siglo xx, la revolución producida en las tecnologías de la información y la comunicación (TIC), dando lugar a la sociedad de la información, fue el desencadenante de la llamada tercera revolución industrial. Etapa en la que todavía están ubicadas la mayoría de las naciones industrializadas. Las características de esta etapa son:

- Las innovaciones en microelectrónica y en las TIC.
- La aparición de nuevos medios de comunicación (televisión multicanal, plataformas digitales, redes sociales…).
- La adopción de dispositivos digitales sustituyendo a los dispositivos analógicos y mecánicos.
- La aparición de máquinas de control numérico y los controladores lógicos programables (PLC) o autómatas programables.
- El desarrollo de los primeros robots industriales.
- La creciente demanda de recursos humanos cada vez más especializados.
- La aparición del teletrabajo y la comunicación digital entre empresas.
- El incremento de fuentes de energías renovables y la conciencia de la necesidad de la sostenibilidad.
- La aplicación de las TIC en la gestión integral de las empresas (gran expansión de los programas ERP, *Enterprise Resource Planning)*.
- La aparición del *marketing* y el comercio electrónico aprovechando la globalización de internet.
- La descentralización de la producción (procesos de deslocalización).
- La importancia creciente de la economía de los servicios.
- La creación de mercados comunes entre países afines.

La cuarta revolución industrial

La cuarta revolución comenzó con cierta sordina y fue oficialmente presentada en sociedad por parte de consultoras alemanas en el CeBit de Hannover de 2013, con el «nombre de guerra» de Industria 4.0 como una evolución natural de la Industria 3.0.

Ha recibido otras varias denominaciones según en cuál de sus factores constituyentes –principales o secundarios– se haga hincapié. Si nos fijamos en las fuentes de energía, se habla de la industria de la sostenibilidad y las energías limpias. Centrándonos con las materias primas, se habla de la industria de nuevos materiales técnicos reciclables y con nuevas propiedades sorprendentes. Si nos centramos en el diseño de los productos, aparecen conceptos tales como ecodiseño (diseño ecológico) y codiseño (diseño colaborativo). Los clientes finales ya no son considerados consumidores, sino «prosumidores» –nuevo término acuñado a partir del inglés *prosumers*–, y se les tiene en cuenta a la hora de diseñar los nuevos productos y para personalizar tanto como se pueda aquello que se les sirve. El eslogan «Hágalo usted mismo», gracias al internet de los objetos y las impresoras 3D pasará en un futuro muy próximo a ser una nueva manera de vender en muchos diferentes subsectores. Las redes sociales proporcionan de manera interactiva las tendencias del mercado de los prosumidores y una vía ideal para el *marketing* directo. La enorme cantidad de información obtenida de internet, conocida con la denominación de *big data* –es decir, macrodatos o inteligencia de datos–, proporciona la posibilidad de profundizar con rigor en los estudios de mercado y en las mejoras de comercialización.

Si la industria 3.0 impulsó el perfeccionamiento de las TIC en el entorno de la sociedad digital, la Industria 4.0 impulsa la integración total de la información y el conocimiento en todas las etapas del ciclo de vida del producto en el entorno de la sociedad 4.0 o sociedad digitalizada.

La mejora, la tecnificación y el abaratamiento de los almacenamientos y medios de transporte han aportado cambios importantes en la logística. Los drones empiezan a ser una realidad en los medios productivos y logísticos.

Pero el cambio principal está en los sistemas de producción. La inteligencia artificial (IA) y su hija primogénita, la robótica, han iniciado una revolución que ya no tendrá freno. Se les han añadido otras hijas: los sensores, las comunicaciones inalámbricas y los productos inteligentes *(smart products)*. Las diferentes partes del proceso productivo están asumiendo funciones inteligentes que hasta ahora eran privativas de los obreros especializados y están comunicándose entre ellas de forma automática y autónoma mediante el internet de las cosas (IoT del inglés *internet of things)*.

En la industria 3.0, las TIC y la gestión del conocimiento ya estaban en el corazón de los sistemas de producción. En la Industria 4.0 se añade que todos los sistemas de producción estarán conectando completamente todos los subsistemas constituyentes, todos los procesos del ciclo de vida global del producto, todos los objetos (tanto internos como externos) que intervengan: los diseñadores, los proveedores, la producción, las redes de clientes y los canales de distribución y la logística. La complejidad será mucho más alta y exigirá sofisticadas ofertas de *marketing* directo. Los sistemas informáticos se construirán alrededor y en el interior de las máquinas, los sistemas de almacenamiento y los proveedores tendrán que saber adherirse a los nuevos estándares y conectar directamente con los dispositivos robóticos. Todo será controlado en tiempo real. Las plantas de las fábricas del futuro tendrán claramente definidos estos estándares y compartirán las interfaces establecidas. La conectividad colaborativa será la clave del éxito. El uso de estas tecnologías hará posible reemplazar de manera flexible las máquinas que se reparen o se mejoren de prestaciones en la cadena de valor. La adaptación a los cambios del mercado y la productividad son los grandes beneficiarios.

La Industria 4.0 representa la integración de extremo a extremo de la cadena de valor que va desde la detección de los cambios de demandas del gran público a su satisfacción por parte de las fábricas inteligentes. Ya no tendrá sentido hablar de simples fábricas. Las fábricas serán inteligentes *(smart factories)* o no serán. Del mismo modo que hoy en día no tiene ninguna vigencia un teléfono móvil de la primera generación, llegará el día que no tendrá sostenibilidad una fábrica que no haya adaptado sus productos a la cuarta generación dotada de inteligencia autónoma.

Las implicaciones en la formación de los técnicos y los empresarios que la Industria 4.0 necesita son bastante claras y racionalmente deducibles. Los gobiernos y las universidades no pueden quedarse pasivos y deben planificar sin malogradas pausas los cambios necesarios en los planes de estudios. En primer término, afectan a informáticos, ingenieros, diseñadores y administradores de empresas, pero acabarán afectando a todas las carreras universitarias y –por supuesto– a toda la formación profesional.

Que la industria necesita cambiar lo tenemos todos asumido ya hace años. Tenemos muy claro que la competitividad de las empresas pasa por la globalización, la productividad y la innovación. Las nuevas herramientas, las nuevas tecnologías, los nuevos materiales, las nuevas metodologías, las nuevas fuentes de energía y todos los factores que englobamos bajo el nombre de *Industria 4.0* son las palancas imprescindibles para conseguirlo.

La Industria 4.0 no es un simple cambio tecnológico, es un cambio de filosofía y de estructura económica que se hace difícil prever hasta qué punto cambiará las vidas de nuestros hijos y de nuestros nietos. La integración digital, la aplicación de la inteligencia artificial, la coordinación colaborativa entre todas las unidades productivas de la economía, respetando la sostenibilidad del planeta, es la meta final que alcanzar. El eterno reto de aunar la oferta con la demanda y ser proactivo con las tendencias del mercado es ahora bastante más asumible.

Pero es el momento de destacar dos de las variables que no se podrán automatizar (aunque se las podrá ayudar como nunca se había conseguido hasta ahora): son la creatividad y la innovación. Y aquí es donde las universidades y las escuelas de formación profesional que estén mejor preparadas para el cambio marcarán la diferencia.

Capítulo 2
La sociedad 4.0

Sociedad digitalizada e interconectada

Decir que estamos viviendo en una sociedad digitalizada no es ninguna novedad. Hace años que la irrupción de las TIC hizo posible tener en formatos digitales la información escrita y audiovisual. Y el impacto de poderlas transmitir y consultar gracias al invento del *world wide web* hecho por Tim Bernes-Lee en el CERN (Conseil Européen pour la Recherche Nucléaire) en Ginebra en 1990 fue fuertemente acelerado y trepidante en la década de los noventa. El acceso vía web a una inmensidad de información de todo tipo, desde cualquier lugar, a cualquier instante, cambió radicalmente la sociedad.

En los años noventa del siglo xx nació la conciencia de que se podía crear la sociedad de la información y el crecimiento exponencial de las redes de telecomunicaciones, añadido al uso de internet a través de todos los dispositivos que la industria fue creando para acceder e interactuar con ellas, hizo que esta denominación acabara siendo una realidad.

En puridad, solo hemos conseguido digitalizar dos de los cinco sentidos humanos: la vista y el oído. La digitalización de los otros tres sentidos (gusto, olor y tacto) está aún en precario, bajo desarrollo intensivo en centros de investigación muy especializada, pero apuntando maneras de que no tardarán mucho en añadirse a enriquecer la información que se almacena y transmite en la red. En la realidad virtual se empieza a tener los primeros logros tecnológicos orientados a estos tres objetivos.

Si disponemos de un dispositivo de conexión a internet podemos saber, sin movernos de casa, qué horario tiene un transporte público, reservar una plaza en un hotel, ver las obras maestras de un museo prestigioso, escuchar un concierto de música, leer una tesis doctoral de un científico de la otra punta del mundo, etc.

Y a partir de la explosión de las redes sociales, podemos saber qué opinan los usuarios de cualquier servicio o producto del mercado o debatir directamente con gente de todo el mundo sobre los temas que nos interesan.

Y este intercambio digital de información ya hace años que ha cambiado la manera de estudiar, de trabajar, de comprar y vender. De escuchar música, de ver películas, de leer libros, de atender mensajería, de tomar fotografías, de viajar... Prácticamente, ningún aspecto de la vida cotidiana se mantiene en el mismo estado que tenía antes de la digitalización.

La evolución de los procesadores

Dos avances tecnológicos han sido los principales facilitadores de este crecimiento exponencial: el progreso espectacular de los chips procesadores y la expansión imparable por tierra, mar y aire de unas telecomunicaciones con banda cada vez más ancha a unos precios cada vez más asequibles.

Usando una metáfora se ha dicho que ya no caminamos sobre la arena de las playas y que ahora estamos caminando sobre el silicio que se ha extraído de estas playas. Es una forma poética de decir que estamos poniendo los pies sobre la información digital para caminar por la vida.

El elemento fundamental de todos los componentes electrónicos es el transistor. Para decirlo de una manera rápida y didáctica, un transistor es el procesador físico de un solo bit y se necesitan complejas estructuras de circuitos integrados de millones de transistores para conseguir la potencia de procesamiento de los actuales chips informáticos. En consecuencia, la densidad de transistores por milímetro cuadrado es un buen indicador de cómo ha evolucionado exponencialmente la tecnología electrónica de los circuitos integrados.

Es famosa la ley de Gordon Moore, el fundador de la compañía Intel, que en 1965 afirmó que, durante varias décadas, esta densidad (y, en consecuencia, la potencia de computación de los chips) se duplicaría cada año. Y así fue durante un buen número de años. Posteriormente, el propio Moore ajustó su ley diciendo que eran necesarios dos años, en vez de uno, para duplicar el número de transistores por milímetro cuadrado porque ya nos estábamos acercando a la saturación de la tecnología del silicio y la disipación de la energía en forma de calor era la barrera que obligaba a aflojar la miniaturización.

Se ha descrito muchas veces que el ordenador que permitió llevar al hombre a la luna en 1969 era infinitamente inferior al menos potente de los portátiles que tenemos actualmente en nuestras casas o de nuestros teléfonos inteligentes.

Evolución de la tecnología de los chips electrónicos (1971–2011)			
Modelo	**Año**	**Transistores**	**Transistores por mm²**
4004 (8 bits pre-PC)	1971	2.300	192
80286, 16 bits	1982	134.000	2.851
80486DX, 32 bits	1989	1.200.000	14.815
Pentium 4, 32 bits	2000	42.000.000	193.548
Pentium 4 P	2004	169.000.000	1.251.852
Core i7 980X (6 núcleos)	2011	1.170.000.000	4.717.742

En la tabla podemos ver la evolución de la tecnología de los chips electrónicos entre 1971 y 2011 fijándonos en la cantidad de transistores que forman un procesador, la densidad de transistores por milímetro cuadrado y la potencia que consumen (la verdadera barrera en la progresión de la ley de Moore). Evidentemente, la capacidad de computación está en función del número de transistores de los procesadores (microprocesadores). A más transistores, más operaciones por segundo, más potencia de cálculo para ejecutar más operaciones y algoritmos complejos por unidad de tiempo.

Un microprocesador de 1971 contenía 2.300 transistores, con una densidad de 192 por mm². Un procesador de 2011 contenía más de mil millones de transistores con una densidad de casi cinco millones de transistores por mm². Y la ley de Moore (en su versión corregida) sigue vigente.

Esta evolución ha permitido que Stacy J. Smith, vicepresidente de Intel, afirmara: «Si otras disciplinas hubieran avanzado al ritmo de la ley de Moore, se podría viajar 300 veces más rápido que la luz o alimentar a la población mundial con un solo kilómetro cuadrado de terreno».

Otra manera de mirar el mismo fenómeno es mediante la gráfica de disminución del tamaño de los transistores medida en nanómetros (1 nm = 10^{-9} m = la millonésima parte de un milímetro). La gráfica proporcionada por Intel nos muestra cómo de los 10.000 nm que tenían en 1971 nos acercamos a casi a la dimensión del átomo en la actualidad. Algunos fabricantes de chips están dando el tamaño de 7 nm por sus transistores y la Universidad de California en Berkeley ya presentó durante 2017 prototipos de transistor de un nanómetro (el átomo de silicio mide unos 0,24 nanómetros).

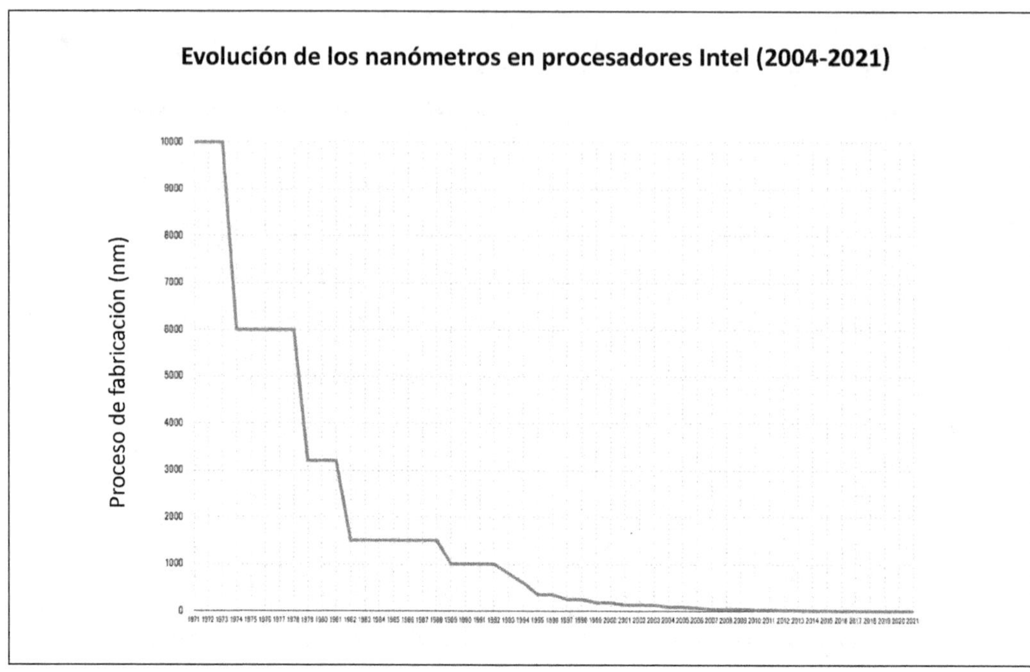

Miniaturización de los procesadores de Intel según la ley de Moore. (Fuente: xataka.com)

Es lógico preguntarse qué nos depara el futuro en la producción de chips. Según los expertos, habrá que pensar en cambiar de modelo tecnológico para poder seguir avanzando y no agotar la posibilidad de crecer. Se está apostando por la computación con los bits cuánticos denominados qubits. Es la línea actual de trabajo de todas las grandes empresas tecnológicas: IBM, Microsoft, Google, la NASA, etc. Por su parte, la Comisión Europea tiene un programa llamado *Quantum Flagship,*[5] dotado con mil millones de euros, para el desarrollo de la computación cuántica.

La evolución de la conectividad

Otro factor esencial que ha hecho posible la sociedad digitalizada ha sido la espectacular progresión de las telecomunicaciones. A las telecomunicaciones por cable se

---

[5] Véase https://qt.eu/ (consultado el 15 de enero de 2019).

han añadido las comunicaciones por satélite, las diferentes conectividades inalámbricas para cortas distancias, las progresivas ampliaciones de las amplitudes de banda suministradas y, por supuesto, la expansión territorial a cada vez más puntos del planeta.

A pesar de que la telefonía móvil fue creada a finales de los años setenta para comunicación de solo voz, la tecnología ha evolucionado hasta posibilitar que un teléfono celular pueda actuar con cualquier tipo de datos digitales: voz, datos, audiovisuales, televisión, geolocalización. Esta evolución ha hecho posible la expansión acelerada de teléfonos celulares y tabletas de datos en todos los países avanzados. En muchos de ellos, el número de teléfonos registrados supera al de habitantes, y la mayoría de ellos son *smartphones*.

La telefonía inalámbrica ya lleva cuatro generaciones y va por la quinta.

La primera generación de la telefonía móvil (1G) hizo su aparición en 1979 y se caracterizó por ser analógica y estrictamente solo para voz. La calidad de los enlaces de voz era muy baja, la velocidad era lentísima (2.400 baudios), la transferencia entre celdas era muy imprecisa y de baja capacidad. La cobertura territorial inicial de antenas repetidoras estaba prácticamente limitada a zonas de densidad de población muy alta, algo muy comprensible porque las inversiones de las teleoperadoras tienen que hacerse en función de los usuarios previstos.

La segunda generación (2G) no llegó hasta 1990 y se caracterizó por cambiar a modo digital. El sistema 2G ya utilizaba protocolos de codificación más sofisticados

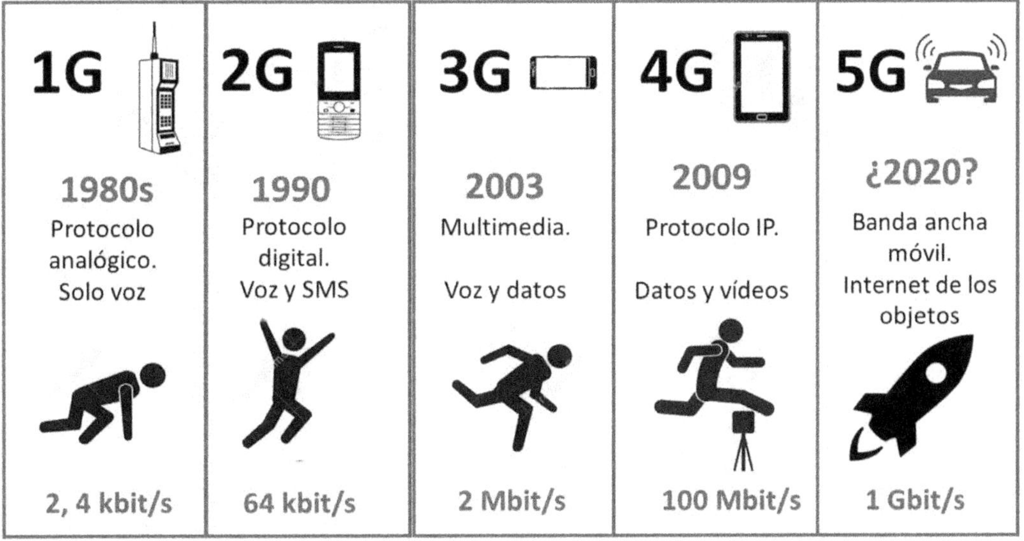

Evolución de las cinco generaciones de telefonía móvil. (Fuente: Elaboración propia)

y más seguros. Estos protocolos (son todavía los usados en la actualidad) soportaban velocidades de información más altas por la voz, pero todavía excesivamente lentas en las comunicaciones de datos. Pero, de todos modos, ya se podían ofrecer servicios auxiliares tales como transmisiones cortas de datos, fax y SMS (del inglés *short message service)*. La mayoría de los protocolos de 2G ofrecen diferentes niveles de encriptación.

La tercera generación (3G) aportó la convergencia de la voz y datos con el acceso inalámbrico a internet, aplicaciones multimedia y transmisiones de datos a más altas velocidades. Los protocolos empleados en los sistemas 3G estaban enfocados para aplicaciones más allá de la voz, tales como audio musical (MP3), vídeo en movimiento, videoconferencia y acceso rápido a internet, solo por nombrar algunas mejoras. Velocidades de hasta 384 Kbps permitían una movilidad total a usuarios viajando a 120 kilómetros por hora en ambientes exteriores y alcanzaba un flujo máximo de 2 Mbps para una movilidad más limitada de usuarios caminando a menos de 10 kilómetros por hora en ambientes estacionarios de corto alcance o en interiores.

La cuarta generación (4G) arranca en el año 2010 siguiendo (al igual que las generaciones anteriores) las especificaciones de la Unión Internacional de Telecomu-

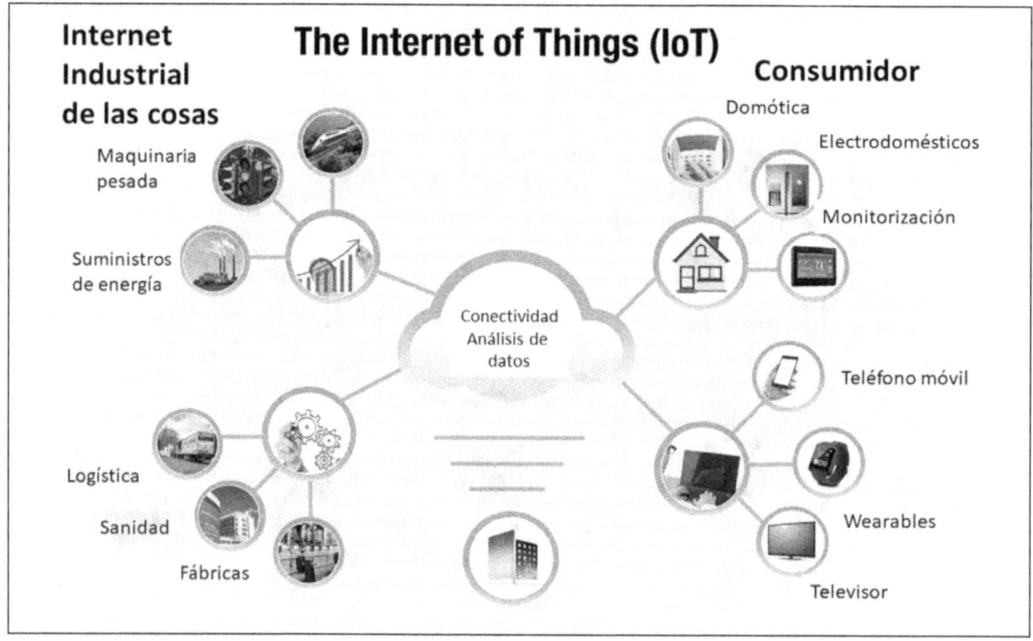

Ámbitos de aplicación del internet de las cosas. (Fuente: Traducido de iot.stanford.edu)

nicaciones (UIT). Las velocidades máximas de transmisión de datos se configuran entre 100 Mbps para una movilidad alta y 1 Gbps para movilidad baja. La 4G está basada completamente en el protocolo de internet (IP), constituyendo un sistema y una red, que se consigue gracias a la convergencia entre las redes de cable y las redes inalámbricas. Esta tecnología puede ser usada para módems inalámbricos, teléfonos inteligentes y otros dispositivos móviles.

El nacimiento del internet de las cosas (IoT) y la previsión de que en 2020 habría 50.000 millones de diferentes dispositivos y productos inteligentes *(smart products)* conectados a internet, obligó a la UIT a anunciar en 2017 las especificaciones sobre la tecnología de la quinta generación (5G), con velocidades de 20 Gbps de descarga y 10 Gbps de subida.

La sociedad del conocimiento

El abaratamiento de los chips procesadores; la expansión de las comunicaciones de banda ancha, con hilos y sin hilos, así como la creciente madurez de los sensores y la inteligencia artificial han propiciado que podamos afirmar que la sociedad de la información ha dado paso a la sociedad del conocimiento (también llamada sociedad 4.0 por algunos autores para reflejar que es la sociedad donde se está produciendo la cuarta revolución industrial).

La interacción con la información disponible en internet ha dejado de ser pasiva y unidireccional. Cuando me levanto, mi teléfono móvil me puede alertar que hay un atasco importante en la autopista que uso cada día laborable para ir a mi lugar de trabajo y avisarme del tiempo añadido que tardaré hoy; o proponerme, incluso, itinerarios alternativos de carreteras nacionales para escapar de quedar atrapado en la autopista. La misma dinámica se puede repetir, en el sentido inverso de vuelta a casa, cuando llega la hora acostumbrada de salir del trabajo.

Cuando navego por internet consultando no importa qué, mi dispositivo puede recibir información comercial y publicidad de los temas que han visto que me interesaban y proponerme establecimientos cercanos a mi geolocalización de cada momento. Tenemos aplicaciones *(app)* en nuestros *smartphones* para infinidad de interacciones inteligentes.

¿Dónde puedo aparcar el coche? ¿Dónde está la farmacia de guardia más próxima? ¿Cuál es la gasolinera que hoy tiene el mejor precio del combustible que suelo repostar? ¿Qué significa este rótulo en una lengua que desconozco? ¿Cómo pido un café en otro idioma? ¿A qué distancia está determinado punto geográfico y cuál es el mejor camino para llegar a él teniendo en cuenta el tráfico

2018: This is What happens in an Internet minute

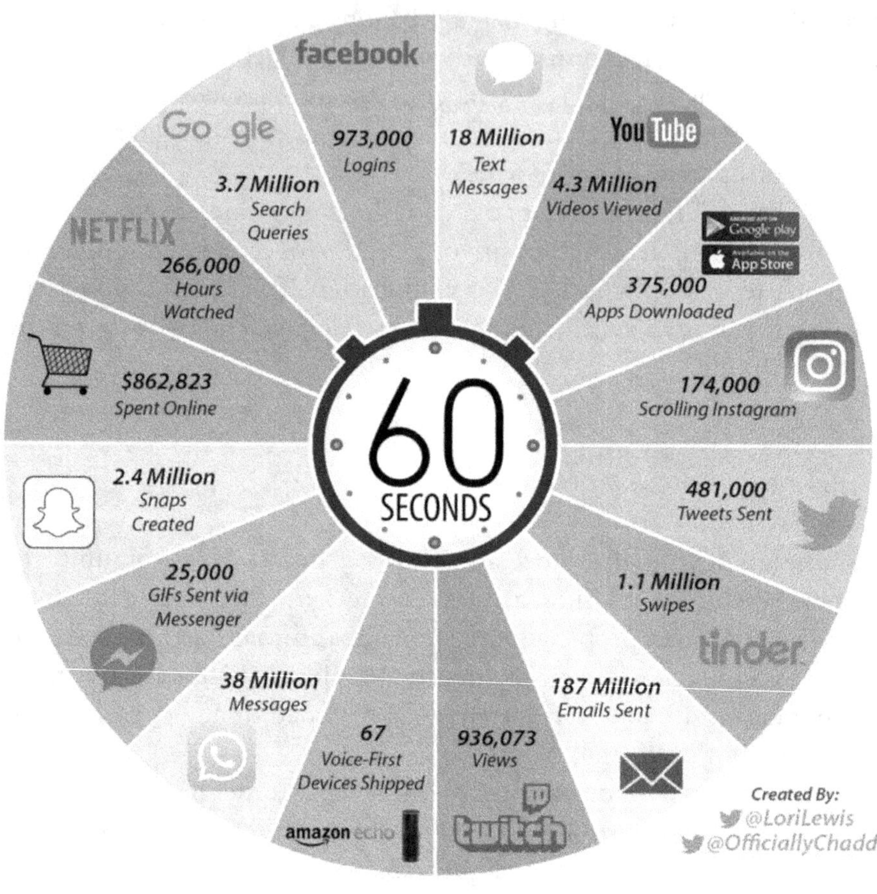

Información que circula en promedio en un minuto de internet. (Fuente: @LoriLewi y @OfficiallyChadd)

que hay ahora mismo? ¿Dónde puedo comprar un producto concreto de una marca determinada? Ahora cualquier persona, con un solo clic, puede ver en la pantalla de su dispositivo electrónico un vídeo que le muestra innovaciones tecnológicas de futuro que la generación anterior solo podía verlas visitando una Exposición universal.

La computación y la digitalización impregnan todos los ámbitos de la vida y originan enormes cambios con grandes afectaciones, tanto a escala de desarrollo colectivo social y personal, como de los sistemas productivos (lo que se conoce como Industria 4.0).

Ver la cantidad de información que circula en promedio por internet cada minuto del día proporciona una idea de la magnitud de esta interconectividad que

Características de la sociedad 4.0

La sociología ha determinado que los principales atributos de la sociedad 4.0 son los siguientes:

- **Tecnificada.** La sociedad actual tiene una fuerte dependencia de las tecnologías. Por ejemplo, un simple descalabro de unas pocas horas en la red de redes representaría una catástrofe mundial a escala económica.

- **Hipermedia.** Múltiples canales proporcionan información que siempre está vinculada a otras informaciones conexas y propician accesos inmediatos a nuevas propuestas de informaciones. El texto plano ha sido sustituido por el hipertexto.

- **Informada.** Los niveles de información recibida por múltiples canales son enormes. Tanto es así que ha surgido el inconveniente de que muchas personas no suelen contrastar la veracidad de las fuentes y son muy vulnerables a manipulaciones malintencionadas y, desgraciadamente, a las famosas noticias falsas *(fake news)*. El usuario se ve obligado a confiar tan solo en las fuentes de calidad contrastada.

- **Rápida.** La inmediatez ha pasado a ser considerada un valor primordial. Se trata de llegar antes que nadie, demasiado a menudo sin tiempo a reflexionar si vale la pena o no hacer el camino.

- **Relativa.** Las modas y las últimas tendencias fijan los valores. Los valores humanísticos tradicionales están de capa caída.

- **Condicionada.** La exposición pública casi instantánea de cualquier actuación con repercusiones sociales condiciona la toma de decisiones de las personas que tienen presencia en los medios de comunicación o en las redes sociales.

- **Superficial.** Como consecuencia de la rapidez como valor, las personas no suelen profundizar suficientemente en los temas y se mueven por conclusiones sobre los hechos basados en simples frases contundentes leídas en la red. Por falta de tiempo para atender debidamente todas las informaciones que les llegan, acaban basándose en los titulares de las noticias sin bajar a leer el cuerpo de las noticias y, por supuesto, sin tomarse tiempo para reflexionar y digerir cada tema tal como deberían.

crece día a día sin cesar. En el diagrama circular anterior (tomado de datos de 2018) podemos calibrar la inmensidad de las cifras y tener un referente para compararlas con las cifras de los años anteriores y los años a venir.

Comercio digital

Cuando un nativo digital necesita comprar algún producto o servicio, difícilmente lo hará sin consultar previamente internet. ¿Qué variedades se ofrecen y con qué diferentes características y precios? ¿Dónde pueden suministrarlo directamente a domicilio? ¿Hay comentarios en las redes sociales de los clientes y usuarios del producto o servicio y los diferentes proveedores? ¿Me conviene el plazo de entrega?

El comercio electrónico permite llegar a mercados globales de una forma mucho más económica que estableciendo tiendas físicas. Para las empresas supone disponer de más visibilidad, y por tanto, mejor alcance e impacto en un mayor número de clientes potenciales gracias al escaparate global que ofrece internet, mientras que para los clientes supone la facilidad de llegar a productos y/o proveedores a los que antes no tenían acceso.

Las ventajas ofrecidas por el comercio electrónico son tantas, que cualquier empresa que quiera mantener su competitividad deberá incorporar en su plan estratégico una política de ventas a través de internet. Hoy en día, los clientes piden una experiencia multicanal coherente. Que la empresa ofrezca el mismo nivel de información y servicio tanto a distancia, de forma virtual, como de manera presencial en la tienda física. Una estrategia de comercio electrónico eficiente tendrá en cuenta la multiplicidad de canales y la experiencia global del cliente, desde el momento en que hace la búsqueda de información hasta el servicio posventa, la ejecución de la transacción, el pago, la entrega a domicilio, la posibilidad de devolución, etc.

Lo que más valoran los usuarios a la hora de hacer una compra por internet es poder tener especificaciones detalladas de los productos, poder consultar opiniones de otros compradores y que la web tenga vídeos para poder ver cómo queda puesto (si es de vestir) o cómo se utiliza el producto.

Las compras por la red crecen año tras año más un 20 % y –a medida que las nuevas generaciones van formado parte activa de la economía– pasará a ser el canal de compra preferido debido a las grandes ventajas que ofrece:

- Información extensa y rigurosa sobre las características del producto o servicio sin necesidad de visitar una tienda física. A tanto detalle como el cliente esté dispuesto a demandar. En este punto es donde es imparable el progreso de la realidad virtual y la realidad aumentada.

- Entrega a domicilio.
- Ahorro en tiempo y costos de desplazamientos.
- Variedad de proveedores donde elegir, con criterios de calidad en un mundo globalizado sin fronteras perceptibles al cliente.

Las primeras pegas detectadas en los inicios –como pueden ser problemas de seguridad, poca confiabilidad en los pagos, tiempos largos de entregas, y falta de agilidad en devoluciones y reclamaciones– han sido convenientemente solucionadas por las grandes empresas del comercio electrónico. Los factores de tipo operativo que están facilitando la expansión del comercio electrónico son:

- El mayor ancho de banda en las conexiones domésticas que ha permitido mejorar la experiencia del usuario. Más de 200 millones de personas adquirieron su primer dispositivo móvil en 2017, mientras dos tercios de los 7.600 millones de habitantes del planeta ya cuentan con un teléfono celular. Hecho que facilita las compras, desde cualquier lugar, en cualquier momento. El número medio de suscripciones de telefonía móvil en Europa a finales de 2017 era de 118,2 por cada 100 habitantes. En enero de 2018, la penetración en América del Sur era del 63 % y en América Central del 53 %. El 94,6 % de los propietarios de teléfonos inteligentes los usan para conectarse a internet. Las compras desde dispositivos móviles ya superan las realizadas desde ordenadores de sobremesa. En 2017 más del 40 % de los usuarios de internet hicieron compras recurrentes en línea y el 34 % de las ventas totales se hicieron por internet.
- La utilización que hacen los proveedores de la potencia de computación en la nube *(cloud)* que les ha facilitado poder proporcionar un servicio potente, altamente escalable, sin incurrir en importantes inversiones. Antes, un pico de visitas a la tienda virtual como los que se producen en el Black Friday, en las campañas navideñas, en las rebajas, etc., degradaban muchísimo el funcionamiento de las tiendas electrónicas. Con el recurso actual de potencia en la nube, esta dificultad está superada.

Pero también hay factores de carácter sociológico y psicológico que intervienen:

- Cada vez hay más cultura digital. Por un lado, la demografía aporta un número creciente de nativos digitales y, por otro, el poder adquisitivo se está desplazando cada vez más hacia una población conectada, que utiliza de manera intensiva la red.

- Ha ido en aumento la percepción de seguridad de las transacciones en la red. Cada vez son más los usuarios de servicios en línea para realizar todo tipo de trámites, incluso los que manejan información más confidencial, como pueden ser la declaración de la renta, los servicios bancarios, inscripciones a cursos universitarios, etc.
- Las redes sociales son unas grandes dinamizadoras de las transacciones en la red. Los clientes satisfechos son mentores importantes y, por otra parte, se puede dirigir ofertas específicas a públicos muy segmentados gracias a la aportación de la información que los mismos usuarios hacen.

Pero vender por internet no equivale a poner una tienda en línea y punto. Se trata de trabajar todo el proceso de información sobre el producto, de *marketing* personalizado, de logística y distribución, de servicio posventa, de atención de devoluciones e incidencias, etc. En definitiva, velar por todo el ciclo de vida de la relación con el cliente que nos debe permitir fidelizarlo y, de paso, convertirlo en un mentor más de nuestros productos y servicios en las redes sociales.

Consumidores proactivos (prosumers)

Según el Cambridge Dictionary, un *prosumer* es *«a customer who wants to buy very high- quality technical products or equipment. The word is formed from the words professional and consumer»*.

Un consumidor proactivo o prosumidor es un cliente exigente en la calidad y con un buen nivel de conocimientos sobre las posibilidades del producto o servicio que ofrecemos y que desea ser activo sugiriéndonos posibles mejoras o innovaciones. Un prosumidor que haya colaborado en el desarrollo y mejora del producto a través de los canales de comunicación al efecto será un defensor convencido de la calidad de nuestra oferta y se convertirá en un agente proactivo en la difusión en las redes sociales, recomendando nuestros productos y servicios a grupos de familiares, grupos relacionales de internet o profesionales de su ámbito laboral.

Las tecnologías de la Industria 4.0 plantean la posibilidad de hacer pequeños lotes de producción personalizadas. Es una clara tendencia de futuro que hará posible una adaptación a escala individual de cada cliente («customización») en muchas industrias. Tendencia que aún crecerá más cuando las impresoras 3D se hayan

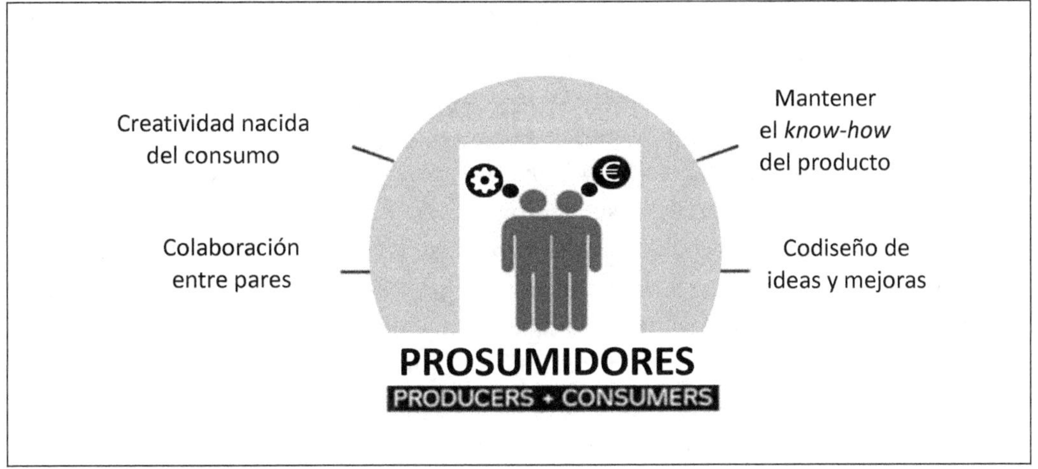

Las características principales de los prosumidores.
(Fuente: Basado en el documento «*Innovation in prosumer communities*», de Nikita Raja)

popularizado en el ámbito doméstico y las empresas puedan enviar programas de diseños individualizados para que el cliente se fabrique él mismo el producto con su impresora 3D doméstica.

La tecnología nos permitirá recuperar, siete siglos después, el trato unipersonal a los clientes que ofrecían los artesanos medievales.

Marketing *digital*

El comercio digital necesita apoyarse en un buen *marketing* digital en todos los canales y dispositivos de acceso a internet, donde cada vez es más difícil hacerse visible por la enorme proliferación de publicidad que ha invadido la red.

En la sociedad 4.0 el cliente tiene en su poder el dominio de la relación comercial. Las empresas tienen el reto de seducir y hacerse querer y, para afrontar los retos y las oportunidades de este mundo dominado por quien compra, los hay que contar con tecnologías cognitivas que les permitan obtener información de una gran cantidad de datos *(big data),* para poder tomar decisiones acertadas y ofrecer a cada persona una experiencia personalizada, continuada e intuitiva.

Con algoritmos de inteligencia artificial, algunas empresas han desarrollado tecnologías cognitivas que permiten anticiparse a los deseos de los clientes; algoritmos que entienden, aprenden, razonan y responden en tiempo real. Es la solución que ha implantado, entre otros proveedores, IBM Watson Commerce. Son tecnologías para conocer mejor a los clientes y poderles enviar mensajes relevantes y personalizados a través de todos los canales disponibles.

Una parte de la publicidad cada vez más utilizada por las empresas está basada en el comportamiento de las personas usuarias en su navegación por internet (OBA, por las siglas en inglés de *online behavioural advertising,* o publicidad comportamental en línea). Esto se consigue inspeccionando las *cookies* que van dejando como rastro de sus consultas a webs y búsquedas realizadas, y suele aprovechar también el conocimiento de los movimientos cotidianos que les proporciona el hecho de que los teléfonos inteligentes tengan activada la geolocalización.

Cada vez es más habitual que los anuncios publicitarios *(banners)* que se intercalan en las consultas realizadas desde el teléfono muestren anuncios de los establecimientos que están próximos a la persona usuaria en el mismo instante que camina por la ciudad, atendiendo a sus preferencias recogidas por las *cookies* gracias a las búsquedas de información que ha realizado en internet. Por ejemplo, si ha hecho una consulta sobre camisas, cuando navega mirando las últimas noticias de los periódicos digitales, se le muestra en la pantalla un anuncio de una tienda de ropa selecta a dos pasos de su situación, en la cual podrá adquirir la camisa que valoraba hace unos instantes si se decidía a comprarla o no.

En la mayoría de los casos, los datos que las empresas de publicidad conductual recolectan sobre una persona usuaria no están vinculadas a su identidad personal. Es decir, no saben su nombre, ni su dirección de inicio o su número de teléfono. Estas empresas identifican a los usuarios con un número de identificación aleatoria e intentan hacer suposiciones sobre sus intereses y características en función de su actividad en la red. Los datos que conservan podrían incluir suposiciones sobre: el grupo de edad inferido (por ejemplo, 18-25); el sexo inferido, o los intereses de compra inferidos (por ejemplo, zapatos y restaurantes).

Unos casos paradigmáticos de OBA son las megapantallas publicitarias instaladas en las emblemáticas plazas de Times Square, en Nueva York (de 2.300 m^2), y de Piccadilly Circus, en Londres (de 790 m^2), que constan de millones de píxeles con una resolución superior a 4 K.

Este *display* está dotado de cámaras secretas y sensores de sonido y de condiciones meteorológicas para inspeccionar con algoritmos de inteligencia artificial qué marcas de automóviles transitan en cada momento por las avenidas de la plaza, qué idiomas hablan los peatones de cada momento y qué tiempo hace. El ofrecimiento de un servicio gratuito de wifi permite captar las navegaciones por internet que están haciendo en ese instante las personas presentes en la plaza y sus comercios.

Un sistema experto toma en consideración todos estos datos y despliega la publicidad que considera más efectiva para la mezcla de público de cada instante. Por ejemplo, los anuncios de un modelo concreto de coche se lanzan cuando circulan por la plaza coches de la misma marca o gama. La pantalla se puede utilizar totalmente para mostrar un solo anuncio de 790 m² o dividida para mostrar un mosaico de una diversidad de anuncios ajustados a los diferentes *targets* detectados en tiempo real. Un buen grupo de las marcas importantes (como Coca-Cola, Hyundai, Samsung o L'Oréal) ya tienen fijado un espacio de 30 segundos en Piccadilly Circus cada 10 minutos. En el tiempo restante, la pantalla se divide en espacios más pequeños en los que se reproducen diferentes contenidos, como pueden ser vídeos en *streaming,* resultados deportivos o contenidos de medios sociales. Lo que haga falta para conseguir que todo el mundo se la mire el máximo de tiempo posible.

La OBA es un recurso muy innovador y muy eficaz, pero la publicidad en línea basada en el comportamiento plantea una preocupación seria en cuanto a la privacidad y la protección de datos de los consumidores.

Edificios inteligentes

La aplicación de las mismas herramientas tecnológicas en la construcción de edificios ha permitido plantearse dotar de cierta inteligencia a los edificios con respecto a una serie de cuestiones, como pueden ser: climatización eficiente en función del clima externo y el empleo de personas en cada instante; iluminación ajustada a la luz del día, en las zonas de trabajo y su empleo real; control de accesos gestionados por biométricos y perfiles de las personas empleadas; prevención y extinción de incendios, etc.

Se define la **domótica** como «la rama de la técnica que se ocupa de proveer elementos que acerquen una vivienda a adquirir el calificativo de inteligente». Una vivienda o edificio inteligente es aquel dotado de automatismos destinados a mejorar la calidad de vida de las personas que viven o lo usan, reduciendo las manipulaciones manuales, aumentando la seguridad, racionalizando los diferentes consumos y optimizando los recursos.

Ciudades inteligentes

Cuando aplicamos la misma filosofía a una ciudad entera, resulta el concepto de ciudad inteligente *(smart city)*. Se trata de aplicar el potencial que otorga la digitalización para dar más calidad de vida a los ciudadanos en cualquiera de los servicios que los ayuntamientos ofrecen. Se trata de conseguir que la ciudad se adapte a las diferentes características personales de sus habitantes y no al revés, como ocurre ahora. Como consecuencia de ello, los ayuntamientos pueden optimizar de manera importante su gestión económica y el aprovechamiento de los recursos disponibles.

Los ámbitos de actuación no dejan de expandirse: señalización vial; regulación del tráfico y los aparcamientos; atención de emergencias; asistencia sanitaria; optimización del alumbrado público; gestión de residuos y recogida de basuras; limpieza de las calles y plazas; información turística; información cultural y de servicios de todo tipo; reducción de la contaminación...

Hay que advertir que los rendimientos urbanos no dependen solo de la dotación de infraestructuras físicas («capital físico») de las ciudades, sino también, y cada vez más, de la disponibilidad y calidad de la comunicación del conocimiento y de la infraestructura social («el capital intelectual y social») que tengan. Una *smart city* toma ventaja de las oportunidades que ofrece la sociedad 4.0 para aumentar la prosperidad y la competitividad locales. Es decir: está enfocada al desarrollo urbano basado en perspectivas multisectoriales, con muchos actores implicados y a varios niveles de actuación y hace hincapié en crear un entorno favorable al desarrollo de las empresas. Los datos estadísticos muestran que las ciudades orientadas a los negocios son las que obtienen mejores resultados socioeconómicos.

Pero la capacidad de dotar de inteligencia a una ciudad no sale de la nada, está intrínsecamente ligada a la economía basada en el conocimiento, en el crecimiento de las empresas que han hecho de la innovación y la tecnología sus principales causas de competitividad y de las universidades y centros de investigación que fomentan la docencia e investigación necesarias.

La necesidad de una cultura de síntesis

Durante siglos se ha considerado que había dos posibles culturas alternativas o, incluso, enfrentadas: ciencias y letras o (dicho de otro modo) ciencias y humanidades. Es una división maniquea de la cultura que aún impregna los sistemas educativos de muchos países y que –suponiendo que en algún momento hubiera tenido su sentido y su utilidad– ha dejado rotundamente de tenerlos en los tiempos actuales.

Discriminando entre ciencias y letras se facilita la grosería mental de creer que las matemáticas son números y que hay personas que no sirven para entenderlas. Postura que apoya la visión, igualmente tosca, del bando opuesto que cree que hay personas que solo son capaces de vivir en un mundo de literatura y filosofías y les falta sentido práctico de la vida.

Pero limitarse a cambiar la etiqueta de letras por la de humanidades es también un sesgo inaceptable, porque induce a pensar que los científicos no necesitan ser humanistas. Hablar de ciencias sociales o ciencias de la comunicación (entre otros) es un intento claro de romper este divorcio entre dos culturas separadas y enfrentadas. Terminologías insuficientes por ser fragmentadas y sesgadas.

Las dos culturas (The Two Cultures) es el título del libro que el físico y novelista inglés Charles Percy Snow de la Universidad de Cambridge, en Reino Unido, publicó en 1959. Snow planteaba el problema de la incomunicación entre los humanistas y los científicos-tecnólogos, y defendía la importancia de las actividades industriales, la revolución científica en curso y la influencia que todo esto podía tener sobre la reducción de la pobreza. El tema generó en su momento un importante debate entre personalidades relevantes de la época y recupera actualidad al estar produciéndose una nueva revolución industrial.

La «cultura humanista» clásica de aquellos años consideraba que una persona cultivada debía conocer y valorar los grandes escritores, filósofos y artistas de todos los tiempos, de los que son solo algunos ejemplos las obras de Aristóteles, Cicerón, Leonardo da Vinci, Beethoven, Rodin, Descartes, Shakespeare (en los países de habla inglesa) y Cervantes (en los de lengua castellana). No se consideraba necesario incluir textos científicos especializados como las obras de Copérnico (sistema solar heliocéntrico), Maxwell (ondas electromagnéticas), Darwin (teoría de la evolución), Watson y Crick (estructura del ADN) o Cantor (teoría de conjuntos) aunque en su momento revolucionaron la concepción vigente de sus disciplinas y, en algunos casos, del mundo entero. Se partía de la creencia de que estas últimas obras solo eran apropiadas para formar los especialistas en el campo correspondiente. El resultado fue que solo unos pocos intelectuales humanistas conocían los conceptos más básicos de disciplinas científicas de importancia crucial y que los ingenieros y científicos fueron en su inmensa mayoría auténticos analfabetos en disciplinas humanísticas.

La antinomia entre las «dos culturas», desgraciadamente, sigue vigente en muchas mentes y –cosa mucho peor– en las mentes de los legisladores de los sistemas educativos.

La tesis principal de Snow era que la colaboración entre los dos tipos de intelectuales resultaba imprescindible para que los políticos y los científicos pudieran resolver de manera efectiva los problemas sociales. No se trataba, pues, de una simple preocupación intelectual sino del requisito para una labor social de índole práctica y ética de las élites gobernantes, enmarcada en aquellos años en la Guerra Fría entre «Occidente», como supuesto paladín de las libertades individuales, y la Unión Soviética, paladín del totalitarismo comunista.

Snow diferenciaba entre la revolución industrial (estaba viviendo la segunda revolución industrial) y la revolución científica y defendía esta última como herramienta ideal para garantizar el progreso de la Humanidad. En sus palabras:

«Por Revolución Industrial entiendo el creciente uso de máquinas, el empleo de hombres y mujeres en fábricas, el cambio experimentado en este país al pasar de una población compuesta principalmente de agricultores a otra fundamentalmente ocupada en elaborar objetos en fábricas y distribuirlos una vez elaborados. (...) De su seno surgió otro cambio, estrechamente vinculado al primero pero mucho más profundamente científico, mucho más rápido y mucho más prodigioso, tal vez, en sus resultados. Este cambio proviene de la aplicación de la ciencia a la industria, no ya como antes de una forma eventual y partiendo de las ocurrencias de pintorescos 'inventores', sino como ciencia de verdad. (...) Creo que la sociedad industrial de la electrónica, la energía atómica y la automación es diferente en aspectos esenciales de todo lo que le ha precedido, y cambiará el mundo de una mucho más profunda. Esta transformación es la que, en mi opinión, merece con todo el derecho el título de «revolución científica».

La tercera cultura: las humanidades digitales

En 1995, el editor John Brockman publicó el libro *La tercera cultura (The Third Culture)*. Recupera el antiguo debate de Charles Percy Snow sobre el divorcio entre la cultura humanística y la científica y defiende la necesidad de una tercera cultura que combine las dos sobre la base de una filosofía natural.

El libro es una obra colectiva en la que participaron 23 personalidades de prestigio mundial: el físico Paul Davies, el biólogo Richard Dawkins, el filósofo Daniel Dennett, el paleontólogo Niles Eldredge, el teórico del caos J. Doyne Farmer, el físico teórico Murray Gell-Mann, el biólogo Brian Goodwin, el biólogo y geólogo Stephen Jay Gould, el físico Alan Guth, el inventor W. Daniel Hillis, el psicólogo Nicholas Humphrey, el genetista Steve Jones, el biólogo Stuart Kauffman, el teórico de sistemas Christopher Langton, la bióloga Lynn Margulis, el informático Marvin Minsky, el físico matemático Roger Penrose, el científico cognitivo Steven Pinker, el astrofísico teórico Martin Rees, el científico cognitivo Roger Schank, el físico teórico Lee Smolin, el biólogo Francisco Varela y el biólogo evolucionista George C. Williams.

Hoy tenemos nuevas y radicales formas de entender los sistemas físicos y de pensamiento que ponen en duda muchas de las antiguas suposiciones básicas. Dis-

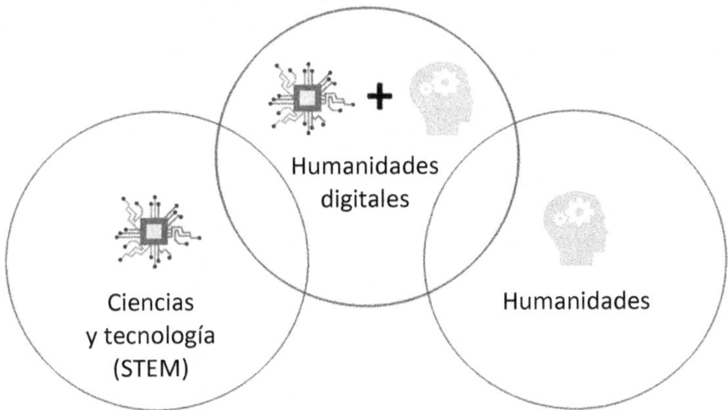

Es necesaria una nueva formación que concilie las ciencias con las humanidades.
(Fuente: Elaboración propia)

ponemos de una biología realista de la mente, de los avances en la física de la materia y las altas energías, de las tecnologías de la información y la comunicación, de la neurobiología y la química de los materiales, etc. Toda una serie de conocimientos que cuestionan anteriores supuestos básicos sobre lo que significa «ser humano». Por primera vez, tenemos las herramientas y la voluntad para emprender el estudio a la vez científico y humanista de la naturaleza humana. Estas y muchas más son cuestiones de importancia capital en cuanto a lo que representa «ser humano».

Necesitamos científicos y tecnólogos humanistas. Necesitamos humanistas tecnólogos y científicos. Podemos resumir esta necesidad de una tercera cultura diciendo que necesitamos que las universidades enseñen *humanidades digitales*. Es decir, debemos renovar las enseñanzas de humanidades implicando el dominio de las tecnologías de la sociedad digitalizada y debemos integrar la cultura humanista en las enseñanzas de las carreras técnicas y científicas (carreras STEM = *science, technology, engineering, and mathematics*).

Capítulo 3
Las tecnologías de la Industria 4.0

Los pilares del progreso tecnológico

Muchos de los avances tecnológicos que constituyen la base de la industria 4.0, y que detallaremos a continuación, ya se utilizan en la fabricación actual de lo que llamamos industria 3.0, pero cuando se implante el nuevo paradigma 4.0 en su globalidad, se transformará dramáticamente la producción: las celdas aisladas y

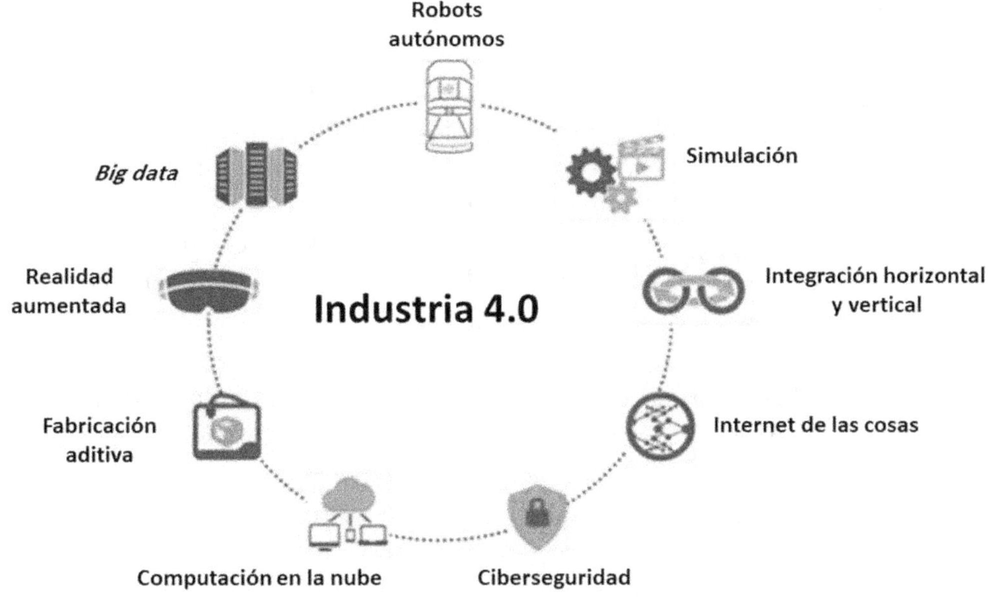

Las tecnologías básicas de la Industria 4.0. (Fuente: Elaboración propia)

poco optimizadas se convertirán en un flujo de producción totalmente integrado, automatizado y optimizado, y llevarán la fábrica a una mayor eficiencia y productividad. Las interrelaciones tradicionales entre proveedores, productores y clientes experimentarán cambios importantes, así como las relaciones entre humanos y máquinas.

Big data, el análisis de datos de múltiples fuentes

La sociedad digitalizada nos proporciona almacenes automáticos de una enorme variedad de datos en formatos procesables en tiempo real: tendencias del mercado a considerar por los equipos de diseño; datos de los clientes a considerar por el *marketing* digital; resultados de los pedidos realizados para optimizar las compras de materiales y piezas a proveedores; datos de control de los procesos productivos a considerar por el control de calidad y la reducción de costos; la optimización de la energía y de los materiales, etc.

Se denomina *big data* al gran volumen de datos, tanto estructurados como no estructurados, que están disponibles en internet y que pueden dar información útil a los intereses de las diferentes organizaciones. Dado el uso masivo y creciente de internet, son cantidades ingentes de datos, pero no nos interesa la cantidad, sino la calidad de la información que, con analíticas adecuadas, podemos extraer para tomar decisiones estratégicas.

Los analistas establecen que tiene sentido hablar de *big data* cuando el volumen de datos sobrepasa los 30 terabytes. Algunas multinacionales procesan actualmente volúmenes de datos de varios petabytes.[6] Cada empresa, cada organización, necesita hacerse su *big data* particular, ceñido a sus necesidades.

Un *big data* es un conjunto de datos o combinaciones de conjuntos de datos de tamaño (volumen), complejidad (variabilidad) y velocidad de crecimiento (velocidad) de tal magnitud que resulta muy difícil poder efectuar en el tiempo de respuesta conveniente la captura, gestión, procesamiento y análisis necesarios mediante las tecnologías y herramientas convencionales. Las bases de datos relacionales, los paquetes de estadísticas y los *softwares* o programas de visualización estándar no son de mucha utilidad para este fin. Se hace imprescindible recurrir a *softwares* especializados –como Hadoop, de código abierto– o empresas especializadas en dar

---

[6] 1 petabyte (PB) = 10^{15} bytes = 10^{12} kB = 10^{9} MB = 10^{6} GB = 10^{3} TB.

estos servicios. Amazon proporciona una amplia gama de servicios basados en la nube para ayudar a las empresas a crear e implementar aplicaciones de análisis de *big data* de forma bastante rápida y sencilla.

La naturaleza compleja del procesamiento de un *big data* se debe principalmente a la naturaleza no estructurada de gran parte de los datos generados por las tecnologías modernas, como los *web logs,* la identificación por radiofrecuencia (RFID), los sensores incorporados en dispositivos, la maquinaria, los vehículos, los datos generados por el internet de las cosas (IoT), las búsquedas efectuadas en internet, las redes sociales, los ordenadores portátiles, teléfonos inteligentes y otros dispositivos móviles, dispositivos GPS y registros de centros de llamadas, etc. Podemos cargar información adicional que ya no se encuentra dentro de los dominios de la empresa: comentarios o *likes* en redes sociales, resultados de campañas de *marketing,* datos estadísticos de terceros, etc. Todos estos datos nos ofrecen información que contribuyen a conocer las tendencias del mercado y saber si nuestros productos o servicios están funcionando bien o, por el contrario, están teniendo problemas.

La utilización eficaz del *big data* consiste en combinar los datos relevantes que contiene con los datos estructurados internos de la empresa (normalmente de una base de datos relacional) de una aplicación comercial más convencional, como puede ser un ERP (de *enterprise resource planning)* o un CRM (de *customer relationship management).* Lo que hace que *big data* sea tan útil para muchas empresas es el hecho de que puede proporcionar respuestas a muchas preguntas que las empresas ni siquiera sabían que tenían. En otras palabras, proporciona puntos de referencia para tomar decisiones estratégicas mejor fundamentadas.

La recopilación de grandes cantidades de datos y la búsqueda de tendencias dentro de los datos permiten que las empresas se muevan mucho más rápidamente para innovar sus productos y servicios y ajustarlos a la demanda del mercado. También les permite eliminar las áreas problemáticas antes de que la insatisfacción de los clientes acabe con sus beneficios o su reputación. Por ejemplo:

- **Tráfico en la web de la empresa.** Los usuarios dejan una gran cantidad de información cuando visitan una web. Podemos recoger datos como el origen de las visitas, los horarios de acceso, las secciones más visitadas o los productos que más llaman la atención. La recopilación de estos datos ofrece una visión estadística objetiva sobre los intereses y el comportamiento de la clientela.
- **Previsiones financieras.** Poder detectar las tendencias económicas a escala mundial y local, las previsiones de las empresas y de sus sectores, el estado financiero de los países es, sin duda, una fuente valiosa de datos que la empresa puede tener en cuenta para optimizar su planificación.

- **Publicidad.** Podemos obtener datos sobre la conversión de anuncios digitales en compras efectivas, el número de clics y de éxito en los procesos de compra en línea. Con esta información conocemos el comportamiento de la clientela y podemos mejorar la interrelación.
- **Redes sociales.** Las opiniones que los usuarios dejan en las redes sociales nos permiten realizar análisis sobre la imagen y el nivel de fidelización de los clientes con la marca y con qué tipo de contenidos son más receptivos.

Todo este volumen de información debe ser «refinado» y es en este punto cuando entra en juego el **smart data**. El *smart data* transforma el *big data* en conocimiento útil para el desarrollo de una actividad empresarial. Los datos proporcionados por el *big data*

Ejemplos y aplicaciones del *big data*

Diseño de productos y servicios. El uso de contenidos de las redes sociales y los portales especializados permite comprender más rápidamente las opiniones de los clientes y mejorar los productos, los servicios y la interacción con el mercado.

Empresas manufactureras. Se pueden desplegar sensores RFID (del inglés *radio frequency identification)* en los productos para recibir datos de telemetría. A veces esto se utiliza para ofrecer servicios de comunicaciones, seguridad y trazabilidad. Esta telemetría nos puede revelar patrones de uso, tasas de fracaso y otras oportunidades de mejora de productos que pueden reducir los costos de desarrollo, producción y montaje.

Atención al cliente. El uso de la voluminosa información histórica de un centro de atención al cliente *(call center)* permite mejorar de forma rápida la interacción con la clientela y aumentar su satisfacción.

Venta minorista *(retail).* El servicio al cliente ha evolucionado en los últimos años, ya que las personas compradoras más proactivas esperan que los minoristas comprendan exactamente lo que necesitan y se lo proporcionen cuando lo necesitan a domicilio. Con el análisis de los programas de fidelización de clientes, los hábitos de compra y otras fuentes, el comercio minorista no solo tiene una comprensión profunda de su clientela, sino que también pueden predecir tendencias, recomendar nuevos productos y aumentar la rentabilidad.

se analizan para convertirlos en modelos predictivos e integrar mejor las diferentes etapas de la cadena. El *smart data* ayuda a las organizaciones a aprovechar los datos que dispone y utilizarlas para identificar nuevas oportunidades y propiciar movimientos de negocios más inteligentes, operaciones más eficientes, mayores ganancias y clientes más satisfechos.

La calidad de datos en big data

La calidad de datos de *big data* es clave no solo para poder obtener ventajas competitivas, sino también impedir que incurrimos en graves errores estratégicos y operacionales basándonos en datos erróneos, con consecuencias que podrían llegar a ser muy graves.

Publicidad. La proliferación de teléfonos inteligentes y otros dispositivos GPS ofrece a los anunciantes la oportunidad de dirigirse a los consumidores cuando están cerca de un establecimiento donde puede encontrar sus productos o servicios. Esto abre nuevos ingresos para los proveedores de servicios de publicidad y ofrece a muchas empresas la oportunidad de conseguir nuevos clientes.

Sanidad. Los registros de pacientes, planes de salud, información de seguros y otros tipos de información pueden proporcionar diagnósticos u opciones de tratamiento de forma casi inmediata.

Administración. La administración se encuentra ante un gran reto: mantener la calidad y la productividad con unos presupuestos recortados. Esto es particularmente problemático con la administración de justicia.

Informática. El uso de registros de *logs* de los servicios informáticos permite mejorar la resolución de problemas de las TIC, así como la detección de infracciones de seguridad, y aumentar la velocidad, eficacia y prevención de sucesos futuros.

Transacciones financieras. Detección y prevención de fraudes en cualquier industria que procese transacciones financieras en línea, tales como compras, actividades bancarias, inversiones, seguros y atención médica.

Banca. Evaluar las transacciones de los mercados financieros, análisis de riesgos y toma de medidas correctivas.

La problemática de la calidad de la información extraída del *big data* se expresa con la regla de las cinco V: volumen, velocidad, variedad, veracidad y valor.

- *Volumen:* Debido al enorme volumen, es difícil recolectar, limpiar, integrar y obtener datos de alta calidad de forma rápida.
- *Velocidad:* Se necesita mucho tiempo para transformar los formatos no estructurados en formatos estructurados y procesar los datos que contienen. Esto obliga a disponer de gran capacidad de computación.
- *Variedad:* La creciente generación de datos en internet no hace sino aumentar la enorme variedad de datos no estructurados y la dificultad de su procesamiento en tiempo real.
- *Veracidad:* Debido a que los datos cambian continuamente, hay que contemplar que su obsolescencia puede ser muy rápida y su validez muy corta. Para solucionarlo se necesita un poder de procesamiento muy alto. Por otro lado, cada vez son más frecuentes en internet los datos falsos, intencionados o mal informados, que hay que filtrar convenientemente.
- *Valor:* La clave del éxito de un *big data* es saber discriminar cuáles son los datos que tendrán auténtico valor para basar las decisiones estratégicas de la empresa en las diferentes áreas de diseño, producción, comercialización, logística y servicio posventa.

No existen estándares de calidad de datos unificados. En 1987 la Organización Internacional de Normalización (ISO) publicó las normas ISO 9000 para garantizar la calidad de productos y servicios. Pero el estudio de los estándares de calidad de los datos no comenzó hasta los años noventa, y no fue hasta 2011 cuando ISO publicó las normas de calidad de datos ISO 8000, unas normas insuficientes que necesitan madurar y perfeccionarse.

Para la correcta explotación de un *big data*, hay que asegurarse de que los datos estén autorizados, bien organizados y con los permisos selectivos necesarios de las personas usuarias, que tengan el menor número posible de errores y que, al mismo tiempo, permitan garantizar la privacidad y la seguridad.

Visión por computadora

La visión por computador o visión artificial es el conjunto de herramientas y métodos que permiten obtener, procesar y analizar imágenes del mundo físico con la finalidad de que puedan ser tratadas por un procesador y poder automatizar una amplia gama de tareas, aportando a las máquinas la información que necesitan para la toma de decisiones correctas en cada una de las tareas que les han sido asignadas.

Al aplicar la inteligencia artificial se puede lograr visón artificial con aprendizaje automático. Una de las ventajas que se obtienen del aprendizaje automático es poder llevar a cabo la distinción de los patrones buscados de forma automática mediante el uso de algoritmos matemáticos.

Es una técnica que se usa para la clasificación de las imágenes de cara a la toma de decisiones y, a grandes rasgos, se pueden dividir en dos tipos principales: la visión por computadora supervisada y la automática y autónoma.

Aplicaciones de la visión artificial

Detección de objetos. Cuando el ordenador recibe la información visual, puede relacionarla con los patrones aprendidos con anterioridad y, de esta forma, identificar el objeto y diferenciarlo.

Análisis de vídeo. Al tener la capacidad de identificar cada uno de los objetos, se puede utilizar la visión por computadora para la identificación de patrones concretos y búsqueda de estos dentro de un video. Una aplicación especialmente útil en estrategias de seguridad y control.

Control de calidad. Mediante el contraste entre la visión captada y el patrón ideal, se puede automatizar la detección de piezas erróneas en el suministro o con defectos de fabricación. De aplicación en cualquier tipo de industria: automación, alimentaria, electrónica, construcción, manufactura, etc.

Envases y embalajes. Inspeccionar si existen las etiquetas y marcadores necesarios para la correcta expedición de los paquetes.

Inventario de almacenes. Recuento de existencias de un producto mediante la identificación visual del mismo en sus ubicaciones dentro del almacén.

Gestión del tránsito. Tomar decisiones semafóricas en función de la visión por computadora de los distintos flujos de vehículos de las avenidas.

Detección de incendios forestales. Identificar las imágenes de humos generados al iniciarse un fuego para aviso inmediato a los bomberos y equipos de extinción.

Robots industriales

La Industria 4.0 prescindirá cada vez más de la mano de obra humana, que irá siendo sustituida por máquinas de nuevo cuño controladas por otras máquinas, cada vez más autosuficientes. De modo que, por primera vez en la historia, los humanos podrán liberarse totalmente del trabajo manual y ser sustituido por robots en las tareas industriales. No debemos ver los robots como una especie de androides monstruosos que entran en conflicto con las personas. Es simplemente una máquina provista de fuerza y de sensores que, debidamente programada, puede realizar muchas de las tareas que hasta el presente han realizado operarios humanos. Liberar a los humanos de trabajos pesados y rutinarios nos permitirá dedicarnos a tareas de carácter creativo e intelectual más elevado.

Los robots están actualmente en una evolución acelerada, solo frenada por dos grandes barreras: la complejidad propia de los problemas a resolver en su construcción y las grandes alteraciones sociales que produciría una implantación demasiado rápida de la futura robótica industrial.

Antecedentes históricos

Los primeros robots se fabricaron para tareas muy específicas después de la Segunda Guerra Mundial. Eran funciones en las que se exigían ciertas destrezas para resolver situaciones completamente definidas, o en las que se requería trabajar en ambientes altamente nocivos para la vida humana, como pueden ser —entre otros— las centrales nucleares, y ciertos ambientes químicos o biológicos de alta toxicidad. Son ejemplos destacados de la primera época el Surveyor que aterrizó en la Luna en 1966, o el Viking, que aterrizó en Marte diez años después. Los primeros robots estaban siempre asociados a proyectos de investigación de presupuestos muy elevados, en los que era factible incluir partidas para la construcción de costosos robots; por eso muchos de ellos fueron desarrollados por los diferentes departamentos militares de Estados Unidos.

Aunque la primera patente de un robot industrial está registrada en el Reino Unido en 1954, se suele considerar que los primeros robots industriales fueron los Unimates instalados en las fábricas de la General Motors y patentados en 1961. Fueron diseñados por George Devol y Joe Engelberg (a quienes se les considera padres de la robótica industrial). Al principio, los robots industriales eran llamados «máquinas de transferencia» ya que su labor se limitaba a tomar piezas de unas máquinas herramienta y transferirlas a otros para su finalización o montaje *(picking and place)*.

Robot terrestre de la sonda Surveyor de 1968. (Fuente: wikipedia.org)

Las investigaciones teóricas de la robótica como ciencia arrancan a partir de 1960 en diversos centros de investigación: como el Stanford Research Institute (SRI) de California, la Universidad de Edimburgo en Escocia, o el Massachusetts Institute of Tecnology (MIT). Resultados importantes de estas primeras investigaciones son el desarrollo de sensores (en particular la visión artificial) y todos los desarrollos relacionados con la movilidad y agilidad (manos mecánicas), equilibrio, etc.

Como consecuencia, a partir de los años setenta aparecen «los brazos robóticos industriales», provistos de sensores y manipuladores que pueden hacer tareas muy variadas según los programas de control alojados en los ordenadores que los controlan. Estos brazos son capaces de elegir, por un lado, la herramienta adecuada para la realización de cada tarea y, por otro, discriminar las piezas sobre las que deben actuar. Además, pueden trabajar en ambientes químicos o biológicos muy hostiles, o en condiciones térmicas no soportables por seres humanos.

Entre las industrias pioneras en adoptar los brazos robóticos tenemos la General Motors en Estados Unidos; los primeros robots de pintura en Noruega; las cadenas de montaje de Nissan o de Hitachi en Japón y las fábricas de acero de Suecia. El primer robot acoplador universal programable fue el llamado PUMA (que tomó su nombre del acrónimo en inglés de *programmable universal manipulation arm*)

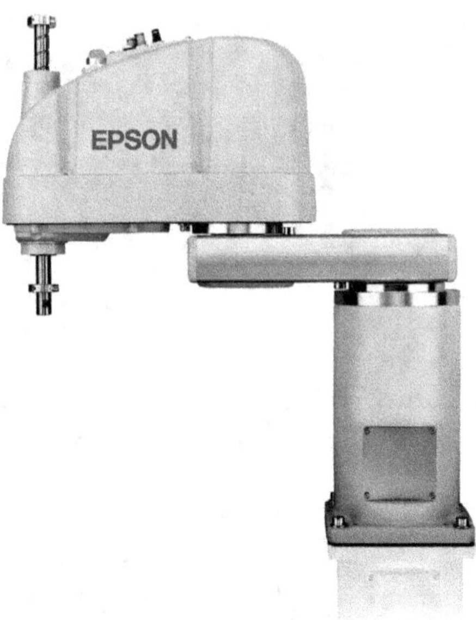

Brazo robótico de tres ejes Epson. (Fuente: Epson)

desarrollado en 1978 por la marca Unimation por encargo de General Motors. Al año siguiente los japoneses introducían en las cadenas de montaje el robot SCARA de gran versatilidad, y los italianos desarrollaban en Turín el robot PRAGMA, que cedían bajo licencia a General Motors.

En 1981, IBM entraba en el campo de la robótica con dos sistemas de fabricación. Durante los años 1980 a 1984, los robots experimentaron una evolución muy rápida, sobre todo en sus capacidades de movilidad, en la posibilidad de ser controlados por la voz, en el desarrollo de los sensores táctiles, y en el perfeccionamiento de los lenguajes de programación específicos. En este mismo período, el ejército de Estados Unidos desarrolla el Prowler *(programable robot observer with local enemy response)* para ser usado en el campo de batalla.

A mediados de la década de los ochenta también se produce otra innovación tecnológica de gran trascendencia: la aparición del microrrobot de bajo costo, construido con microchips de gran tirada. Destacan entre ellos el Modelo 695 construido en 1984, por la empresa Intelledex con los chips procesadores de Intel 8086 y 8087 y empleando un lenguaje de programación llamado Robot Basic, que era una versión especial del BASIC de Microsoft.

En la actualidad, el abaratamiento de los microprocesadores y la profusión de sensores de todo tipo a precios asequibles ha hecho posible que sean cada vez más las empresas que ofrecen microrrobots y diferentes componentes de robótica para

Tractor robotizado para procesos agrícolas. (Fuente: CASE)

automatizar pequeños talleres, vehículos de exploración, o pequeños brazos industriales. El descenso espectacular de los precios ha hecho posible que también se fabriquen un buen grupo de robots destinados a la formación, a la investigación o al simple entretenimiento.

El Proyecto BioMachineLearning, dirigido por el Dr. Michael Schmuker de la Universidad de Hertfordshire, en el Reino Unido, ha permitido la creación de una red neuromórfica destinada al reconocimiento de olores en tiempo real. Una nueva herramienta que permitirá crear olfatos robóticos, los cuales podrán emplearse en la detección del grado de frescura de alimentos y de madurez de los frutos y en los diagnósticos de enfermedades entre otras funciones.

Desde 2014, IBM tiene disponible un chip procesador que funciona emulando el cerebro humano, el cual permite desarrollar procesos similares a sentir, saborear, oler, escuchar y entender el entorno. El diseño se basa en 4.096 núcleos, un millón de «neuronas» y 256 millones de «sinapsis».

Qué es un robot industrial

La Federación Internacional de Robótica (IFR) distingue entre robot industrial de manipulación y otros robots. Por «robot industrial de manipulación» se entiende una máquina de manipulación automática, reprogramable y multifuncional con tres o más ejes que pueden posicionar y orientar materias, piezas, herramientas o dispositivos especiales para la ejecución de trabajos diversos en las diferentes etapas de la producción industrial, ya sea en una posición fija o en movimiento.

En esta definición se da por sobreentendido que la reprogramabilidad y la multifunción se consiguen sin modificaciones físicas del robot.

Todas las definiciones de robot industrial aceptadas actualmente consideran que es un brazo mecánico con capacidad de manipulación que incorpora un control más o menos complejo. Un sistema robotizado (o robot, a secas), en cambio, es un concepto más amplio. Engloba todos aquellos dispositivos construidos para realizar tareas de forma automática en sustitución de un ser humano y que son capaces de interactuar con humanos o con otros robots.

Clasificación de los robots industriales en generaciones

La primera generación de robots son los brazos manipuladores, que repiten secuencialmente la tarea programada y no tienen en cuenta las posibles alteraciones de su entorno. Son sistemas mecánicos multifuncionales, con un sencillo sistema de control, que permite gobernar el movimiento de sus elementos de tres posibles maneras: manual (cuando el operario controla directamente la tarea del manipulador); con secuencia fija (cuando se repite, de manera invariable, el proceso de trabajo programado previamente), y con secuencia variable (cuando se pueden alterar algunas características de los ciclos de trabajo).

Los robots de la segunda generación adquieren información limitada de su entorno y actúan en consecuencia. Pueden localizar un punto concreto del espacio, clasificar las piezas (con visión artificial) y detectar los esfuerzos a ejecutar para adaptar sus movimientos en consecuencia. Son manipuladores o sistemas mecánicos multifuncionales, controlados por un procesador, que habitualmente suele ser un microordenador. En este tipo de robots, el programador no necesita mover físicamente el elemento de la máquina, cuando la prepara para realizar un trabajo. El control por ordenador dispone de un lenguaje específico, compuesto por varias instrucciones adaptadas al robot, con las que se puede confeccionar un programa de aplicación utilizando solo el terminal del ordenador, no el brazo. A esta programación se le denomina textual y se crea sin la intervención del manipulador.

La tercera generación la forman los robots inteligentes, que se programan mediante el uso de un lenguaje natural y poseen la capacidad de autoprogramarse y adaptarse en tiempo real a entornos cambiantes para la planificación automática de sus tareas. La visión artificial, el reconocimiento de la voz, los sensores táctiles y la inteligencia artificial son los campos que más se están estudiando para su aplicación en los robots inteligentes.

Robots colaborativos

Una variante interesante de esta tercera generación son los llamados «robots colaborativos». Hasta ahora los robots se encerraban en celdas de fabricación con ningún, o apenas algún, tipo de contacto con humanos. Como mucho los robots interactuaban entre ellos. Los robots colaborativos, en cambio, controlan la seguridad del contacto físico con humanos y cualquier otro tipo de contactos. Esto se debe a que tienen formas redondeadas para evitar daños en caso de golpes y poseen «sensibilidad» ante el contacto con otros objetos. Esta característica permite trabajar con humanos, gracias a los sensores de control de esfuerzo en cada uno de los ejes. Son adecuados para trabajar en líneas de montaje junto a operarios, minimizando la inversión en costosos sistemas como vallas o sistemas de detección de seguridad.

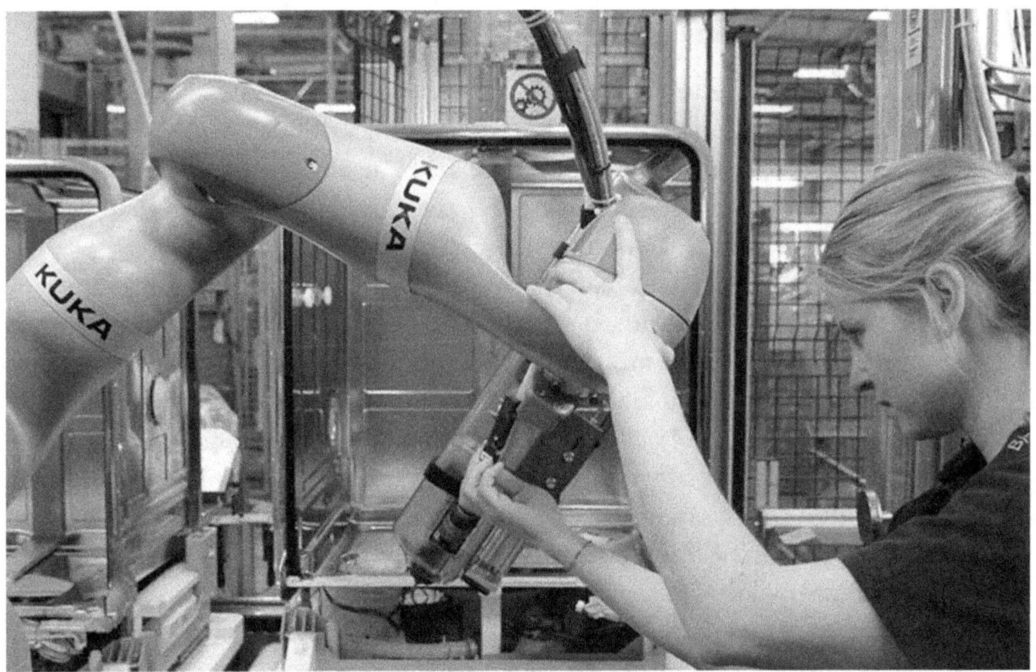

Ejemplo de robot colaborativo. (Fuente: Kuka Robotics)

Los robots colaborativos son una buena solución para las pymes para trabajos muy repetitivos, en los que está previsto combinar operaciones manuales con la manipulación robótica, porque son equipos fáciles de programar por personal no cualificado, sin conocimientos profundos de programación, y porque ahorran inversiones en complejos sistemas de seguridad.

Robots autónomos

Los robots serán cada vez más autónomos porque estarán dotados de inteligencia artificial y podrán hacer frente a tareas más complejas que impliquen eventuales tomas de decisiones que actualmente están en manos exclusivas de humanos. Interactuarán con otros robots y con humanos, estableciendo trabajo colaborativo con ellos (sin necesidad de las jaulas y vallas de seguridad) y con capacidad de aprendizaje por las experiencias. Estos robots estarán interconectados para que puedan trabajar juntos y ajustar automáticamente sus acciones para adaptarse al siguiente producto inacabado en línea. Los sensores de alta gama y las unidades de control con inteligencia artificial permitirán esta estrecha colaboración y esta adaptabilidad a incidencias y circunstancias cambiantes. Serán más flexibles, disminuirán los costos e irán adquiriendo nuevas capacidades impensables hoy en día.

En la industria del automóvil, por ejemplo, los robots cooperativos y autónomos permitirán fabricar pequeños lotes gracias a una mayor versatilidad en la soldadura, el sellado de costura y el montaje. Para concretar detalles: los dispositivos de fijación que se utilizan actualmente en el proceso de soldadura se desarrollarán mediante robots industriales adaptativos que podrán sujetar y girar cada pieza de acuerdo con los requisitos individuales de cada material y cada tipo de soldadura.

Como resultado, las empresas podrán producir múltiples modelos de coches con diferentes estilos y diseños utilizando una línea de producción flexible. La ingeniería de productos y plantas se puede ampliar a varios ciclos y modelos de vida de producto.

En el futuro, el proceso de fabricación de automóviles será supervisado por sistemas automáticos de control de los puestos de trabajo que utilizarán la integración de datos para modificar el proceso de fabricación automáticamente. Los sistemas de pedidos múltiples pasarán a ser obsoletos. Los proveedores de componentes de coche ajustarán automáticamente sus procesos sobre la base de nuevos pedidos de la fábrica de automóviles, maximizando la logística justo a tiempo. La robotización con inteligencia artificial reducirá los costos de la logística y de las operaciones.

Durante el proceso de producción de un modelo de coche concreto, se tendrá su modelo virtual, creado en fase de ingeniería y que integrará todos los datos relevantes, y que se irá actualizando constantemente con datos de rendimiento y de partes intercambiadas. Con este modelo virtual, a veces llamado «gemelo digital», los productores pueden mejorar el servicio posventa, ofrecer una gama de nuevos servicios y generar ideas que se puedan utilizar para optimizar el diseño de los futuros coches.

La industria automovilística alemana calcula que, en los próximos diez años, este tipo de cambios generarán entre 25.000 y 38.000 millones de euros en aumentos de productividad, con ganancias de productividad del 6 al 9 % en comparación con los costos totales.

Mejorando la cooperación entre robots y humanos

Cada parte que se produzca recibirá un código de identificación diferente o, incluso, la incrustación de un pequeño microprocesador a partir del cual los robots autónomos recuperarán información que dicte los pasos de producción siguientes. Estas instrucciones serán más «objetivas» que las que se dan centradas en tareas. Por ejemplo, si el robot recibe la directiva de hacer un agujero en una determinada ubicación, seleccionará la herramienta adecuada y determinará cómo cumplir esta tarea de la manera más eficiente, en lugar de obtener instrucciones precisas para mover los diferentes segmentos del brazo robótico. Para conseguir cuál sería su directiva más objetiva, podría interactuar con otros robots para coordinar sus respectivos movimientos de brazos para maximizar la producción global. También podría trabajar combinándose con decisiones humanas.

Esta cooperación reforzada entre máquinas y humanos permitirá a los fabricantes de componentes producir varios tipos de componentes de una línea de producción en tamaños de lote más pequeños, cuando sea beneficioso. La calidad del producto mejorará a través de la reducción del trabajo manual y el aumento del uso de datos en tiempo real para detectar errores.

Robots humanoides

En principio no se piensa que la línea de diseño de robots humanoides –una de las líneas preferidas de la investigación de Japón– sea la más útil para la industria. Sin embargo, las aplicaciones de robots humanoides están presentes en diversos sectores y empresas. A título de ejemplo, podemos destacar la robot Nadine, recepcionista de la Universidad Tecnológica de Nanyang (UNT), en Singapur, que reconoce a las personas –dirigiéndose por su nombre y mirando a los ojos– y que empatiza a ellas tanto si se alegran como si se ponen tristes en función de la conversación. Nadine, con apariencia cien por cien humana, fue construida por científicos de la UNT (dirigidos por Nadia Thalmann) y en el futuro podría ser utilizada para acompañar y cuidar de niños y personas mayores.

Según T. Michael Knasel los robots se clasifican en cinco generaciones en vez de tres. La primera coincide con la que hemos enunciado y se inicia en 1982 con el nombre de *pick-and-place* (algo así como «recoger y colocar»); son robots con un control de final de carrera que se aplicaron al servicio de las máquinas industriales, y están soportados por una base fija. Los robots de la segunda generación aparecen en el mercado en 1984 y se caracterizan por poseer controles definidos por un servocontrol, un programa con condiciones y de trayectoria continua, y por tener capacidad para desplazarse por una vía. Fueron empleados principalmente en soldadura y pintura. En 1989 aparece la tercera generación, con un tipo de control más avanzado que los anteriores y en los que se implementan servomecanismos de precisión y sensores de visión y tacto, con programación sin conexión, se mueven de forma autoguiada (AGV, de *automatic guided vehicle*) y son empleados principalmente en funciones de acoplamiento y montaje. La cuarta generación, en opinión de T. M. Knasel, se inicia en el año 2000 con los deno-

Robot humanoide Nadine, con total semejanza de su creadora Nadia Thalmann.
(Fuente: Universidad Tecnológica de Nanyang - NTU, Singapur)

Clasificación de los robots según T. M. Knasel				
Generación (año)	Nombre	Tipo de control	Grado de movilidad	Usos más frecuentes
1 (1982)	*Pick-and-place*	Finales de carrera, aprendizaje	Nulo	Manipulación, servicio a máquinas
2 (1984)	Servo	Servocontrol, trayectoria continua, programa condicional	Desplazamiento sobre una guía	Soldadura, pintura
3 (1989)	Ensamblado	Servos de precisión, sensores de visión y tacto	Movilidad AGV	Montajes, desbarbados
4 (2000)	Móvil	Sensores inteligentes	Patas, ruedas	Construcción, mantenimiento
5 (2010)	Especiales	Control por inteligencia artificial	Caminadores, saltadores	Militar, espacial, Industria 4.0

AGV: vehículo de guiado automático (por sus siglas en inglés *automatic guided vehicle*).

minados «robots móviles»: van montados sobre ruedas o con piernas artificiales, poseen sensores inteligentes, y se emplean principalmente en la industria de la construcción y en algunos procesos de mantenimiento de las empresas. A partir de 2010 se desarrolla la quinta generación de robots, accionados por controladores basados en inteligencia artificial, están dotados de movilidad con diferentes tipos de andadores y, aunque se han iniciado en el ámbito militar, están revolucionando la industria.

Simulación

Desde hace muchos años, se utiliza la simulación en 3D para diseñar productos (CAD) y para asistir a la ingeniería de la producción (CAM). La novedad en el modelo Industria 4.0 radica en la utilización de simulaciones en tiempo real de operaciones de planta. A partir de datos capturados en tiempo real, se refleja el mundo físico en un modelo virtual y se simula el proceso siguiente para ajustarlo y optimizar los parámetros que lo condicionan. Estos datos, que se obtienen en milésimas de segundos, son traspasados del mundo virtual al físico, lo que permite reducir los tiempos de configuración de las máquinas y aumentar la calidad.

Integración de sistemas horizontal y vertical

La mayoría de los sistemas informáticos actuales no están totalmente integrados. Las empresas, sus proveedores y sus clientes rara vez están estrechamente relacionados en una verdadera integración digital. A menudo, ni los mismos departamentos de la empresa tienen bastante bien unificados sus sistemas de datos compartidos tal como convendría: el objetivo del modelo industria 3.0 de tener un sistema integral de gestión (ERP) rara vez ha sido un verdadero logro en muchas empresas, incluso en los países más industrializados.

En el modelo Industria 4.0, tanto las diferentes empresas que participan en el ciclo total de vida del producto, como los departamentos internos y las funciones de los diferentes procesos, estarán plenamente cohesionadas compartiendo los datos esenciales para optimizar cada etapa de la cadena de valor mediante procesos inteligentes alojados en la nube *(cloud computing)*, con capacidad de tomar decisiones gobernadas por inteligencia artificial.

Siguiendo este concepto, en 2014, la compañía Dassault Systèmes y el *hub* europeo BoostAeroSpace lanzaron AirDesign, una plataforma de colaboración para la industria aeroespacial y de defensa europeas. AirDesign funciona como entorno de trabajo para la colaboración en diseño y fabricación de las industrias aeronáuticas. La plataforma está disponible como servicio en una nube privada. Gestiona la compleja tarea de intercambiar datos de producto y producción entre los diversos socios que comparten el proceso.

Internet industrial de las cosas

Actualmente, solo algunos de los sensores y máquinas de los procesos de producción están conectados en red y hacen uso de la informática integrada. Normalmente, se organizan en una pirámide de automatización vertical en el que los sensores y los dispositivos de campo con control limitado de inteligencia y automatización se introducen en un sistema de control global de los procesos de fabricación.

Pero con el internet industrial de las cosas (IIoT), se añade la posibilidad de descentralizar partes del control de los procesos, de interconectar mediante tecnologías estándar muchos más dispositivos y productos –incluyendo piezas inacabadas cuando convenga– de forma que se enriquezca la informática integrada. Esto permite que los dispositivos de campo se comuniquen e interactúen entre ellos y con más controladores descentralizados, según sea necesario. Descentralizar el análisis y la toma de decisiones permite tener mejores respuestas en tiempo real.

Los productos se identifican mediante códigos de identificación de radiofrecuencia (RFID) y las estaciones de trabajo «conocen» qué pasos de fabricación se deben realizar para cada producto y se pueden adaptar para realizar la operación específica. Y, evidentemente, que estas decisiones estén gobernadas por inteligencia artificial es el paso último a alcanzar.

Ciberseguridad

Con el aumento de la conectividad y el uso de protocolos de comunicaciones estándar preconizados por la Industria 4.0, la necesidad de proteger los sistemas industriales críticos y las líneas de fabricación de las amenazas de seguridad cibernética aumenta de manera espectacular. Como resultado, las comunicaciones seguras y fiables, así como la identidad protegida y la gestión de acceso de máquinas y usuarios son esenciales.

Se denomina «ciberseguridad» al conjunto de tecnologías, procesos y prácticas diseñadas para proteger las redes informáticas, los ordenadores, los programas y los datos, de los ataques, daños o accesos no autorizados.

Los posibles ataques a la integridad de un sistema informático son muy diversos: robo de información; destrucción de información; modificación maliciosa de datos; perjudicar, bloquear o anular el funcionamiento del sistema; suplantación de identidades; transacciones fraudulentas, etc.

Al concepto global de seguridad hay que añadir la protección contra catástrofes naturales y causas físicas: incendios, inundaciones, terremotos, rayos, cortes de suministro eléctrico, averías electrónicas, fallos en la conectividad, terrorismo, errores humanos, errores de programa, etc.

La principal problemática de la seguridad cibernética es la naturaleza rápida y en constante evolución de los riesgos generados por atacantes profesionales. Las amenazas avanzan más rápidamente de lo que pueden seguir los expertos en seguridad. Las amenazas cambian más rápidamente que la idea de que solemos tener del riesgo. No es posible escribir un manual de cómo prevenir el riesgo de ningún sistema en particular porque sería un manual que habría que reescribir constantemente.

Ya no sirve el enfoque tradicional de centrar la mayor parte de los recursos en los componentes del sistema más importantes y protegerse contra las amenazas más conocidas; ya no es prudente dejar de tener en cuenta algunos componentes del sistema por ser menos importantes, porque actualmente también tienen riesgos muy peligrosos.

Sobre la base del origen del ataque, las amenazas se pueden clasificar en dos clases:

- **Amenazas externas.** Al no tener información precisa de la red, un atacante externo debe realizar ciertos pasos para poder conocer cómo está organizada y buscar la manera de atacarla. La ventaja que tiene en este caso el administrador de la red es que puede prevenir una buena parte de los ataques externos.

  El método más habitual de ataques externos son los programas maliciosos *(malware):* programas destinados a perjudicar, obtener datos protegidos o hacer un uso ilícito de los recursos del sistema. Se instalan en el ordenador cuando un usuario abre un correo, accede a una web infectada o pulsa sobre un archivo adjunto. Abren una puerta a los intrusos o bien acceden directamente a los datos o perjudican el funcionamiento del sistema. Entre las diferentes variantes tenemos los virus informáticos, los gusanos informáticos, los troyanos, las bombas lógicas y los programas espía, entre otros.

  Los atacantes que consiguen realizar un agujero en la seguridad de un sistema reciben diferentes nombres según el método que utilicen: *crackers* y *phishing* (consiguen las contraseñas), *defacers* (destruyen el sistema), *hackers* (obtienen los datos protegidos), *script kiddie o script boy* (utilizan lenguajes de programación o *scripts* desarrollados por terceros), *viruxers* (crean y propagan virus), *spoofing* (suplantan la identidad de un dato interno esencial del sistema, como pueden ser la IP de conexión, los DNS del dominio, las ARP, la dirección web o la dirección de correo electrónico).

- **Amenazas internas.** Pueden ser más perjudiciales que las externas, por varias razones. Si el atacante es personal técnico interno, tiene la ventaja de que conoce la red, su funcionamiento, la ubicación de la información y los datos de interés. Según el Computer Security Institute (CSI) de San Francisco (EEUU), entre el 60 y 80 % de los incidentes de red son causados desde dentro.

  Los usuarios con privilegios de acceso son siempre puntos de vulnerabilidad de ataques fraudulentos con abuso de confianza. Hay que evitar los permisos sobredimensionados y restringir el derecho a acciones innecesarias. Los atacantes habituales suelen ser técnicos de sistemas, administradores de bases de datos, técnicos de desarrollo, etc. Los motivos que los suelen impulsar son desde disputas internas, problemas laborales, venganzas por despidos, hasta motivos lucrativos, por espionaje industrial, etc.

  Los sistemas de prevención de intrusos (IPS) y los cortafuegos son mecanismos muy poco efectivos en amenazas internas para no estar, habitualmente, orientados al tráfico interno. Otros puntos importantes de vulnerabilidades a controlar porque permiten acceder directamente a la red son rosetas accesibles, redes inalámbricas desprotegidas, equipos sin contraseñas, etc.

Plan de ciberseguridad

Cada empresa debe elaborar su propio plan de ciberseguridad. Con recursos internos o recabando los servicios de consultoras especializadas.

Muchas empresas tienen sistemas informáticos basados en servidores propios con protecciones contra los ataques cibernéticos, gestionados por personal especialista en plantilla. Muchas otras –en especial las pymes– confían preferentemente en las aplicaciones en la nube, lo que se conoce como SaaS (por el inglés *software as a service,* es decir *software* como un servicio), por su menor costo, menor tiempo de implantación y reducción drástica de las inversiones en infraestructura y personal informático de plantilla.

Es necesario elaborar reglas y procedimientos para cada servicio de la organización; definir las acciones a emprender y elegir las personas a contactar en caso

Componentes esenciales de un plan de ciberseguridad. (Fuente: Elaboración propia)

de detectar una posible intrusión; sensibilizar a los operadores con los problemas relacionados con la seguridad de los sistemas informáticos.

Los derechos de acceso de los operadores deben ser definidos por los responsables jerárquicos y no por los administradores informáticos. Es imprescindible que los recursos y derechos de acceso sean coherentes con la política de seguridad definida. Además, como el administrador suele ser el único en conocer perfectamente el sistema, debe derivar la dirección de la empresa cualquier problema e información relevante sobre la seguridad, y eventualmente aconsejar estrategias a poner en marcha, así como ser el punto de entrada de la comunicación a los trabajadores sobre problemas y recomendaciones en término de seguridad informática.

La ciberseguridad necesaria exige que unan fuerzas los proveedores de equipamientos industriales con las empresas especializadas en ciberseguridad y establezcan asociaciones de trabajo conjunto.

Legislación sobre seguridad

Actualmente, las legislaciones nacionales de los Estados más avanzados obligan a las empresas e instituciones públicas a implantar una política de seguridad. Asimismo, la mayoría de países regulan por ley y a través de agencias de protección los datos personales de los internautas.

La Unión Europea ha implantado el reglamento general de protección de datos (RGPD) de su ciudadanía, de obligado cumplimiento para todas las empresas, con independencia de su origen y aunque no tengan presencia física o legal en territorio europeo. Son medidas tecnológicas para asegurar los derechos de acceso a los datos y recursos de información con las herramientas de control e identificación. Son mecanismos que permiten garantizar que las empresas operadoras acceden solo a los permisos que se les dio.

En Latinoamérica no existe una reglamentación común equivalente, aunque todos los países tienen sus propias legislaciones relacionadas con la protección de datos y el hecho de operar con gran cantidad de empresas europeas es de prever que influirá hacia una homologación de esta legislación.

Para hacer frente al entorno actual, las organizaciones asesoras están promoviendo un enfoque más proactivo y adaptativo. El Instituto Nacional de Estándares y Tecnología (NIST), del Departamento de Comercio de Estados Unidos, por ejemplo, publica directrices actualizadas en el marco de la evaluación de riesgos y recomienda un seguimiento continuo de la ciberseguridad y evaluaciones en tiempo real.

Según Forbes, el mercado mundial de seguridad cibernética alcanzó los 75.000 millones de dólares en 2015 y se espera que llegue a 170 mil millones de euros en 2020.

La computación en la nube *(cloud computing)*

Las aplicaciones basadas en la nube o SaaS son un recurso casi obligado a la hora de hacer efectivo el modelo de Industria 4.0. La necesidad de interconectar todas las empresas que participan en la cadena de valor para obtener la necesaria congruencia de las informaciones que condicionan las interfaces de las relaciones, inclina la balanza hacia el uso de las aplicaciones comunes en la nube. Con las necesarias medidas extremas de ciberseguridad, por supuesto.

Muchas de las empresas que actualmente están ofreciendo servicios auxiliares de producción están montando sus servidores de control y calidad en la nube.

Fabricación aditiva

En 1990 se comercializó por primera vez el modelado por deposición fundida (MDF) como un proceso de fabricación utilizado para la modelización rápida de prototipos y la producción a pequeña escala. El modelado por deposición fundida utiliza una técnica aditiva, depositando el material en capas, para conformar la pieza.

Un filamento plástico o metálico se almacena en rollos que son introducidos en un filtro. El filtro se encuentra por encima de la temperatura de fusión del material y puede desplazarse en tres ejes controlados electrónicamente. La boquilla que extrusiona el material suele estar movida por motores a pasos o servomotores. La pieza es construida con hilos muy finos del material que solidifican inmediatamente después de salir de la boquilla. De aquella primera invención han derivado diferentes sistemas de fabricación aditiva, entre los que destaca de manera preeminente la impresión 3D. La conexión a un sistema informático de CAD de un aparato capaz de realizar extrusión de plástico por moldeado por deposición fundida da salida a una larga profusión de variantes en el terreno de la impresión 3D.

Para definir la geometría 3D de los objetos imprimibles se utiliza normalmente el formato de archivo STL (del inglés *STereo Lithography*). Un formato que tiene el inconveniente de que excluye la información de color, texturas y propiedades físicas, por lo que, algunas aplicaciones de impresión 3D deben recurrir a otros formatos más complejos.

Las impresoras 3D

Hay una gran diversidad de tecnologías disponibles en impresoras 3D. Las principales diferencias se encuentran en la forma en que se añadieron las diferentes capas

Fabricación aditiva mediante impresora 3D. (Fuente: www.gray.com)

para crear las piezas. Algunos métodos usan material fundido o ablandan el material para producir las capas, por ejemplo, el sinterizado de láser selectivo (SLS) y el ya mencionado MDF, mientras que otros depositan materiales líquidos que son solidificados con diferentes tecnologías. En el caso de manufactura de objetos laminados, se cortan capas delgadas para ser moldeadas y unidas juntas.

Cada método tiene sus propias ventajas e inconvenientes; por ello, algunas compañías fabricantes de impresoras 3D ofrecen la posibilidad de elegir entre polvo o polímero como material de fabricación de la pieza según sean los intereses del cliente.

Generalmente las consideraciones principales para elegir una impresora 3D son: la velocidad, el costo del prototipo impreso, el costo de la impresora 3D, la gama posible y los costos de materiales, así como capacidad para elegir el color. También habrá que tener en cuenta, por supuesto, la tolerancia y precisión mecánica de las piezas impresas.

En el mercado hay más de 60 tipos de materiales de impresión 3D que, gracias a sus características y propiedades físicas y químicas, posibilitan la creación de piezas perfectas, de gran precisión, excelente nivel de detalle y aplicables casi todos los sectores industriales.

Una ventaja frecuente suele ser la sustitución de un metal pesado por un polímero de mucho menor peso y propiedades mecánicas superiores. Las empresas aeroespaciales utilizan la fabricación aditiva para aplicar nuevos diseños en piezas que reducen drásticamente el peso, bajan sus gastos en materias primas de costo elevado como el titanio y consiguen ahorros importantes en el peso muerto de la aeronave.

Otra ventaja destacable es que se pueden abordar geometrías complejas, con estructuras reticulares y entrelazadas, imposibles de resolver con las tecnologías tradicionales.

Los conceptos de resolución y tolerancia de impresión aparecen a menudo mezclados, superpuestos e incluso intercambiados. Algunos fabricantes prefieren usar un término que englobe ambos conceptos, tal como «precisión dimensional». Hay que tener en cuenta que la resolución de una impresora 3D depende de la capacidad de posicionamiento o de discernimiento de distancias antes de la inyección o depósito de material, mientras que la tolerancia de impresión dependerá, además, del proceso de solidificación o de acabado. A menudo la tolerancia de impresión presenta valores más desfavorables que la resolución.

La resolución expresa el espesor de capa en el eje Z (en micras), mientras que en el plano X-Y suele estar expresada en puntos por pulgada (ppp). El espesor típico de capa es del orden de 100 micras (0,1 mm), aunque algunas máquinas imprimen capas tan delgadas como 16 micras. La resolución X-Y es comparable a la de las impresoras láser convencionales. En caso de que el proceso las use, las partículas son del orden de 50 a 100 micras (0,05-0,1 mm) de diámetro. Algunos fabricantes son capaces de garantizar tolerancias del orden de las decenas de micras.

La fabricación aditiva proporciona piezas metálicas más ligeras y resistentes. (Fuente: powerpulse.net)

Las aplicaciones de la fabricación aditiva con impresoras 3D son actualmente tan extendidas en tantos campos que solo la falta de creatividad e imaginación puede limitar su uso. La automoción, la aeronáutica, los electrodomésticos, la juguetería, la joyería, los tejidos, la alimentación, la construcción, la arquitectura, la odontología... Últimamente está en rápido progreso la selección de materiales biotécnicos para la utilización en cirugía. Se han desarrollado métodos de impresión 3D de modelos de segmentos corporales utilizando imágenes de tomografía computarizada u otro tipo de escaneo, método que permite realizar réplicas precisas de secciones corporales. Se genera un símil de la sección corporal, real y tangible, que conserva las proporciones, las relaciones topográficas, la morfología y el color, sin peligro de descomposición ni contaminación.

Además de su aportación a la sostenibilidad medioambiental, otro importante valor añadido de la fabricación aditiva es la facilidad de descentralizar los centros de producción con costos mucho más moderados y tiempo de instalación inicial muy corto. Esto facilita el ahorro logístico al propiciar la proximidad de la producción a los centros de consumo y minimiza las existencias a los mínimos posibles. Muchos analistas vaticinan que, en un futuro bastante inmediato, los prosumidores tendrán impresoras 3D domésticas para fabricarse a domicilio los productos customizados proporcionados vía internet por el fabricante.

Realidad virtual y realidad aumentada

La realidad virtual consiste en producir mediante programación informática un entorno que aparece a los ojos de la persona usuaria como real e inmerso en él mediante el equipamiento *hardware* adecuado (gafas tridimensionales y, optativamente, guantes y traje especial para sensaciones táctiles). Se usa en la industria para aprendizaje inmersivo de procesos y en *marketing* para la promoción inmersiva de productos a la venta.

La realidad aumentada es la visión que se obtiene de un entorno físico del mundo real, a través de un dispositivo tecnológico que añade información adicional a la percibida por el ojo humano. Mediante un dispositivo o conjunto de dispositivos, se añade información virtual (que puede ser multimedia) a la información física percibida por la visión natural. Los elementos físicos tangibles se combinan con elementos virtuales y crean una realidad aumentada en tiempo real.

La realidad aumentada difiere de la realidad virtual. En la realidad virtual el usuario se aísla de la realidad material del mundo físico para sumergirse en un escenario o entorno totalmente virtual. En la realidad aumentada, en cambio, sobre

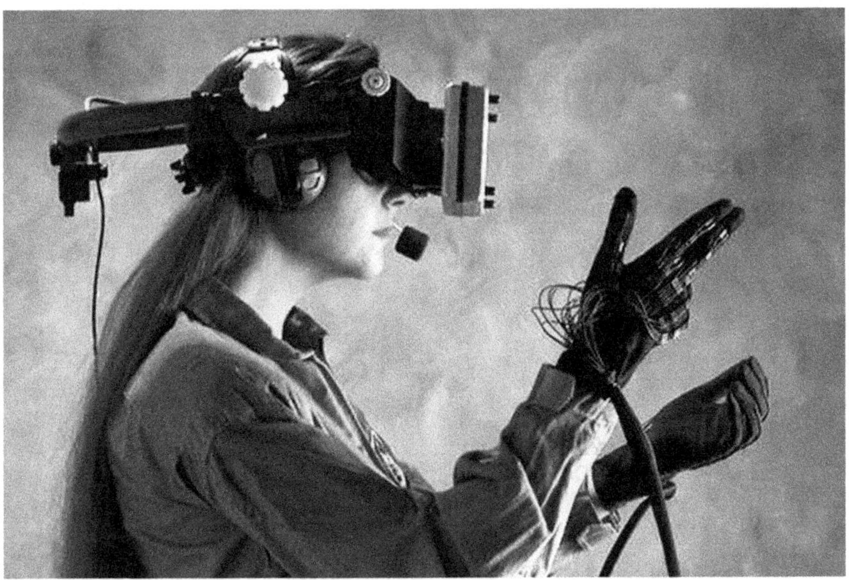

La realidad virtual requiere gafas, auriculares y guantes especiales. (Fuente: hisour.com)

la realidad material del mundo físico se monta una realidad visual generada por la tecnología, en la que el usuario percibe una mezcla de las dos realidades. Añadiendo la visión artificial y el reconocimiento de objetos, la información sobre el mundo real alrededor del usuario se convierte en interactiva y digital. La información necesaria y conveniente sobre el medio ambiente y los objetos puede ser almacenada y recuperada como una capa de información adicional a la visión del mundo real. Esta puede ser en forma de mensajes meramente auditivos o mensajes audiovisuales proyectados a unas gafas especiales de la persona.

Realidad mixta

Para el *marketing* digital inmersivo vía internet se está empleando cada vez más la realidad mixta. Es la unión de un escenario virtual proporcionado por la realidad virtual con la información proporcionada por la realidad aumentada.

Mediante unas gafas adecuadas, el usuario puede percibir en su PC o en su teléfono inteligente una tienda virtual por la que se mueve con total libertad y donde puede informarse inmediatamente y sin otra acción que fijarse en un producto concreto con todos los datos en línea que pueda necesitar: características técnicas, precio, plazo de entrega, garantías y soporte posventa, entre otros requisitos.

Ejemplos y aplicaciones de la realidad aumentada

Las aplicaciones en la industria provienen de la sincronización entre los objetos sobre los que el operario proyecta su mirada y la información de procedimientos operativos almacenados previamente sobre las tareas a efectuar sobre tal objeto. A modo de ejemplos:

- Alertas de piezas defectuosas en el control de calidad.

- Instrucciones de tareas concretas a realizar como intervenciones excepcionales en el proceso productivo.

- Recordatorios de prevención de riesgos en determinadas proximidades de peligros.

- Avisos de tareas de mantenimiento preventivo ante teledetección de riesgos de avería.

- En el almacén de materiales: descripción de los contenidos de paquetes cerrados o estanterías; instrucciones de *picking;* información sobre estado de los inventarios de la pieza y de los pedidos en curso; etc.

- En la recepción de materiales: recordatorio de las normas de controles de calidad de los materiales servidos.

- En mantenimiento: manual de procedimientos de reparación (o mantenimiento preventivo) de la máquina o dispositivo, etc.

Aunque los robots serán más autónomos en la fábrica de automóviles del futuro, las personas empleadas continuarán desempeñando un papel gracias a estar equipadas con gafas de realidad aumentada que pueden ofrecer información de logística y fabricación en su campo de visión. Por ejemplo, las gafas utilizarán la realidad aumentada para resaltar la ubicación donde cada parte se debe montar en el proceso de montaje.

Del mismo modo, las gafas de datos guiarán al personal en el envío y selección de las partes adecuadas. Las cámaras de reconocimiento de gestos ayudarán a los trabajadores a realizar seguimiento de control de calidad documentando y almacenando automáticamente problemas de calidad, y reduciendo la documentación manual.

Estos avances permitirán a los trabajadores de automóvil manejar una variedad más amplia de modelos de coches, a la vez que se reducen las tasas de fracaso y se mejora el control de calidad.

Otra aplicación de gran utilidad de la realidad aumentada es el entrenamiento interactivo de operarios de la planta industrial. Ante cada punto de la cadena, la persona puede aprender por realidad aumentada todo lo que necesitará saber sobre el funcionamiento normal y cómo debe hacer frente a las eventuales emergencias; de una manera sistemática, sin lagunas ni olvidos en la formación previa y con ahorros de monitores destinados al entrenamiento del personal de nuevo ingreso.

La realidad aumentada es también una herramienta poderosa para el comercio de la moda.
(Fuente: jasoren.com)

Capítulo 4

La industria de los productos inteligentes

Fabricar productos inteligentes

La Industria 4.0 no busca desarrollar los mismos productos de siempre en fábricas mejor automatizadas. No se conforma con hacer lo de siempre en fábricas más inteligentes. Pretende aplicar todas las tecnologías 4.0 en el proceso de creatividad del «diseño de los productos y servicios» *(smart design)* para innovar y mejorar la competitividad fabricando «productos inteligentes» *(smart products)* y comercializarlos, distribuirlos y seguir su ciclo completo de posventa y vida, empleando la inteligencia que proporcionan en todas las etapas del ciclo de vida las tecnologías de la sociedad digitalizada.

Decimos que un producto es «inteligente» cuando es capaz de captar datos de forma autónoma y ofrecer prestaciones diferentes o tomar acciones diferentes según los valores de estos datos, en función de un determinado algoritmo de proceso que el producto tiene incorporado. Si los algoritmos complejos que tiene que aplicar con los datos que le llegan son demasiado complejos, puede que los compute con un procesador propio o que –vía conectividad– recurra a la computación en la nube o en un servidor local concreto con el que mantiene conexión directa.

Una de las posibles acciones tomadas por un producto inteligente puede ser pasar ciertas informaciones captadas por sus sensores a otros productos inteligentes con los que coopera en una estructura de enjambre integrada en IoT.

Los elementos que hacen posible dotar de inteligencia a los objetos son:

- los sensores (los hay de todo tipo y a precios asequibles),
- la conectividad (particularmente las diferentes tecnologías inalámbricas),

- la capacidad de computación (tenemos todo el potencial de la nube y podemos adquirir procesadores potentes y pequeños de volumen por unos pocos euros),
- la interactividad con el usuario o con otros productos (aspecto que requiere un buen diseño ergonómico), y
- la gran profusión de nanomateriales con propiedades técnicas impensables hace unos pocos años.

Cualquier objeto o aparato del mundo que nos rodea puede ganar en inteligencia autónoma. Solo es cuestión de tener la suficiente creatividad para concebir nuevas y mejores prestaciones y encontrar un buen diseño que satisfaga las tres grandes viabilidades de todo proyecto: que sea **viable tecnológicamente**, que sea **viable económicamente** (que se pueda producir a costos absorbibles por el precio de venta) y que sea **viable socialmente** (que sea aceptado por su utilidad en la mejora de la calidad de vida de las personas usuarias, sin incurrir en falta de sostenibilidad, falta de seguridad en el uso o cualquier otro tipo de inconveniente).

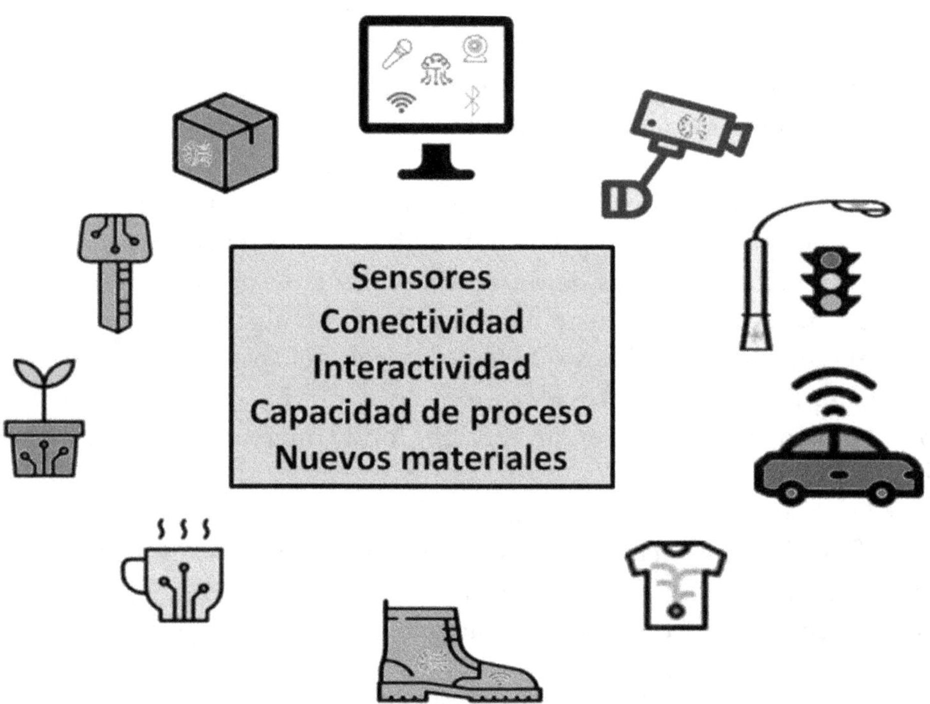

La creatividad en productos inteligentes no conoce límites. (Fuente: Elaboración propia)

Ejemplos y aplicaciones de objetos inteligentes

Podemos encontrar «objetos inteligentes» no solo aplicados en la industria. A pequeña escala, es posible integrar autonomía, confort y seguridad para una mayor calidad de vida. Para concretar en unos pocos ejemplos:

- **TV.** Un televisor puede reconocer sus diferentes usuarios mediante reconocimiento facial y ofrecerle los canales que sabe que él prefiere. Y, si ha dejado el visionado de una película a medias, preguntarle si quiere continuar viéndola.

- **Vídeo.** Una cámara de vídeo de seguridad puede estar capacitada para reconocer a los propietarios de la casa y detectar situaciones de riesgo de robo por parte de intrusos y alertar automáticamente a la policía.

- **Automoción.** Un automóvil —tal como ya están demostrando muchas marcas, entre las que destaca por sus resultados Tesla— puede conducirse de manera autónoma gobernado por inteligencia artificial, sin intervención del conductor.

- **Ropa.** Una camisa puede tomar las constantes vitales de su portador y alertarle cuando detecte anomalías o llamar al servicio de emergencias médicas si tuviera un colapso cardíaco.

- **Calzado.** Unos zapatos pueden vibrar en uno de los dos pies para indicar cuál es el próximo giro en el camino a seguir de un itinerario prefijado en una *app* del teléfono móvil. O enviar una alarma de emergencia si la persona cae y se lesiona.

- **Vajilla.** Una taza puede indicarnos la temperatura del líquido contenido y alertarnos del riesgo de quemaduras si está demasiado caliente o de perder el sabor si está a temperatura inferior a la ideal.

- **Riego doméstico.** El tiesto de una planta puede tener integrado todo el tratamiento de riego adecuado para la planta concreta y cumplirlo sin intervención humana atendiendo a las condiciones climatológicas.

- **Control de accesos.** En lugar de las claves convencionales, podemos utilizar sistemas de acceso basados en varias codificaciones de privilegios grabadas en un microchip o en identificaciones biométricas de los diferentes usuarios autorizados registradas en la nube, cada uno de ellos con su perfil particular de privilegios.

- **Trazabilidad.** Un paquete de envío logístico o una maleta de un viajero de un avión pueden tener trazabilidad para poder conocer en todo momento en qué punto de su trayecto previsto está en cada instante.

Ciclo de vida de los productos

En la Industria 4.0 se contempla el ciclo de vida total del producto, haciendo que entre todas las etapas se intercambien los datos que ayuden a obtener una mejor eficacia y una mayor competitividad.

Del *diseño* pasamos a la *fabricación*. Los productos terminados son anunciados *(marketing)* y comercializados a través de diferentes canales de *distribución* en el mercado y *adquiridos* en las tiendas físicas o virtuales. Si las tiendas son virtuales, es imprescindible una buena *logística* para servir las compras a domicilio. Los clientes *utilizan* los productos comprados hasta su obsolescencia, momento en que los depositen en los lugares *ad hoc* para su *reciclaje*. Y, cerrando el ciclo, los diseñadores hacen intervenir en otros diseños el máximo posible de partes reciclables de los residuos generados.

Las tecnologías de Industria 4.0 deben estar presentes en todas las etapas de este ciclo vital, para optimizar la calidad de todas ellas y minimizar los costos.

Cabe destacar los retornos de información interactiva que se producen entre los clientes y los diseñadores de la fábrica (para mejorar los diseños) y entre los canales

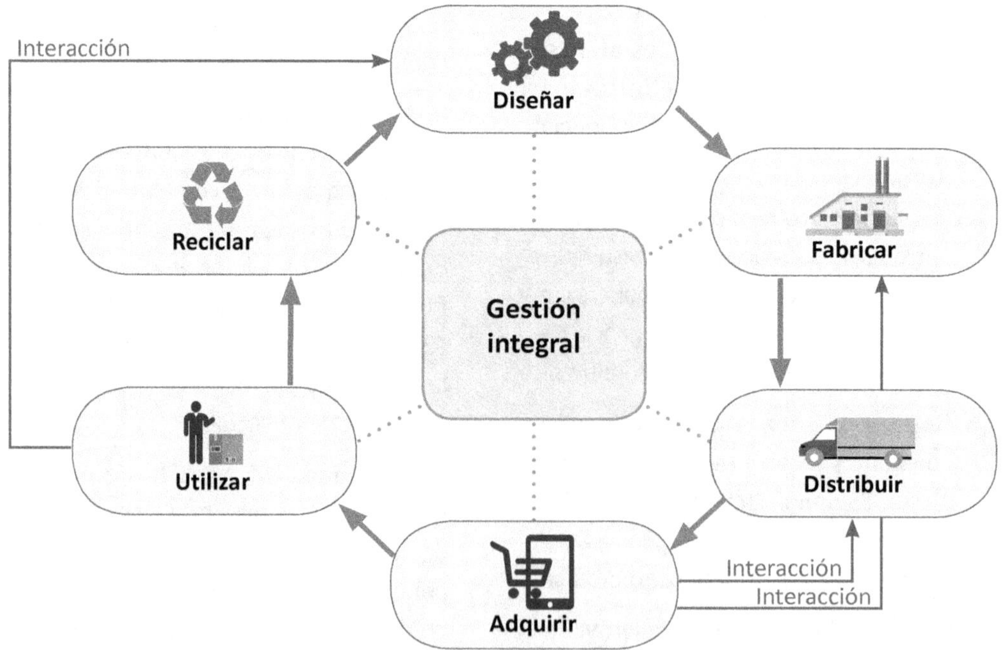

El intercambio de información entre todas las etapas del ciclo de vida del producto permite abordar un concepto de gestión integral más eficaz y productivo. (Fuente: Elaboración propia)

de venta y la fábrica (para planificar con criterios objetivos la gestión de existencias y la producción).

Analicemos las distintas etapas del ciclo de vida de un producto.

- En la etapa de **diseño,** hay que considerar que:

  - El análisis de datos del *big data* permite hacer un análisis de las tendencias emergentes de nuestro nicho de mercado y poder concretar una prospectiva objetivada, con conocimientos estadísticos de los condicionantes y las valoraciones sociales que afectan a los cambios en los deseos los clientes y sus hábitos de compra.
  - Es muy conveniente, a partir de esta información, aplicar la creatividad para tratar de innovar en mejoras de las prestaciones o, incluso, en la creación de un nuevo producto rompedor que sea ganador contra sus competidores. Recurrir a añadir inteligencia (o mejorarla, si ya tenía) suele ser una vía de éxito garantizado. Cada vez más, la clientela valorará las interacciones entre las personas usuarias y los productos y los intercambios de datos entre los diferentes productos de un mismo ámbito de uso.
  - Tanto en la concepción del producto como en su producción posterior, es necesario estar al día de todas las innovaciones científicas y tecnológicas que pueden aportar valor.
  - Para el prototipado del nuevo producto, hay que buscar apoyo en simuladores de realidad virtual y holografías, y para realizar las pruebas físicas es útil realizar prototipos rápidos en una impresora 3D.
  - En el proceso de diseño, se debe prever qué partes del mantenimiento y servicio posventa se podrán realizar de forma telemática para ahorrar costos y dar servicio mucho más rápido al cliente.
  - Si necesitamos cantidades importantes de almacén de datos y/o computación, hay que recurrir a la computación en la nube. Obviamente, la ciberseguridad deberá estar al nivel que el sistema exige.

- En la etapa de **fabricación:**

  - Es necesario ajustar en tiempo real la planificación de la producción atendiendo a la integración vertical de la información sobre las ventas (CRM), las devoluciones, las existencias en almacén y los posibles problemas de calidad detectados en algunos materiales esenciales.

- Se gestionará de manera automatizada el almacén y el aprovisionamiento de las materias primas, los elementos a montar y las piezas de recambio de la maquinaria. Hay que evitar a toda costa las roturas de existencias que pueden detener la producción. Pero también los excedentes de piezas o materiales que dejan de ser necesarios cuando cambia la planificación de la producción por la causa que sea (descenso de las ventas, cambios de modelo, sustitución por una alternativa mejor, etc.).
- Las compras a los proveedores y la continua calificación de su calidad se actualizarán automáticamente en función de las incidencias detectadas durante la producción, evitando las omisiones o retrasos típicos de los sistemas manuales de los controles de calidad.
- Es preciso optimizar la logística interna de la fábrica (los suministros internos de materiales y piezas en los puntos de la cadena que los necesiten) con la ayuda del *software* adecuado, de robots especializados y vehículos autónomos (AGV).
- Siempre que se pueda se implantará la fabricación aditiva (por ejemplo, con impresoras 3D industriales adecuadas) y se buscarán materiales que tengan mejores prestaciones que los de los anteriores métodos de fabricación.
- Aquellos trabajos de la cadena de producción que son peligrosos (o, incluso, imposibles) para la mano de obra humana los realizarán robots, con lo que también se consigue optimizar las tareas repetitivas. Los robots industriales dotados de visión artificial y sensores de todo tipo y programables con inteligencia artificial permiten que la productividad de una fábrica pueda aumentar muy sensiblemente.
- Se automatizará el control de calidad dotando de capacidades de discriminación de los posibles errores o defectos mediante sensores colocados estratégicamente en los puntos críticos de la cadena.
- Se optimizará el mantenimiento preventivo de las instalaciones mediante la detección automatizada de las condiciones de trabajo de la maquinaria más crítica. Retrasar el paro de la maquinaria por mantenimiento, si la maquinaria está en perfectas condiciones, es un ahorro de costos importante. Detener antes del plazo previsto, si se ha detectado un mal funcionamiento que puede convertirse en un desastre de avería y parada larga para reparaciones complicadas, es un ahorro que puede ser de grandes dimensiones económicas.
- La realidad aumentada puede sernos de gran utilidad para la supervisión de la fabricación, para contribuir al mantenimiento de las máquinas, el tratamiento adecuado de incidencias, para el control final de calidad, para ayudar a los nuevos trabajadores a entender todos los procesos de la fábrica, etc.

- La integración horizontal entre las diferentes etapas del proceso se obtiene mediante el internet de las cosas (IoT), y la integración vertical entre los diferentes componentes del ERP, mediante el recurso de la computación en la nube.
- La robotización del embalaje *(packaging)* permitirá un etiquetado de acuerdo con las normativas legales y que sea útil para la trazabilidad posterior de los productos.

- En las etapas de **distribución y adquisición,** hay que considerar que:

  - El *big data* ayuda a segmentar los mercados y descubrir nuevos mercados emergentes, así como a escoger los canales de distribución más adecuados para cada segmento de demanda.
  - El *marketing* digital en todas las lenguas que nos interesen hará posible la necesaria difusión a los clientes potenciales en el mercado globalizado.
  - La tienda virtual en todas las lenguas que nos interesen permitirá aumentar las ventas. Aquí es donde la realidad mixta será cada vez más necesaria para poder competir con los otros agentes del mercado.
  - Para hacer llegar los productos con el mínimo de tiempo de entrega posible y con todas las garantías para el cliente, se deben aplicar las metodologías de la logística 4.0 que, por su importancia, se abordan en un capítulo aparte en este libro. Solo nos limitaremos a apuntar aquí que, cada vez más, las grandes multinacionales de la logística, como Amazon, se están convirtiendo en las grandes tiendas universales donde se puede comprar directamente cualquier cosa que se necesite de cualquier marca o fabricante. Un cambio que afectará profundamente los futuros hábitos de compra.

- En la etapa de **utilización** por parte de las personas compradoras, hay que considerar que:

  - Las redes sociales y los foros específicos de nuestra marca permitirán apoyar los sistemas tradicionales de atención posventa telefónica y por correo electrónico, y captar sugerencias para mejorar los productos o innovar con nuevos productos ajustados a la detección de tendencias del mercado.

- En la etapa de **reciclaje,** se debe averiguar:

  - Si se puede sustituir algunas partes no reciclables o biodegradables de nuestro diseño por elementos que respeten la sostenibilidad.

- Si es posible darle una segunda vida al producto. Por ejemplo: muchas ONG recogen ropa usada para reciclarla en países pobres; los teléfonos móviles de modelos anteriores tienen segunda vida entre poblaciones que no piden tantas prestaciones, etc.
- Otra opción es ver si un producto obsoleto, entero o descompuesto en sus diferentes partes, puede entrar como materia prima en la cadena de fabricación del mismo producto o uno similar.
- Si no hay posibilidad de reciclar, la obligación ética y legal es informar y apoyar las medidas de tratamiento ecológico de los residuos (muy particularmente los tóxicos) para minimizar los efectos contaminantes del medio ambiente.

Ventajas del modelo de Industria 4.0

El modelo de Industria 4.0 garantiza un aumento espectacular de la productividad y del crecimiento económico de la industria manufacturera. Los sensores de todo tipo, las máquinas (tanto las de tecnologías anteriores como las actuales), los robots, los productos y los sistemas de TIC se conectan a lo largo de toda la cadena de valor, reuniendo a todas las empresas y todos los clientes finales que intervienen en el ciclo de vida de los productos manufacturados y los servicios que se vinculen.

Los sistemas ciberfísicos interactúan entre ellos analizando continuamente datos mediante protocolos estándares de internet. Esta interacción les permite, entre otras cosas:

- configurar en tiempo real los procesos,
- lanzar personalizaciones y ajustes a piezas específicas,
- detectar eventuales fallos de calidad,
- requerir el mantenimiento preventivo,
- evitar desastres por fallas de las máquinas,
- traspasar órdenes adaptadas a los resultados obtenidos a la siguiente etapa del proceso.

Habrá procesos más rápidos, más flexibles y más eficientes para producir productos de mayor calidad a costos más reducidos. Aumentará, por tanto, la productividad, lo que dará mayor competitividad a las empresas y, a medio plazo, repercutirá en tener regiones mejor industrializadas.

Tal y como hemos expuesto, la implantación del modelo de Industria 4.0 afectará a la cadena de valor de toda la producción, desde el diseño inicial del prototipo hasta el servicio posventa:

- A lo largo de la cadena de valor, los procesos de producción se optimizarán a través de sistemas informáticos integrados. Como resultado, las celdas aisladas de fabricación de la industria 3.0 serán sustituidas por líneas de producción totalmente automatizadas e integradas.
- Los productos y los procesos de fabricación automatizada se diseñarán y se implantarán en un proceso integrado que reúna la colaboración de fabricantes, proveedores y canales de distribución. Los prototipos físicos se reducirán drásticamente a un mínimo absoluto gracias a los simuladores, la holografía y las impresiones 3D. El impacto será particularmente intenso en los fabricantes de partes y repuestos.
- Los procesos de fabricación aumentarán la flexibilidad y permitirán la producción económica de pequeñas partidas. Los robots, las máquinas inteligentes y los productos inteligentes comunicarán entre ellos y tomarán decisiones autónomas para proporcionar esta flexibilidad.
- Los procesos de fabricación se verán mejorados mediante el aprendizaje y la optimización de partes del producto que, por ejemplo, ajustarán sus propios parámetros a medida que detecten ciertas propiedades del producto inacabado.
- La logística 4.0, tanto en la parte interna de la fábrica como en la externa de la etapa de distribución a los clientes, se ajustará automáticamente a las necesidades de producción y de servicio a los canales y los clientes finales utilizando toda la tecnología *ad hoc* (como son, por ejemplo, vehículos autónomos y robots).

Nuevos sistemas de fabricación

Empiezan a aparecer empresas de ingenieros consultores proveedores de sistemas de fabricación inteligente. Los fabricantes de herramientas y soluciones para la Industria 4.0 deben entender cómo pueden emplear las tecnologías de la Industria 4.0 para ofrecer los mejores servicios al caso particular de cada cliente y beneficiar su cuenta de resultados.

Mediante las redes sociales y el *big data* se puede adquirir la información de valor sobre el mercado y las tendencias y satisfacción de los clientes que afecten a las etapas del ciclo de vida.

Aplicando las tecnologías de producción más adecuadas a la fábrica, se garantizará a la vez el crecimiento de la productividad y del control de calidad.

Implantando la digitalización absoluta de todos los procesos en todas las etapas del ciclo de vida, se podrá obtener la integración total entre todas las etapas y los agentes intervinientes y lograr la deseada flexibilidad para adaptarse con máxima velocidad a cualquier cambio que afecte a cualquiera de las etapas del ciclo de vida.

Se trata de diversificar la producción y personalizar ofertas a diferentes segmentos de clientes. Se trata de mejorar los sistemas integrados de red y la automatización de los procesos; el diseño, prototipado y desarrollo de nuevos productos y la implantación de nuevos servicios: establecer los análisis de satisfacción de los clientes y la detección de tendencias del mercado. Para construir los nuevos sistemas de fabricación inteligente, la consultora deberá poner los cimientos adecuados:

- Definir qué modelo de negocio aprovechará mejor la innovación de la fábrica.
- Construir la base tecnológica, sin olvidar la base de herramientas para el análisis.
- Construir la estructura y las capacidades adecuadas de la organización.
- Incorporar la empresa a asociaciones que son esenciales para la colaboración e intercambio en el mundo digital. Crearlas si todavía no existen.
- Participar con el subsector empresarial concreto para modelar la estandarización tecnológica exigida por Industria 4.0.

Paralelamente, los proveedores de sistemas deberán construir una visión que tenga en cuenta los escenarios previstos de la evolución de la industria a largo plazo

La interconexión entre todas las etapas del ciclo de vida permite un nuevo concepto de calidad 4.0, más exigente y efectivo. (Fuente: Redes de expertos en ISO)

y asegurarse de que su estrategia preparará a su clientela para los escenarios más probables.

La creciente demanda de conectividad entre las máquinas, los productos, las piezas y los humanos también obliga a establecer nuevos estándares internacionales que definan la interacción de estos elementos en la fábrica digital del futuro. Los esfuerzos para desarrollar estos estándares están aún en su infancia, pero están siendo impulsados por los organismos tradicionales de normalización y los consorcios emergentes. Plattform Industrie 4.0[7] de Alemania fue el primer controlador, pero Industrial internet Consortium[8] (IIC) creado en los Estados Unidos, en marzo de 2014 por empresas manufactureras, internet, fabricantes de informática y operadoras de telecomunicaciones, se ha convertido en una alternativa destacable. Algunas otras organizaciones de normalización también empiezan a tomar posición en este campo. Elegir estratégicamente la participación en estos y otros organismos y configurar activamente la agenda de estandarización será fundamental para los proveedores de los sistemas 4.0 de fabricación.

---

[7] Véase https://www.plattform-i40.de/I40/Navigation/EN/Home/home.html (consultado el 15 de enero de 2019).

[8] Véase https://www.iiconsortium.org/ (consultado el 15 de enero de 2019).

Capítulo 5
La logística en la Industria 4.0[9]

Los retos de la logística en la sociedad digitalizada

Nos encontramos en un período de profunda transformación que ha revolucionado la manera en que los comercios venden y las personas usuarias compran. En la sociedad digitalizada, quienes consumen están muy bien informados; en algunas ocasiones incluso podríamos afirmar que sobreinformados.

Tenemos facilidades para estar al día de todo. Cuando queremos buscar algo miramos nuestro teléfono y «googleamos» –si se nos permite el neologismo– lo que queremos saber. Las modas cambian de manera muy rápida y marcarán los cambios en la demanda; hoy se llevan determinados diseños y mañana se llevarán otros similares o totalmente diferentes. La sociedad 4.0 nos ha puesto todo al alcance de un clic. Si nos apetece comprar algo, no tenemos más que utilizar nuestro teléfono inteligente y, gracias a una o más aplicaciones, podemos investigar las ofertas que existen, seleccionar la que mejor se ajusta a nuestras necesidades o gustos, hacer la compra y esperar a que nos la lleven al domicilio o en el punto de entrega que indiquemos, por lo que ya no es necesario que nos desplacemos hasta la tienda física donde hasta ahora comprábamos el producto deseado.

La digitalización y el comercio electrónico son una realidad que ha impactado en todos los sectores, desde la moda hasta la alimentación, pasando por el turismo o la industria del entretenimiento y sin dejar ningún subsector industrial en su trayectoria imparable.

---

[9] Este capítulo ha sido elaborado con la colaboración de Ramon Martínez.

El reto de la industria actual es satisfacer las tendencias del mercado en un mundo globalizado que exige inmediatez en las entregas. Hay que atender, entre otros aspectos, a:

- la internacionalización de las ofertas y las demandas en un mercado global;
- una fuerte demanda de mayor personalización de los productos;
- mayores exigencias reguladoras en cuanto a calidad y sostenibilidad de los procesos;[10]
- una fuerte presión por los márgenes en precios, y
- llegar al mercado y al domicilio de la persona compradora antes que la competencia.

Las empresas deben ser sumamente flexibles ante los continuos cambios en las exigencias de los clientes y, evidentemente, deben generar beneficios. Para ello se han tenido que reinventar, y la logística no es una excepción. Del antiguo concepto de tener un transportista que se encargaba en mayor medida de hacer llegar los productos a los canales de distribución, las industrias han tenido que evolucionar integrando los conceptos de logística en las diversas etapas del ciclo de vida de los productos.

La logística 4.0 interviene en todos los flujos de materiales y de información relacionados con un producto a lo largo de su ciclo de vida, tanto los movimientos de materiales en el interior de la fábrica para alimentar las líneas de producción, como los de aprovisionamiento de los materiales en el almacén o la distribución del producto en la red de distribuidores o clientes finales. En muchas industrias, habría que considerar, además, si es posible cerrar la economía circular y en la etapa de reciclaje tener identificación y trazabalidad mediante RFID.

Así pues, las empresas se encuentran en un entorno cambiante, con un mercado cada vez más exigente porque la potencial clientela está muy bien informada de los productos y de la competencia, y tienen que ser muy eficientes para lograr la flexibilidad que necesitan para competir en la sociedad digital y no tener que aumentar los niveles de existencias de materiales, ni producir en exceso o incrementar la plantilla de manera innecesaria.

---

[10] Véase *5 claves sobre la logística sostenible*. Disponible en: https://logistica.cdecomunicacion.es/noticias/sectoriales/24927/5-claves-sobre-logistica-sostenible (consultado el 15 de enero de 2019).

Los requisitos de una buena logística

La logística 4.0, por supuesto, debe ser capaz de responder a todos estos cambios y exigencias. Se pueden resumir los grandes retos en cuatro requisitos:

- **Trazabilidad.** La mayor parte de las empresas operadores del transporte y la logística disponen de algún sistema de trazabilidad gracias al cual se puede saber en cualquier momento en qué lugar se encuentra un envío (que previamente se ha comprado por internet o en una *app),* o si ha habido alguna incidencia. Esta transparencia cada vez es más exigida por parte de la cadena de distribución y del consumidor, ya que gracias a ella todos los afectados tienen mayor control sobre el producto y la evolución del envío. Gracias a la trazabilidad pueden ser mucho más efectivas las diversas actuaciones posventa, como los servicios de mantenimiento, el *marketing* digital de promociones de renovación o ampliación de productos y las encuestas de satisfacción de las personas usuarias. Y, por supuesto, se puede hacer frente a una situación de emergencia por problemas de sabotaje o errores en algún dispositivo o componente del producto adquirido.

- **Flexibilidad.** Los cambios en la demanda y la evolución de los mercados requieren una evolución también en todas las etapas de la producción y la cadena de suministro. Todas deben estar debidamente coordinadas en la misma dirección. Si, por ejemplo, nos llega la información de que la demanda de un determinado producto está bajando en el país A y, en cambio, está creciendo en el país B, cambiar a tiempo los envíos de A a B puede salvar los resultados de la campaña. De todo ello, se crearán sinergias, se aportarán informaciones importantes a todos los actores de la cadena y se mejorará la flexibilidad logística.

- **Eficiencia.** En sí, el simple hecho de transportar una mercancía es una actividad que no aporta valor añadido al cliente. Es por ello por lo que la logística debe analizar los flujos internos en el proceso de fabricación y asegurar que existen los mínimos desechos y mermas posibles. Por supuesto también debe escuchar al cliente, debe analizar los puntos de entrega, la periodicidad y crear una buena red de distribución de los productos. Que satisfaga al cliente y minimice los costos.

- **Sostenibilidad.** Cada vez son más las empresas conscientes con la conservación del medio ambiente que ven la necesidad de usar sistemas de transporte

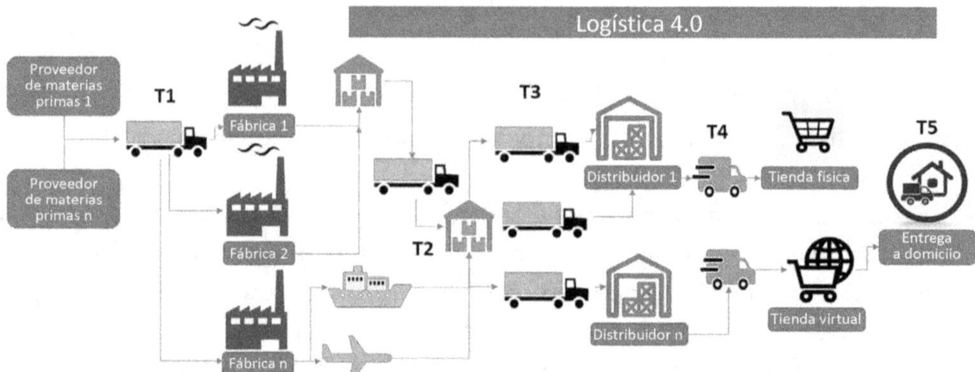

La logística 4.0 se aprovecha de la trazabilidad en todos los pasos y los cinco posibles transportes del producto. (Fuente: Elaboración propia)

sostenibles. En este sentido, la logística 4.0 está alineada con este concepto y por eso hablamos de «logística sostenible» o «logística verde». En muchos países se está restringiendo, cada vez más, el uso de vehículos no eficientes. Actualmente se desarrollan sistemas de propulsión alternativos y aplicaciones que permiten medir la huella de carbono y ayudan a optimizar las rutas de transporte.

En resumen, las tendencias de la demanda en cada sociedad y mercado marcan las reglas del juego a las empresas que ofertan sus productos y servicios. Hecho que obliga a implantar los cambios necesarios en los procesos logísticos para asegurar la eficacia y la supervivencia empresarial.

Optimización de la gestión de existencias

Evitar la rotura de stocks mínimos

La rotura del *stock* mínimo de una materia prima o componente esencial del proceso de fabricación puede conllevar el desastre de una parada no planificada de la producción. Por el contrario, un excedente de productos en el almacén repercutiría en un aumento inoportuno de los costos.

Hay que centrarse en la optimización del nivel de inventario, y utilizar para ello las tecnologías y dispositivos que nos permitan tener actualizado el nivel de existencias en almacén en tiempo real, a la vez que simplifiquen el proceso de compra y que nos proporcionen la información suficiente como para poder anticipar el aprovisionamiento de aquellos materiales de los que se prevé un incremento en el consumo y para aplazar o detener las compras de materiales en los que el consumo se prevé que disminuya o desaparezca.

Ajuste de la producción a las ventas

El uso del *big data* y el IoT han sido las claves de éxito de muchas empresas. Un caso muy particular es el de Amazon. En 2012 la empresa creó un sistema de reducción del tiempo de entrega prediciendo (con un cierto margen de error) lo que las personas usuarias van a adquirir. Amazon patentó su sistema llamado *anticipatory shipping* que predice la tendencia actual de ventas por internet mediante el análisis del amplio historial disponible de las compras que han realizado los clientes. El *anticipatory shipping* pronostica lo que se comprará en determinadas zonas geográficas, incluso la cadencia con la que lo harán. Gracias a esta información, la multinacional estadounidense tiene preparada la mercancía pertinente en centros de distribución cercanos que asegurarán la entrega en un período breve.

El caso de Amazon es un buen ejemplo, pero las posibilidades son infinitas. Las empresas de comercio electrónico han venido reduciendo los tiempos de entrega utilizando sistemas similares al que patentó Amazon. Se puede optimizar la cadena de suministro gracias a la obtención de información y a una previsión de la demanda mucho más eficiente. Con esto, seremos capaces de reducir nuestras existencias de seguridad y adaptarlas a las necesidades reales del mercado.

Adaptación a las variaciones estacionales de la demanda

Hay productos que tienen consumo estacional. Por ejemplo, bañadores o prendas para el frío. El tratamiento logístico consistirá en tratar las exportaciones a los países del planeta donde esté la demanda activa en cada momento (en el caso del clima, al hemisferio opuesto).

Hay ciertas mercancías cuya producción solo se puede hacer en una época determinada y, en cambio, la demanda persiste de forma continua todo el año. Es el caso, por ejemplo, de muchas frutas. La solución nos la da también la logística: grandes centros de conservación refrigerada de la fruta recogida. Se logra mantener el suministro durante todo el año y, de paso, se evitan fluctuaciones nada convenientes de los precios por excesos de oferta estacionales.

Gracias al internet de las cosas y al *big data* se puede mejorar notablemente la reactividad frente a los cambios de la demanda. No hay que olvidar que el IoT permite interconectar diferentes sistemas, por lo que podremos obtener información mucho mejor y más detallada de cualquier punto de la cadena de suministro. Gracias a ello se obtiene información sobre la aceptación que tiene un producto que hemos lanzado al mercado o si hay incidencias en la distribución, y se conoce el *mix* de ventas de un catálogo de productos según las distintas ubicaciones geográficas.

Optimización del aprovisionamiento

Existen varios métodos para el cálculo de las necesidades de aprovisionamiento de una fábrica. Se pueden emplear aplicaciones informáticas de planificación de materiales (MRP o *material requirements planning*) que, mediante consumos parametrizados en base a listados de materiales de producción (BoM o *bill of materials*), determinan la necesidad de aprovisionamiento, o incluso (para demandas más independientes) se puede utilizar métodos clásicos y manuales, como el sistema Kanban que, por señales convencionales de aviso (como puede ser una tarjeta, o una cubeta vacía, o cualquier indicación que nos avise de la necesidad de compra), advierten de la necesidad de reponer existencias en el almacén.

El plan de requerimientos de materiales (MRP) es el núcleo central del sistema de producción. Industria 4.0 introduce la flexibilidad necesaria para los prosumidores. (Fuente: Elaboración propia)

No nos podemos olvidar de otra necesidad muy importante y muy buscada en el modelo de negocio que propugna la Industria 4.0. Nos referimos a la flexibilidad en la producción. Los clientes piden, de manera creciente, series más cortas y productos personalizados que exigen una hipersegmentación de la producción y de la distribución. Cada vez son más quienes adoptan la filosofía prosumidora.

Tenemos que ser capaces de hacer los cambios de serie de la manera más rápida posible y para ello necesitamos que los materiales requeridos para la producción se encuentren en el punto de uso en el momento preciso. Logísticamente hay que adaptarse (y no solo) a la necesidad de tener el nivel de *stock* al día y de anticiparse a posibles roturas de existencias. Para ello la logística debe adoptar sensores simples (como, por ejemplo, básculas automatizadas) o bien sensores más complejos (como lo pueden ser los sensores ópticos) para adquirir la capacidad (mediante la relación peso/unidad) de leer en todo momento el nivel de *stock* y efectuar la comunicación de aprovisionamiento de manera automatizada.

Gracias a ello, podemos configurar alarmas que alerten de los picos de consumo y, teniendo en cuenta el plazo de entrega *(lead time)* de los proveedores, anticiparnos haciendo el pedido de material antes de entrar en rotura de existencias.

Se pueden implantar sistemas de lectura de *stock* de forma continua y automática, con lo que dejaremos de perder tiempo y fiabilidad en la ejecución de inventarios y, gracias a la información sobre las puntas de trabajo, podemos prevenir roturas de existencias que perjudicarían el nivel de servicio a la clientela.

Los actuales sistemas de lectura automática de *stock* tienen su aplicación de visualización en una pantalla digital (que puede ser una tableta o un teléfono móvil) gracias a la cual podemos consultar en todo momento el nivel de inventario de cualquier referencia que nos interese.

Podemos ir más allá. Imaginemos que, además de que el sistema nos avise cada vez que hay que adquirir una nueva partida de un material, el mismo sistema sea capaz de enviar el pedido al proveedor mejor cualificado. En un sistema como este, ya no sería necesaria la intervención manual y podríamos confiar en el automatismo (una vez comprobado su correcto funcionamiento) para que generara los pedidos en función de la necesidad.

Por ejemplo, la compañía Bossard, distribuidora de elementos de sujeción y tornillos, ha creado un sistema que mediante el control de peso de las cubetas en las propias estanterías permite a la persona usuaria saber en todo momento el inventario de cada referencia. Además, ha reducido la complejidad en la cadena de suministro ya que el propio sistema genera los pedidos al proveedor a partir del punto de pedido que el usuario ha definido previamente en función del peso del material en cada cubeta y el consumo previsto.

Si al sistema MRP se añade la información sobre los consumos reales que se están llevando a cabo de cada material, podremos conseguir que se recalculen los parámetros óptimos para la gestión de inventarios. Este sistema se puede basar en las básculas de precisión o tecnologías similares, y, gracias a las lecturas reales que se están llevando a cabo, ajustar continuamente los parámetros del inventario de manera que se adapte a las necesidades reales. Esto permitirá mover las existencias de seguridad según el riesgo y la necesidad real. Además, parametrizando el sistema también se consigue automatizar las bajas de los códigos de producto con nula rotación.

La implantación de tecnologías que automaticen los pedidos de compra a proveedores en función del nivel de *stock* y del consumo previsto conllevará inevitablemente tener que efectuar una reestructuración en el departamento de compras y aprovisionamiento. Por otra parte, requerirá recursos de personal más técnico, dedicado a mantener y asegurar el buen funcionamiento de estas tecnologías.

Optimización de la logística

Una ayuda importante para la logística 4.0 es el tratamiento del *big data* para mejorar los movimientos logísticos del almacén. Los datos que nos interesan pueden provenir de diversas fuentes. Las fuentes de datos más comunes son:

- **Datos tradicionales de operaciones.** Hacen referencia a la información que se ha ido recogiendo en las empresas y que son propios de la operativa de cada sector. Se trata de datos sobre tiempos de entrega, porcentajes de éxito en las entregas al primer intento, porcentajes de entregas a tiempo, entre otros.
- **Diagnóstico de vehículos.** La instalación de distintos tipos de sensores permite reducir el volumen de averías, optimizar la conducción de los chóferes, reducir el consumo de combustible y geolocalizar los vehículos.
- **Datos del tráfico y del clima.** La información sobre la circulación y tránsito representa una gran ventaja. Obtener el estado de las carreteras y del clima en tiempo real evita atascos y colapsos por nevadas o tormentas intempestivas.

El análisis de estos datos ayuda a crear rutas de tráfico más rápidas (ya que permite conocer el estado actual del tráfico), agrupar cargas y predecir cuándo llegará el camión. Y, al optimizar las rutas de distribución, estamos solucionando dos de las mayores inquietudes que tienen todas las empresas: la primera es la reducción de los costos logísticos, y la segunda, y no menos importante, la minimización de las emisiones de CO_2.

Y no solo nos ayuda en este sentido, sino que también nos da un gran apoyo en otras áreas propias de la logística, como la gestión automatizada de tarifas de envíos, de las cargas de los transportes y las confirmaciones de entregas.

Optimización de la trazabilidad

El área logística debe saber en todo momento en qué punto se encuentra una mercancía tanto a nivel interno (en la fábrica y/o al almacén) como a nivel externo (en la carretera, en el aire o en el mar). Por otra parte, también necesita saber en qué estado se encuentra la mercancía, como saber si el paquete ha sido manipulado, o extraído de su embalaje. Incluso puede interesar (en algunos tipos de productos) saber si las condiciones de temperatura y humedad son las óptimas para los requerimientos del paquete. Y, evidentemente, hay que atender las medidas especiales (reguladas por ley) cuando se trata de transportes de mercancías tóxicas o de diferentes tipos de peligrosidad.

En general, podemos controlar de manera eficiente todos los puntos descritos combinando *big data*, IoT y procesos en la nube. De esta manera se optimizan las operaciones de distribución, se reducen los niveles de inventario y se obtiene un ahorro notable en costos y en tiempo de organización.

La logística 4.0 se ha integrado en la Industria 4.0 dando solución a la necesidad de la trazabilidad de las operaciones mediante el uso de sistemas de geolocalización que permiten conocer de forma precisa su ubicación y el estado en que se encuentra.

Este nivel de trazabilidad hasta el cliente final permite atender posibles emergencias o incidencias de atención posventa. Todos hemos visto cómo las grandes marcas hacen frente a posibles fallos de sus productos ofreciendo el cambio gratuito de aquellas partes que han demostrado tener un eventual mal funcionamiento que pone en riesgo el producto o, incluso, en algunos casos, la integridad física de la persona usuaria. No digamos ya cuando en la industria alimentaria se detectan atentados terroristas en la salud pública envenenando productos. Es un ejercicio ético de responsabilidad social que tiene la compensación de fidelizar a la clientela.

Tener localizados todos los productos de un determinado modelo que hemos fabricado también permitirá, en un momento dado, efectuar campañas personalizadas de servicios posventa, como pueden ser: recomendaciones de mantenimientos o revisiones, venta de complementos o mejoras. Por ejemplo, las típicas actualizaciones *(upgrades)* de *software* informático o los aparatos electrónicos, las campañas de descuentos especiales a clientes actuales para cambiar el aparato viejo por el nuevo modelo, etc.

La trazabilidad de los productos está claramente favorecida por la irrupción de la RFID *(radiofrequency identification devices)*, que puede proporcionarnos la casi total transparencia a lo largo del ciclo de vida de los productos y convertir en realidad un viejo sueño logístico.

Gracias a las actuales tecnologías de trazabilidad puede reducirse en gran medida la incidencia del conocido como «efecto látigo» *(bullwhip effect)*, uno de los peores enemigos de las cadenas logísticas. Es el efecto que se produce por desconexión y desconocimiento «aguas arriba» de la demanda real de producto en los puntos de venta. Debido al efecto látigo, pequeñas alteraciones en la demanda a escala de mercado pueden ser percibidas por los fabricantes como picos y valles exagerados, distorsionados y retrasados en el tiempo. En general, la falta de información en tiempo por parte de los principales actores de la cadena logística respecto de las cifras reales en los puntos de venta, junto con el desconocimiento de la cantidad de existencias a lo largo de la cadena de suministro, provocan la adopción por parte de todos ellos (y especialmente de los actores más alejados de los puntos de venta) de decisiones de protección que habitualmente repercuten en incrementos no necesarios de las existencias de seguridad. Mediante las tecnologías 4.0 de trazabilidad (y en especial las etiquetas RFID) se obtiene una completa visibilidad en tiempo de las ventas y los *stocks* en toda la cadena de suministro, lo que hace posible la reducción de protecciones y de existencias innecesarias y genera el deseado flujo tenso.

La optimización de la trazabilidad supondrá un salto cualitativo en la capacidad de conectar los clientes con los fabricantes y prestadores de servicios, permitiéndoles un mejor conocimiento de los patrones de demanda y haciendo menos necesario depender de previsiones inexactas e inventarios cortos o excesivos. La Industria 4.0 integra una colección de tecnologías que contribuirán decisivamente a la creación de un flujo tenso y vacío de *stocks* innecesarios donde demanda y oferta estarán fuertemente conectadas, actuando la primera como motor de la segunda.

Logística interna

Interesa optimizar también los flujos de movimiento del personal y materiales dentro del almacén y de la fábrica entera, con el objetivo de optimizar los recorridos de ambos. En este aspecto, ya hace muchos años que apareció la llamada «logística interna».

La logística interna se encarga de optimizar las acciones y actividades que se llevan a cabo para ordenar y organizar los flujos internos de la empresa, tanto de materiales como de la información vinculada, siempre garantizando un buen servicio y minimizando el costo. Es el nexo entre los recursos que emplea la empresa y la demanda que genera la clientela.

La optimización de la logística interna puede marcar una ventaja competitiva respecto a los competidores, y es por eso que los avances tecnológicos en este ámbito se han centrado en las funciones más importantes de esta área. Son las siguientes:

- **Transporte interno.** Es un factor esencial, ya que sin él no existe el desplazamiento de materiales en el interior de una fábrica. Se puede optimizar mediante la introducción de vehículos autónomos (AGV o *automated guided vehicles)* y sistemas que detecten los puntos de mayor afluencia en el almacén y mediante algoritmos hacer más eficiente el movimiento del personal operario. Podemos transportar de un punto a otro de la fábrica de manera autónoma tanto las materias primas y los componentes a montar como los productos terminados, con el uso de AGV o brazos robóticos; pero, si nos resulta una inversión demasiado elevada, nos podemos limitar a implementar algoritmos informáticos que optimicen el flujo interno de materiales y de operarios y determinen las mejores rutas logísticas internas para la fábrica.

- **Gestión de inventario.** Es clave tener un buen control del inventario, ya que generalmente es uno de los factores que representa el mayor costo de gestión en la logística. Hay que asegurarse de que el inventario se ajusta a las necesidades de mercado y es por ello por lo que se han desarrollado las tecnologías que ayudan tanto en el control como en la gestión.

- **Gestión de materias primas.** Fruto de las dos funciones anteriores. Se obtiene una buena gestión de la materia prima cuando hay la capacidad para mover los materiales de manera eficiente y cuando se den las mínimas desviaciones en el inventario.

Logística de la última milla

La última milla es el paso que transcurre desde que el paquete sale del último punto de distribución (almacén, tienda, centro de distribución...) hasta que llega a su destino de entrega, el último paso de la cadena de distribución.

De todas las etapas de la cadena logística del comercio electrónico, la última milla lleva de cabeza tanto a las tiendas virtuales como a los proveedores logísticos. Es un tramo de apenas unos pocos kilómetros en que las dificultades se acumulan

Soluciones para la logística de la última milla

Las soluciones para superar estos inconvenientes pasan por:

- Planificar la **optimización de las rutas de entrega** siempre que sea posible. Evitar los puntos críticos (con gran afluencia de tráfico, calles cortadas, etc.) y, al mismo tiempo, abarcar el mayor número de puntos de reparto en el mínimo de tiempo.
- Optar por **vehículos comerciales más ágiles y ligeros** para desplazarse en zonas urbanas. Vehículos eléctricos o híbridos, mucho más eficientes y preparados para el reparto. A destacar la opción de los patinetes eléctricos que algunos proveedores logísticos ya están empleando.
- Disponer de **buzones especiales para entregas de paquetería** (en el propio domicilio si son clientes *prime* o en ubicaciones cercanas para clientes eventuales). Esta es la solución que emplea Amazon Locker. En algunas zonas de Estados Unidos y con clientes escogidos, Amazon está aplicando otra solución que ha bautizado como Amazon Key que consiste en la posibilidad de entregar la paquetería a través de personas autorizadas a tener la llave del domicilio (por ejemplo: la asistenta doméstica o el paseador de perros).
- Otra solución imaginativa, es la que ha creado Geever, una empresa de logística que utiliza un modelo de entregas de mercancías a domicilio mediante **el uso de patinetes eléctricos.** Geever dispone de varios puntos de reparto distribuidos por toda la ciudad de Barcelona (España). Estos puntos de reparto son plazas de aparcamiento o trasteros que han sido acondicionados. Los repartidores se reclutan entre los propios vecinos del barrio en el que distribuyen la mercancía, por lo que el reparto es mucho más eficiente y, gracias al uso de estos patinetes eléctricos, mucho más sostenible.

y la eficacia –y, por tanto, la satisfacción del cliente– entra en un punto crítico. Entre los factores que convierten la última milla una auténtica carrera de obstáculos se destaca que:

- La última milla suele ser en zonas urbanas, con los consiguientes problemas de movilidad: tráfico, atascos, calles peatonales, escasez o ausencia de sitios de descarga, centros históricos de difícil acceso, etc.

- Las entregas suelen ser de paquetes pequeños, lo que las convierte en poco eficientes.
- Se requiere realizarlos en muy corto espacio de tiempo, a fin de cumplir con los compromisos de entrega prometidos al cliente.
- Es muy frecuente que la entrega no pueda efectuarse por ausencia de la persona receptora. (Cada vez son más los domicilios en los que trabajan las personas residentes y están vacíos en horario laboral. Se cifra en un 30 % el sobrecosto por entregas fallidas.)
- Es la etapa que causa un mayor impacto medioambiental: se estima que el transporte urbano causa alrededor del 20 % de las emisiones de dióxido de carbono (CO_2) acumuladas en la atmósfera.

El objetivo de mejorar la logística de última milla tiene tres retos principales:

- Reducir el número de fracasos en las entregas por ausencia de la persona destinataria.
- Reducir los costos por repetición de desplazamientos. (No es aconsejable dejar los paquetes frente a las puertas de los clientes, porque obliga a afrontar las pérdidas por robos y por destrucción por lluvia en las viviendas con jardín.)
- Reducir la contaminación del medio ambiente por las emisiones de los vehículos a motor de combustión.

Servicio de compra y recogida

Para evitar los problemas de la última milla, muchos grandes almacenes apuestan por la estrategia del servicio de compra y recogida o *click & collect,* y establecen puntos físicos de recogida en sus centros para ahorrar tiempo a la clientela y evitar incumplimientos en la a menudo complicada entrega a domicilio. Pero la mejora progresiva de los operadores logísticos hará que esta opción vaya perdiendo popularidad.

Logística inversa

Uno de los objetivos de una empresa transportista, en cualquier etapa del trayecto, es optimizar los costos. Y la mejor manera de conseguirlo es no hacer nunca viajes de vuelta «en vacío», sin tener mercancía a transportar. El camión que acaba de entregar hortalizas de un país de origen en otro muy alejado necesita transportar alguna mercancía del país donde se encuentra que sea requerida en algún punto del trayecto en su viaje de retorno.

Las empresas que gestionan la última milla (con patinete eléctrico o sin él) están aprendiendo la necesidad de aplicar la logística inversa para optimizar los costos y el tiempo de respuesta a los clientes. Se trata de combinar las entregas a clientes finales con la recogida a proveedores de tiendas, talleres y pequeñas industrias a la hora de planificar el trayecto diario de cada operario.

La integración de la logística con el ciclo de vida

La aportación principal de la logística 4.0 consiste en integrar los sistemas informáticos del ciclo de vida del producto en las diferentes etapas.

Se trata de intercambiar los datos del producto y de los planes de producción no solo en el interior de la empresa sino también con los proveedores y los canales de distribución. De que los proveedores se beneficien de los datos directos de diseño de los productos y sus partes. De que el proceso productivo intercomunique personas, máquinas y robots en tiempo real para evaluar todas las necesidades y requerimientos de toda la cadena de valor y puedan tomar decisiones rápidas para disminuir costos, minimizar riesgos y aumentar la productividad.

La automatización también aumentará la eficiencia de la logística interna en la planta de la fábrica. Los vehículos de transporte autónomo funcionarán con robots de entrega para ajustar los materiales enlazados a partir de datos de operaciones en tiempo real. Estos vehículos podrán encontrar su recorrido por la planta de la fábrica mediante la navegación láser y comunicarse con otros vehículos con redes inalámbricas. Los robots de consignación buscarán automáticamente y seleccionarán los materiales necesarios para los próximos procesos de la producción.

Tecnologías utilizadas en la logística 4.0

La logística 4.0 ofrece varias posibilidades, pudiendo escoger entre todas ellas la que mejor se adapte a las necesidades y la casuística de cada actividad. Los grandes avances tecnológicos permiten encontrar soluciones cada vez más adecuadas a cada realidad empresarial.

En el ámbito de la logística, las tecnologías que se pueden aplicar no requieren grandes inversiones, por lo que están al alcance de la mayoría de las empresas, sin importar su tamaño. Una pyme puede hacer pequeñas instalaciones, con un bajo nivel de inversión, e ir añadiendo diferentes novedades tecnológicas conforme vaya recuperando el retorno de la inversión, pero siempre asegurando que cumple con los objetivos que se haya marcado al inicio y que le aportan un valor añadido en el mercado. Aunque las herramientas tecnológicas evolucionan constantemente, se detallan aquellas que más destacan actualmente.

Básculas de precisión

La tecnología de las básculas electrónicas lleva muchos años utilizándose, pero hasta inicios del siglo XXI no se ha dotado a este sistema de la capacidad para integrarlo en un almacén y gestionar el inventario por peso. La precisión de estos sistemas puede variar en función del peso y el valor del producto almacenado. Un mínimo del 97 % es más que aceptable para productos de valor económico bajo.

Báscula de precisión Bossard SmartBin.
(Fuente: Bossard Proven Productivity)

El funcionamiento es muy simple, la báscula hace el pesaje con una regularidad parametrizada previamente (por ejemplo, después de x horas o después de cada turno) y hace la conversión a unidades gracias a un factor de conversión que se ha introducido en el procesador del sistema.

Vehículos de guiado automático

Los AGV *(automatic guided vehicles)* son vehículos que se emplean para el transporte de materiales en el interior de la fábrica o almacén. Estos dispositivos son especialmente útiles para apoyar flujos repetitivos de materiales y cuando las cargas no tienen muchas variaciones. Pueden disponer de distintos sistemas de navegación, desde el sistema clásico de filoguía (basado en un hilo conductor enterrado bajo el suelo que emite frecuencias que son seguidas por una antena del AGV), hasta otros

Vehículo de guiado automático (AGV) Toyota39s. (Fuente: Toyota Motor Corporation)

sistemas como el guiado óptico siguiendo una raya pintada en tierra o impresa en un adhesivo; aunque el más destacado actualmente es el guiado por láser. El funcionamiento de este se basa en la utilización de un medidor láser rotatorio que escanea de manera constante el entorno buscando las referencias de posición (pequeños cuadrados adhesivos que se ubican en determinados puntos del recorrido y gracias a los cuales se puede triangular la posición del dispositivo).

Identificación por radiofrecuencia (RFID)

La identificación por radiofrecuencia tiene por objetivo transmitir la identidad de un material, persona o animal cuando se le estimula con una onda de una frecuencia determinada. Cada producto, animal o unidad logística estandarizada lleva adherido una tarjeta/etiqueta o transpondedor inteligente *(tag o transponder)* que contiene la información relevante del producto a tener en cuenta en el flujo de la cadena de suministro.

El sistema utiliza la transmisión por radio para enviar petición de información mediante la emisión de una onda electromagnética a través de su antena y con destino al *tag* o *transponder* del producto y viceversa. Esta petición, en forma de energía ondulatoria, es recibida mediante la antena del transpondedor, y da como respuesta

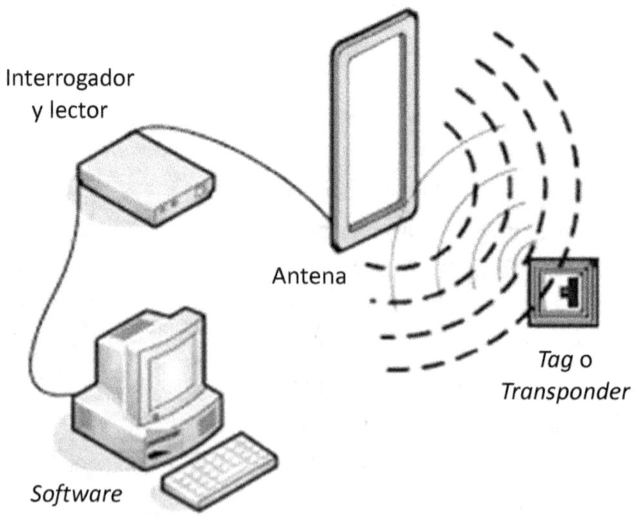

RFID es la tecnología preferente para la trazabilidad. (Fuente: Elaboración propia)

al lector un único código de identificación junto con una serie de datos pregrabados esenciales para el sistema de información.

Los sistemas RFID se componen de los siguientes elementos:

- **Tarjeta/etiqueta o transpondedor** *(tag o transponder)*. Es la parte que contiene la identificación y los datos básicos del producto y se adhiere al material que queremos controlar.
- **Lector.** Es el elemento que emite la petición de información a la etiqueta.
- **Antena del lector.** Generalmente está contenida en el propio lector y se ocupa de emitir la onda registradora y recibir la de respuesta.
- **Controlador.** La mayoría de los lectores lo tienen incorporado. Controla todos los procesos que tienen que ver con la comunicación entre el lector y la tarjeta y entre el lector y el exterior, entendiendo por «exterior» todo sistema externo que también esté destinado a gestionar los datos reunidos.
- **Sensor.** Son los componentes necesarios para la salida y entrada de datos del sistema.
- **Sistema o *software*.** Es el programa informático que permite que el sistema RFID esté conectado con el ERP para volcar los datos y poder crear estadísticas propias.

El RFID se puede combinar con las básculas de precisión dando lugar a una medición del inventario en tiempo real y ofreciendo, además, la posibilidad de leer en esta «etiqueta» las existencias del almacén en cada posición. Esta nueva etiqueta también podría usarse para facilitar la información sobre las expediciones de los próximos pedidos (fecha de entrega, estado y cantidad, entre otros parámetros).

Existen soluciones que utilizan la tecnología de la RFID para integrarla en un botón que emita una señal de pedido. De esta manera, se consigue que la misma persona que consume el material sea la responsable de generar el pedido de reposición a la empresa proveedora. Es la solución tecnológica implementada por el Dash Button de Amazon.

Visión por computadora

Se aplica para inventariar las existencias de materiales de suministro o de productos terminados cuando son fácilmente identificables mediante imágenes patrón.

También se puede usar en el departamento de expediciones para comprobar que todos los envases y embalajes cumplen con los marcadores y etiquetas previstas para du distribución.

Drones

El uso de drones como medio de transporte y entrega de paquetería se está extendiendo en muchos campos y ha sido la causa de intensos debates. Hay quien lo ve como una innovación que aporta muchos beneficios y, por el contrario, hay quien cree que conlleva más inconvenientes que beneficios. Analizamos los diferentes aspectos de lo que nos ofrecen estos dispositivos en el ámbito de la distribución.

Viendo la evolución que están siguiendo estos dispositivos, es de prever

Los drones son una gran ayuda para la preservación forestal. (Fuente: Ministerio de Agricultura del Gobierno de España)

que se convertirán en un complemento de los sistemas tradicionales de transporte, aportando valor añadido, aumentando la rapidez y la eficiencia en ciertas entregas.

Otro campo de la logística en el que los drones pueden ser de gran ayuda es en la gestión de *stocks*. Estos dispositivos son fácilmente configurables y se les pueden añadir otros elementos como cámaras de visión artificial o lectores de códigos de barras. Podemos utilizar los drones para hacer inventarios en aquellos almacenes con grandes alturas que requieren elementos de sujeción tales como arneses de seguridad para no poner en riesgo al personal operario. De esta manera se incrementa la prevención de riesgos laborales y la eficiencia en el recuento de existencias.

Almacén 4.0

Si en los puntos anteriores hemos hablado de logística 4.0, ahora definiremos como es el concepto de almacén que corresponde al modelo de Industria 4.0.

El punto más importante es que se contemplan como un único almacén *todos* los almacenes de la empresa (de las diferentes fábricas, si hay más de una, y de todos los almacenes intermedios de centros logísticos contratados) y de los socios distribuidores establecidos por toda la geografía (nacional e internacional) que estemos abarcando.

Pros y contras del uso de drones

Las ventajas

Ahorro y eficiencia. Los envíos son mucho más rápidos, limpios y eficientes, y pueden ahorrar costos en según qué ubicaciones geográficas.

Saltarse las congestiones del tráfico. Con el uso de los drones en la distribución, la consecuencia directa es evitar los atascos y colapsos de tráfico en calles y carreteras.

Distribución en puntos de difícil acceso. Los drones pueden acceder con mucha más facilidad a lugares donde el transporte convencional no llegaría o llegaría con mucha más dificultad. Gracias a los drones, las personas que viven en áreas de difícil acceso tendrán la oportunidad de recibir pedidos.

Los inconvenientes

Futura congestión del espacio aéreo. Los drones pueden transportar poco peso, aproximadamente 1 o 2 kg, por lo que se puede hacer un rápido cálculo según el cual por cada camión que circule en la carretera habría más de mil drones en el aire. El gigante Amazon informa que más del 80 % de sus entregas pesan menos de 2 kg; con esta información podríamos pensar que, si el uso de drones en logística se extendiera, llenaríamos el cielo de objetos voladores. Quitaríamos congestión en el tráfico por carretera, pero llevaríamos la congestión al espacio aéreo.

Control remoto y legislación. Los drones no son autómatas, y debido a esto requieren que una persona los supervise y controle manualmente, por lo que también exigen una vigilancia constante. Por otra parte, la legislación actual no prevé la utilización de los drones ni la invasión de estos en el espacio aéreo actual, por lo que la legislación debe ser revisada y adaptada a esta nueva casuística.

Imposibilidad de entregar el paquete si el cliente no se encuentra en casa. Las entregas mediante un dron no serán efectivas al cien por cien hasta que las empresas no desarrollen una solución ante la posibilidad de que el cliente no se encuentre en su domicilio en el momento de la entrega.

De cada producto, el sistema de gestión informatizada de los *stocks* dará todo el detalle de existencias en las diferentes ubicaciones. Esto permite optimizar las fluctuaciones de última hora de la demanda, haciendo los cambios de destino de algunas partidas «en tránsito» siempre que sea necesario.

En la gestión del almacén 4.0 se dispone de sistemas que miden de manera automatizada las existencias de los materiales y de los productos terminados en todas y cada una de las ubicaciones descentralizadas. Estos sistemas enviarán datos del estado del inventario con la periodicidad que se requiera.

Como es lógico, el proceso de digitalización se puede llevar a cabo por sucesivas fases en función de la capacidad de inversión de cada empresa. Se puede automatizar la gestión de existencias y que el personal haga el *picking* de forma no automatizada, aunque será conveniente implantar algoritmos que definan el mejor flujo de operarios para que entre ellos no se molesten mientras transportan materiales del almacén.

Si se usan básculas de precisión para gestionar las existencias, se puede generar automáticamente los pedidos de aprovisionamiento al llegar a los *stocks* de seguridad. De este modo, las compras a las empresas suministradoras dependerán de datos reales del consumo de materiales y de la disponibilidad de producto acabado, y no de la forma convencional, que, en el mejor de los casos, nos sería proporcionado por el sistema de MRP parametrizado con los consumos previstos para la fabricación con la corrección del porcentaje de mermas.

En esta situación, se podría desviar parte del personal dedicado a aprovisionamiento y ubicarlo en el área de compras estratégicas, es decir, destinarlo a la negociación, a la búsqueda proactiva y al incremento de empresas colaboradoras, proveedores eficientes y muy implicados (porque no se debe olvidar que, en un planteamiento de este tipo, no necesitamos proveedores, necesitamos *partners*).

En sistema de almacén 4.0, es preciso que el personal a su cargo esté bien formado en el uso de las tecnologías que utilice. Por ejemplo, en el uso de sistemas de básculas de precisión (en que el propio dispositivo hace la transformación de peso a unidades) tenemos que asegurar que cada material está en su ubicación correcta y revisar el funcionamiento correcto del sistema con cierta periodicidad (aunque este tipo de dispositivos emiten una alarma cuando hay diferencias importantes en el pesaje).

Podemos dar un paso más e integrar el control de existencias en la línea de producción. Podemos dotarla de un sistema de pesaje idéntico al que se usa en el almacén e interconectar entre ellos, de tal manera que el almacén actuaría como un supermercado que alimenta las propias líneas de producción.

En cuanto a la recepción de materiales, podemos disponer de sistemas que los identifiquen y los geolocalicen a lo largo de todo su periplo. Como hemos comentado anteriormente, se puede hacer uso de sensores en el embalaje que informen sobre el estado de un envío y su localización mediante una señal GPS.

Si es posible disponer de esta información para todos los materiales de las empresas proveedoras, o al menos de aquellas que supongan más carga de costos en el almacén, será posible planificar mejor los recursos. Habrá mayor control sobre el almacén y se podrá optimizar todas las tareas de esta área. Se consigue dimensionar al equipo de operarios de almacén según las actividades que se deseen llevar a cabo en cada jornada y las tecnologías de apoyo de que se disponga.

Cómo afecta el almacén 4.0 al resto de áreas

El almacén es una de las áreas de la logística con mayor interacción con el resto de la compañía, por lo que un cambio de tal magnitud afectará a la compañía en muchos aspectos.

El aspecto más complejo es el humano. Aunque es difícil de predecir con exactitud en qué medida afectará a las personas que forman parte de la compañía, lo que podemos decir es que el porcentaje de personal técnico especializado en tecnologías de información y comunicación aumentará de manera notable.

Son numerosas las empresas que están empezando a potenciar y a incrementar el equipo de lo que comúnmente llamamos departamento informático, dando más importancia a un área de la empresa que históricamente en la mayoría de las industrias ha tenido un papel menos relevante.

Si automatizamos el almacén, las posiciones de menor valor añadido quedarían cubiertas por máquinas adecuadas. Aplicando las tecnologías, crearíamos nuevos puestos de trabajo para cubrir nuevas necesidades como la programación y el mantenimiento preventivo de estos dispositivos. Estos puestos de trabajo se cubrirán por perfiles que conozcan la gestión y las operaciones típicas de un almacén, pero se les requerirán conocimientos técnicos sobre los dispositivos con los que trabajar.

Expectativas de futuro

En cualquier caso, no hay que olvidar que las tecnologías para ayudar a la gestión de las existencias con la filosofía de un almacén 4.0 avanzarán en el futuro próximo hasta puntos insospechados, combinando sensores, conectividad y capacidad de procesamiento con inteligencia artificial (local o remota). Cada vez serán más numerosas las opciones tecnológicas para poder desarrollar la logística 4.0 que necesita el modelo de negocio de la Industria 4.0.

Capítulo 6
Materiales inteligentes y nanotecnologías

La importancia de los nuevos materiales

La importancia estratégica que tienen los materiales en la sociedad humana viene reflejada en las propias nomenclaturas que se han otorgado a etapas pasadas de la historia: la Edad de Piedra, la Edad del Bronce, la Edad del Hierro, la Edad del Plástico, la Edad del Silicio...

Con la piedra, el hierro, la madera, el vidrio, las pieles de los animales y las fibras vegetales los artesanos hicieron –y siguen haciendo– auténticas maravillas. Pero a partir del siglo xx la industria ha creado materiales artificiales: el nailón, el poliéster, la fibra acrílica, la baquelita, el celuloide, los plásticos, los polímeros, etc.

Como no puede ser de otra manera, la industria de cada época se basa y fundamenta en el procesamiento de los materiales disponibles. Pero los humanos ya no estamos limitados a los materiales que se dan de forma natural en nuestro entorno, el desarrollo científico y técnico de nuevos materiales artificiales ha hecho que sea muy difícil identificar la época actual y las venideras con un solo material, como había sucedido en el pasado. En todo caso, la podríamos identificar con la tecnología que nos está proporcionando una diversidad impresionante de nuevos materiales: la nanotecnología.

Actualmente la industria está utilizando tres categorías de nuevos materiales creados artificialmente:

- **Materiales inteligentes.** Son los que poseen una o más propiedades que pueden ser modificadas significativamente de manera controlada y reversible por un estímulo externo (como pueden ser: tensión mecánica, temperatura, humedad, pH o campos eléctricos o magnéticos).

- **Nanomateriales.** Aquellos que tienen muy mejoradas algunas de sus propiedades mediante cambios de su estructura molecular utilizando la nanotecnología.
- **Biomateriales.** Los que se obtienen manipulando los procesos de formación de las moléculas de los seres vivos de la naturaleza aplicando la ingeniería biomolecular.

Hay que advertir que algunos de los materiales llamados «inteligentes» pueden ser obtenidos mediante combinaciones de las nanotecnologías, la microelectrónica o los biomateriales.

Podemos clasificar los materiales inteligentes en función del tipo de estímulo externo que controla su «inteligencia».

Materiales electro y magnetoactivos

Son aquellos que actúan, responden o reaccionan ante cambios eléctricos o magnéticos. Podemos distinguir tres tipos:

- **Materiales magnetoestrictivos.** Son aquellos que, sometidos a la acción de un campo magnético, varían su forma. Y al variar esta por una fuerza externa, producen un campo magnético. Entre los más utilizados, figuran el níquel y sus aleaciones, las ferritas y los materiales electromagnéticos.
- **Materiales piezoeléctricos.** Convierten la energía mecánica en energía eléctrica y viceversa. Se aplican en sensores y actuadores, vibradores, zumbadores, micrófonos, etc.
- **Materiales electro y magnetorreológicos.** Son suspensiones de partículas micrométricas magnetizables, en fluidos como aceites hidrocarburos, silicona o agua que, de forma rápida y reversible, aumentan su viscosidad bajo la aplicación de campos magnéticos. Se aplican en los amortiguadores.

Materiales fotoactivos o fotoluminiscentes

Son aquellos capaces de responder de una manera diferenciada al ser expuestos a la luz (solar o artificial).

Podemos distinguir tres tipos:

- **Fluorescentes.** Son aquellos materiales que poseen la propiedad de emitir luz visible solo mientras son expuestos a radiaciones no visibles al ojo humano (del tipo ultravioleta, rayos catódicos o rayos X).
- **Fosforescentes.** Son materiales capaces de emitir luz durante un cierto intervalo de tiempo después de haber sido expuestos a luz (natural o artificial).
- **Electroluminiscentes.** Son los materiales que, al ser estimulados mediante electricidad, responden produciendo luces de diferentes colores, sin que la emisión de luz comporte producción de calor.

Materiales cromoactivos

Materiales que responden con un cambio de color ante un estímulo externo que puede ser de origen muy variado (presión, radiación ultravioleta, rayos X, temperatura, etc.).

Podemos distinguir tres tipos:

- **Termocrómicos.** Son materiales que cambian de color de forma reversible con la temperatura. Los hay para distintos colores y distintos rangos de temperaturas, por lo que permiten un rango muy amplio de aplicaciones. Normalmente son de naturaleza semiconductora. Sus aplicaciones fundamentales son en señalización (etiquetado/control temperatura en las cadenas de frío), seguridad (tuberías y conducciones, elementos peligrosos, etc.), artículos del hogar (envases microondas, sartenes, placas calefactoras, vasos-jarras, etc.) y juguetes.
- **Fotocrómicos.** Son los cromoactivos que solo cambian de forma reversible su color mientras incide sobre ellos la luz solar, o una luz con elevado componente de ultravioleta. Sus aplicaciones fundamentales son en seguridad (tinta invisible, detección de documentos), publicidad (carteles, camisetas, zapatos, cordones, bolsas, folletos, etc.) y óptica (lentes).
- **Electrocrómicos.** Son los materiales que cambian su espectro de absorción y su color al aplicar una diferencia de potencial eléctrico.

Materiales con memoria de forma

Son materiales que una vez han sido deformados son capaces de volver a su forma primaria. Se pueden clasificar según el tipo de fuerza con el que se activan sus campos térmicos o magnéticos.

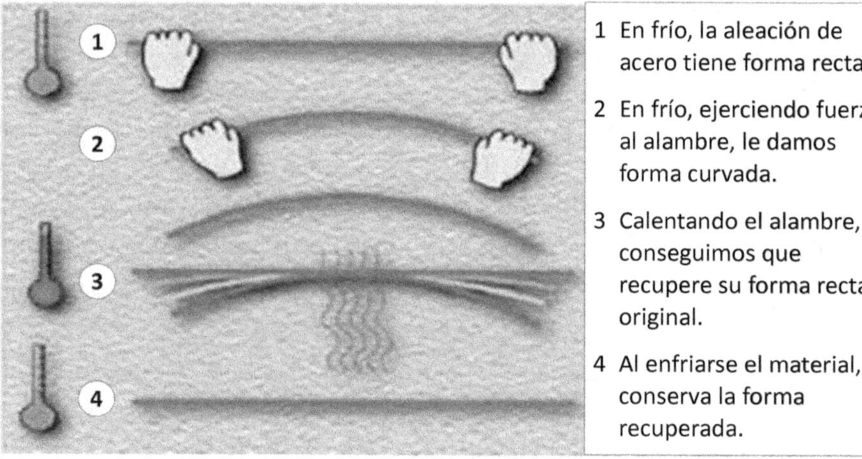

La martensita es un ejemplo de aleación especial de acero, descubierta por Adolf Martens, que posee memoria de forma. (Fuente: Elaboración propia)

Las aleaciones de nitinol (níquel-titanio) son los más conocidos, y responden ante campos térmicos. Se utilizan en ortodoncia (alambres dentales), medicina, robótica, válvulas, en duchas, cafeteras, sistemas de unión y separación controlados, entre otras aplicaciones.

Qué entendemos por nanotecnología

El científico japonés Norio Taniguchi utilizó por primera vez el término «nanotecnología» en el año 1974, y la definió como el procesamiento, separación y manipulación de materiales átomo a átomo.[11] La nanotecnología es el campo de las ciencias dedicado al control y manipulación de la materia a la escala de los nanómetros, es decir, a nivel del tamaño de los átomos y moléculas.

Las diferentes nanotecnologías existentes se definen sobre la base de la escala en que trabajan y no al tipo de sistema que estudian; son de carácter transversal y tienen aplicaciones en todas las actividades del quehacer humano, como pueden ser el medio ambiente, el sector energético, la medicina, la electrónica, la exploración espacial, la construcción, la industria textil, la cosmética, la industria alimentaria, etc. Es por ello que el impacto de la nanotecnología en la sociedad 4.0 es cada vez mayor

---

[11] Véase Taniguchi, N. (1974).

y se está cumpliendo la predicción que hizo Charles M. Vest (expresidente del MIT (Massachusetts Institute of Technology), en un discurso de 2001, cuando afirmó que la nanotecnología daría un fuerte impulso a la cuarta revolución industrial.

El invento del microscópico electrónico facilitó estudiar la naturaleza a escala de los nanómetros. Esto permitió conocer las estructuras moleculares de muchos materiales y poder crear técnicas para poderlas manipular a esta escala. Las mismas tecnologías basadas en la utilización de los microscopios electrónicos que han hecho posible trabajar el silicio a escala de nanómetros para obtener los actuales transistores de medidas casi rayando los átomos, ha permitido construir nuevos materiales de propiedades sorprendentes.

El pionero en formular una teoría fue Richard P. Feynman (1918-1988), de la Universidad Tecnológica de California, cuando en la conferencia que dio al recibir el premio Nobel de Física el 29 de diciembre de 1959 (*«There's plenty of room at the bottom»*),[12] afirmó:

«Los principios de la física, en mi opinión, no niegan la posibilidad de manipular las cosas átomo a átomo. No es un intento de violar ninguna de las leyes (de la física); es algo, en principio, que se puede hacer; pero en la práctica no se ha hecho para que (las personas) somos de tamaño demasiado grande».

La química sintética moderna ha llegado al punto que es posible preparar pequeñas moléculas con casi cualquier estructura. Estos métodos se utilizan hoy para fabricar una amplia variedad de productos químicos útiles, como fármacos o polímeros comerciales. Esta habilidad plantea la cuestión de extender esta clase de control al nivel inmediatamente mayor, buscando métodos para unir estas moléculas únicas en montajes supramoleculares formados por muchas moléculas enlazadas de manera bien definida que tengan nuevas propiedades y puedan ser de gran utilidad en la biomedicina o en las diferentes industrias. Y los resultados que se están obteniendo —cuando apenas estamos en la infancia de las nanotecnologías— ya son espectaculares.

Uno de los progresos más impactantes, tal como se ha visto en el capítulo 3, se ha producido con el silicio para la fabricación de transistores. Pero la investigación para obtener estructuras que de manera natural no se producirían ha dado y dará nuevos materiales dotados de nuevas propiedades a tener muy en

---

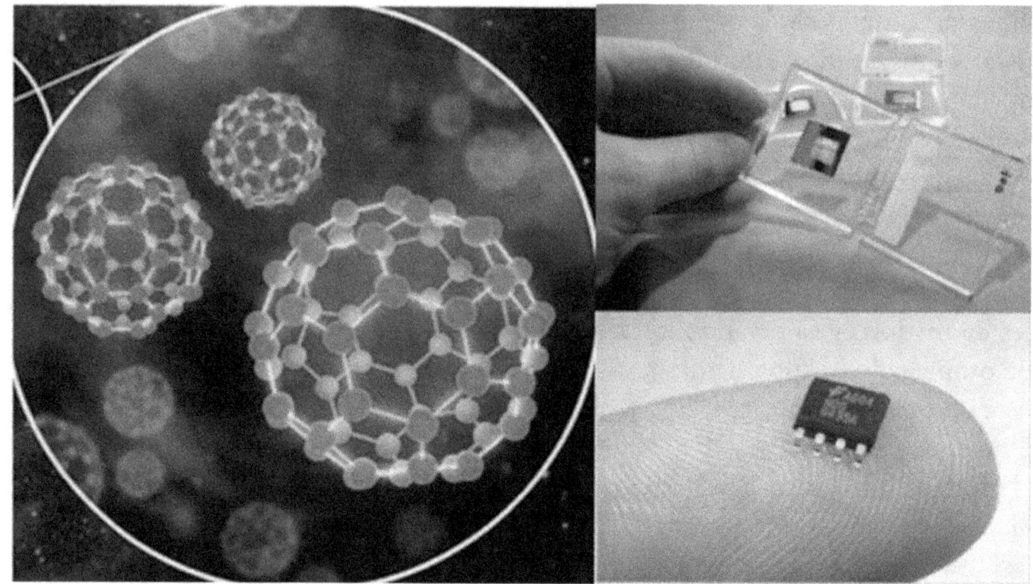

Los progresos de la nanotecnología del silicio han sido espectaculares.
(Fuente: emaze - amazing presentations https://www.emaze.com/@AOIZQLLIO)

cuenta para las industrias. También debemos destacar que la aplicación de las nanotecnologías en biología está dando progresos importantes en biomedicina y, según los especialistas, la fusión entre las nanotecnologías los seres vivos y las nanotecnologías de los materiales inertes podrá dar, en un futuro a medio plazo, nuevos sistemas de producción industrial respetuosos con el medio ambiente y con consumos de energía increíblemente inferiores a los actuales métodos. Las nanoestructuras existen en la naturaleza desde los principios de la creación de la Tierra; lo que es nuevo es que los humanos hemos aprendido a estudiarlas y manipularlas artificialmente. Hemos aprendido a trabajar la materia a escala atómica, imitando lo que hace la naturaleza con las estructuras de los materiales naturales para crear estructuras que la naturaleza no crea por sí misma. Es la nueva ciencia que se ha bautizado con el nombre de ingeniería biomolecular.

Ámbitos de aplicación de la nanotecnologia

En el **medio ambiente,** la nanotecnología nos permite obtener materiales, energías y procesos no contaminantes para ser aplicados al tratamiento de aguas residuales, desalinización de agua, descontaminación de suelos, tratamiento de residuos, reciclaje de sustancias, nanosensores para la detección de sustancias químicas nocivas o gases tóxicos.

En el **sector energético** se aplica en la mejora de los sistemas de producción y almacenamiento de energía, especialmente de aquellas energías limpias y renovables como la energía solar, o basadas en el hidrógeno, además de tecnologías que ayudan a reducir el consumo energético a través del desarrollo de nuevos aislantes térmicos más eficientes basados en nanomateriales. Se consigue un aumento notable de la eficiencia de los paneles solares y placas solares gracias a nanomateriales especializados en la captura y almacenamiento de energía solar.

El investigador coreano Hung-Uei Jou ha ideado un dispositivo llamado Green Noise[13] (ruido verde) que atrapa la energía generada por el sonido y la convierte en electricidad para iluminar las áreas ruidosas donde se produce el ruido. El sonido es una forma de energía mecánica que viaja a través de la materia como una vibración en forma de onda, y para poder aprovechar esta energía mecánica, Hung-Uei Jou utiliza nanogeneradores basados en nanocables piezoeléctricos de óxido de cinc, que

Dispositivo Green Noise (Ruido Verde) diseñado por Hung-Uei Jou.
(Fuente: *Iluminet, revista online de iluminación*)

---

[13] Véase más información en http://www.yankodesign.com/2010/01/22/noise-is-cool-for-power/ (consultado el 15 de enero de 2019).

tienen la particularidad de poseer una mayor sensibilidad para captar estas pequeñas vibraciones asociadas al sonido.

En su experimento aplicó un sonido de unos 100 dB sobre el nanogenerador, y este registró un potencial de salida de 50 mV. Este descubrimiento podría tener muchas aplicaciones, por ejemplo, cargar el móvil a través de las conversaciones que se hagan, o generar electricidad en las autopistas a partir del ruido de los automóviles y en los aeropuertos a partir del ruido de los aviones. Con este dispositivo se prevé que en el futuro se podrán ahorrar grandes cantidades de dinero en iluminación de las autopistas, las ciudades y los aeropuertos.

En la **industria alimentaria** se han desarrollado aplicaciones de nanosensores y nanochips centrados en el aseguramiento de la calidad y seguridad del alimento; dispositivos que funcionan en calidad de nariz y lengua electrónica para medir la frescura y la vida útil de un alimento; capaces de detectar microorganismos patógenos, aditivos, fármacos, metales pesados, toxinas y otros contaminantes. También se han desarrollado envases con materiales protectores y se han elaborado nanoalimentos con especiales propiedades funcionales nutritivas y saludables, o con propiedades organolépticas mejoradas.

En la **industria textil** se han creado «tejidos técnicos» que repelen las manchas y no se ensucian; tejidos autolimpiables; o antiolores; o que dejan pasar el calor corporal o lo conservan (según la estación del año) por una u otra de las caras de la prenda. Hay tejidos que incorporan nanochips electrónicos para dar la posibilidad de cambio de color en las telas, o bien dan el control de la temperatura o de constantes vitales de la persona. Los materiales textiles que tienen estas capacidades de discriminar se denominan «tejidos inteligentes».

En la **industria de la construcción** se han desarrollado materiales más fuertes y ligeros, con mayor resistencia y menor densidad; cristales que repelen el polvo y la humedad; pinturas con propiedades especiales; materiales autorreparables, etc. Existe la previsión de que en un futuro cercano se podrá obtener carbonato cálcico a partir del CO_2 combinado con virus bacteriófagos genéticamente mutados, lo que, de producirse, sería una alternativa francamente interesante para frenar el efecto invernadero del cambio climático al tiempo que se proporcionaría materiales para la construcción con muy poco consumo de energías no renovables y sin contaminantes químicos.

En la **industria electrónica** las aplicaciones de la nanotecnología comprenden el desarrollo de componentes que permiten aumentar drásticamente la velocidad de procesamiento en los ordenadores; la creación de semiconductores; de nanocables cuánticos; de microcircuitos mejores basados en grafeno o nanotubos de carbono.

En las **tecnologías de la comunicación y la informática,** las aplicaciones de la nanotecnología se han centrado en el desarrollo de sistemas de almacenamiento de datos de mayor capacidad con menor volumen físico; dispositivos de visualización basados en materiales con mayor flexibilidad; materiales con transparencia que permitan crear pantallas flexibles y transparentes. El gran reto actual en este ámbito es el desarrollo de la computación cuántica.

La aplicación de la nanotecnología en medicina se llama **nanomedicina,** y dentro de ella tenemos el desarrollo de nanotransportadores de fármacos a lugares específicos del cuerpo, que pueden ser útiles en el tratamiento del cáncer o de otras enfermedades; biosensores moleculares con la capacidad de medir alguna sustancia que interese controlar, como puede ser la glucosa o el colesterol, o de poder detectar algún biomarcador de alguna enfermedad; nanobots programados para reconocer y destruir células tumorales o bien reparar algún tejido como el tejido óseo a raíz de una fractura; nanopartículas con propiedades antisépticas y desinfectantes, etc.

Ejemplos de materiales con propiedades especiales

Papel hecho de piedra: TerraSkin

La empresa Design & Source Productions, en Nueva York, lanzó hace unos años un sustituto del papel, que comercializaron con el nombre de TerraSkin, que nos permitiría liberarnos de la dependencia de la celulosa y de tener que deforestar bosques para satisfacer el consumo de papel. Este material es una combinación de carbonato

TerraSkin, papel de piedra. (Fuente: EmanaGreen, distribuidor oficial de TerraSkin)

cálcico (entre el 75 y 80 %) y una pequeña cantidad de resina no tóxica que actúa como pegamento para crear un papel ecológico.

TerraSkin tiene la apariencia de un papel normal y conserva todas sus características. La materia prima para su fabricación se puede obtener de desechos y reciclados de la industria, no requiere agua para su fabricación y necesita un 50 % menos de energía para producirlo. Es, además, biodegradable y se puede reciclar infinitamente.

Cemento luminoso

José Carlos Rubio Ávalos, investigador de la Universidad Michoacana de San Nicolás de Hidalgo (UMSNH), en México, ha creado el primer cemento modificado con nanotecnologia que al absorber energía solar puede iluminar caminos y edificios.[14]

Sendero iluminado por cemento luminoso creado por el mexicano José Carlos Rubio.
(Fuente: Revista *Construye)*

---

[14] Véanse más detalles en https://www.scientificamerican.com/espanol/noticias/cientifico-mexicano-crea-cemento-luminoso/ (consultado el 15 de enero de 2019).

El cemento creado por Rubio tiene una vida de cien años, absorbe energía solar y artificial y puede emitir luz entre 8 y 12 horas si se carga con luz solar por un período similar durante el día. El cemento tradicional sirve como aglomerante o adhesivo, por eso es el material más utilizado en la construcción después del agua. Esta nueva variante de cemento permitirá que los edificios iluminen las calles durante las noches y proporcionará importantes ahorros en el consumo eléctrico de las ciudades.

Material superabsorbente: upsalita

Recibe su nombre en honor de la Universidad de Upsala, en Suecia, donde fue sintetizado por primera vez. Es la sustancia más absorbente que nunca se haya fabricado. Absorbe una superficie de 800 m² por cada gramo de upsalita. Es ideal para limpiar derrames de residuos tóxicos en el mar y, en muy pequeñas cantidades, se usa para mantener sin gota de humedad equipos electrónicos de alta precisión.

Pegamento basado en la naturaleza: hidrogel

A partir de la idea de imitar el pegamento natural de los mejillones en las rocas, el equipo investigador de Hyunwoo Yuk, del MIT, ha desarrollado un biomaterial

Upsalita, carbonato de magnesio superabsorbente. (Fuente: sites.google.com)

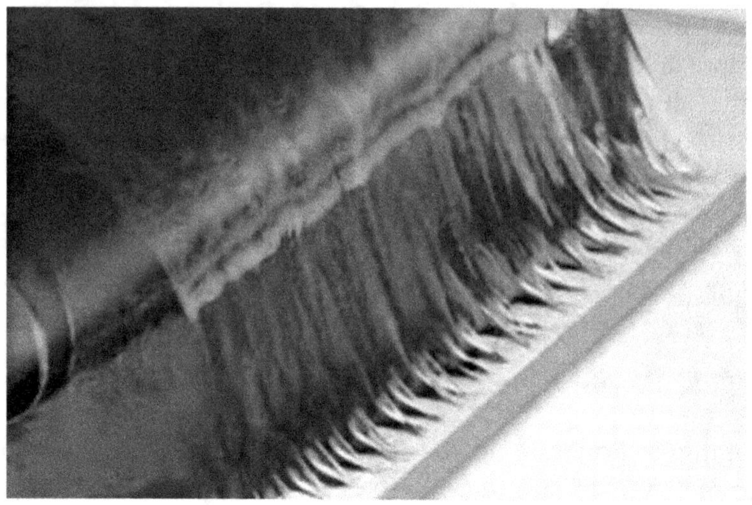

El hidrogel superpegamento creado por el MIT tiene un 90 % de agua. (Fuente: news.mit.edu)

que es un hidrogel que, a pesar de tener un 90 % de agua tiene la resistencia de 1.000 julios/m^2, equivalente a la resistencia de los cartílagos humanos.

El hidrogel puede adherirse a superficies cerámicas o de vidrio, y en materiales como el silicio, el aluminio o el titanio. También ofrece una alta durabilidad bajo el agua, por lo que se prevé que será ideal para fabricar protectores para barcos y submarinos.

Seda superresistente: SPIB

Es seda artificial, un biomaterial con las propiedades de la seda de las arañas. Unos hilos de seda 340 veces más resistentes que los hilos de acero del mismo grosor. La produce la empresa japonesa Spiber Inc., a partir de la fibroína, la proteína que segregan las arañas al construir sus telas.

Superresistencia mecánica: nanotubos de carbono

En 1991, el físico japonés Sumio Iijima descubrió los nanotubos de carbono, mientras realizaba una investigación sobre fullerenos de carbono. Los nanotubos de carbono están constituidos por redes hexagonales de carbono curvadas y cerradas, que forman tubos de carbono de tamaño nanométrico. Podemos diferenciar entre na-

Spiber fabrica seda artificial de muy alta resistencia. (Fuente: Bloomberg.com)

notubos monocapa (un solo tubo) y multicapa (varios tubos, uno dentro de otro). Estas estructuras se caracterizan por ser ligeras, vacías y porosas, con alta resistencia mecánica, por lo que son de gran interés en el reforzamiento estructural de materiales y en la formación de composites de bajo peso.

Tienen la misma conductividad eléctrica que el cobre y la conductividad térmica del diamante, el mayor conductor térmico de la naturaleza. Doscientos millones de nanotubos de carbono tienen el grosor de un cabello humano. La combinación de resistencia y ligereza hacen posible que en Japón se planteen construir en el futuro un ascensor de miles de kilómetros de altura para viajar al espacio.

Aunque los nanotubos de carbono presentan extraordinarias propiedades mecánicas y térmicas, sus primeras aplicaciones se realizaron en electrónica. Esto se logró gracias a las especiales propiedades eléctricas de los nanotubos de carbono. La propiedad eléctrica más importante que determina la utilización de los nanotubos de carbono en electrónica es que pueden ser metálicos o semiconductores.

En electrónica la tendencia actual es la miniaturización de los dispositivos para mejorar las prestaciones: aumento de velocidad, densidad y eficiencia, y es debido a estas circunstancias que estos materiales parecen tener gran futuro dentro de la electrónica a escala mesoscópica. Otra propiedad que destacar de los nanotubos de carbono, importante en el mundo de la electrónica, es que son excelentes conductores del calor, lo que los hace perfectos disipadores del calor que se produce en los sistemas electrónicos.

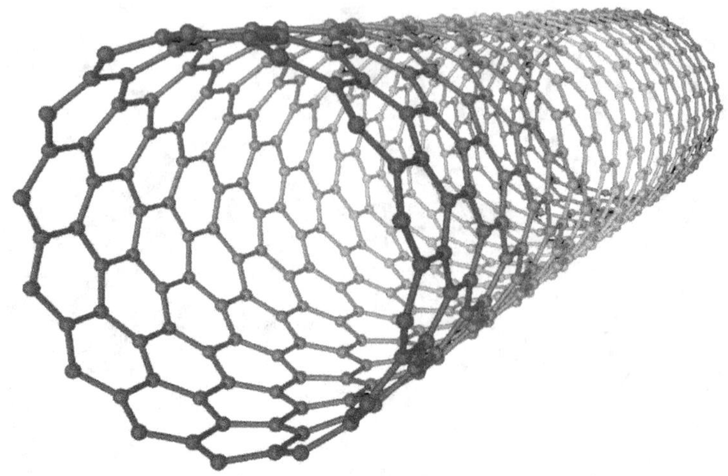

Nanotubos de carbono. (Fuente: meetthings.com)

Los dispositivos electrónicos que integran nanotubos de carbono aumentan su vida útil debido a sus propiedades mecánicas (resistencia mecánica, dureza, tenacidad, flexibilidad y elasticidad) y térmicas (buena conducción del calor y estabilidad estructural a altas temperaturas). Sin embargo, la aplicación de los nanotubos de carbono en electrónica también presenta un importante problema, y es que estos materiales son muy susceptibles al ruido causado por fluctuaciones eléctricas, térmicas y químicas.

El grafeno: un cúmulo de propiedades extraordinarias

El grafeno es, en esencia, el conjunto de láminas del grosor de un solo átomo que componen el grafito. El grafeno se ha convertido uno de los materiales en los que más se ha trabajado y se ha investigado últimamente por la comunidad científica. El motivo de esta relevancia son las potenciales aplicaciones que tiene este material en muchísimos ámbitos de actividad, así como los efectos físicos que se pueden observar experimentalmente.

Aunque su existencia era conocida desde 1915, no fue estudiado a fondo hasta el año 2010, cuando les fue concedido el premio Nobel de Física a Andre Geim y Konstantin Novoselov, científicos de origen ruso investigadores en la Universidad de Manchester (Reino Unido), por los experimentos y trabajos científicos que habían llevado a cabo sobre el grafeno.

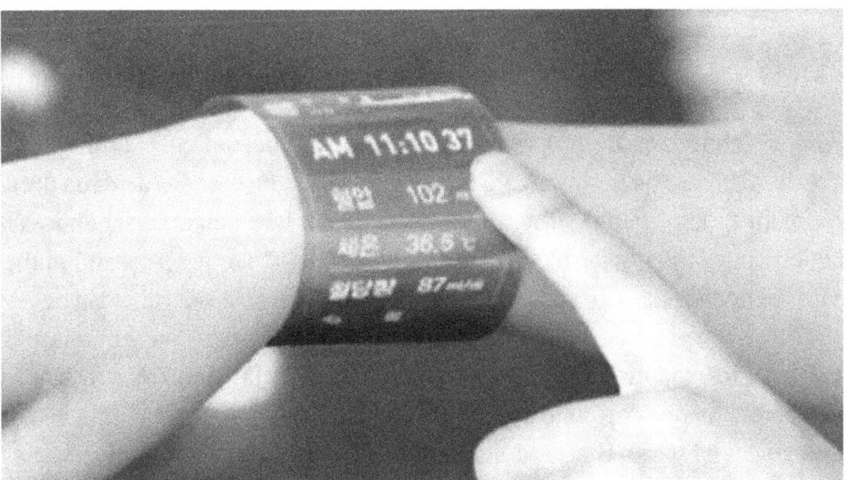

Grafeno magnético y flexible. (Fuente: Antena 3 TV)

El grafeno es un alótropo del carbono que tiene una estructura laminar plana, de un solo átomo de espesor, compuesta por átomos de carbono densamente empaquetados en una red cristalina bidimensional en forma de panal de abeja. Los átomos que forman el grafeno se mantienen unidos mediante enlaces covalentes que se forman a partir de la superposición de los híbridos de los carbonos enlazados. Este material se caracteriza por poseer las siguientes propiedades, realmente extraordinarios e impactantes:

- **Alta conductividad térmica y eléctrica.** La característica más interesante del grafeno tiene que ver con la conductividad eléctrica. El grafeno conduce la electricidad mejor que el cobre: su conductividad eléctrica es un 60 % superior. El grafeno comparte características de los conductores y los semiconductores. Desde un punto de vista estructural, la distribución a escala atómica en el grafeno proporciona un camino sin obstáculos para la circulación de los electrones (por lo tanto, el choque de los electrones con los átomos es menor —menor efecto Joule— y el material se calienta menos que cualquier otro).
- **Alta flexibilidad.** Se puede doblar y plegar de diversas maneras.
- **Alta dureza.** Doscientas veces más duro que el acero; más duro que el diamante.
- **Alta resistencia.** No hay noticia de ningún material más resistente. Mezclado con muchos otros materiales permite aumentar la resistencia de estos. Es un aditivo frecuente de plásticos y pinturas.

Aplicaciones del grafeno

Electrónica. Fabricación de transistores y de microchips; tintas conductoras para imprimir circuitos; desarrollo de dispositivos flexibles que pueden enrollarse o plegarse según las necesidades.

Informática. Procesadores mucho más rápidos y con un menor consumo eléctrico que los actuales de silicio. Gracias a que se calienta menos que el silicio, ofrece mejor rendimiento y menos disipación de calor. Posibilidad de llegar a los 100 GHertz de frecuencia. Además, se estima que un disco duro de este compuesto, del mismo tamaño que uno de los empleados actualmente, podría almacenar hasta mil veces más información. También se aplica para obtener pantallas táctiles flexibles y enrollables o plegables.

Telefonía. Los cables de grafeno pueden transportar la información a velocidades cien veces superiores a la actual fibra de vidrio. Asimismo pueden ofrecernos una nueva generación de teléfonos móviles adaptados a la fisonomía del ser humano, sin formas ni colores preestablecidos, con pantallas flexibles, plegables y táctiles adaptadas a formas anatómicas del cuerpo humano.

Fotografía. Cámaras fotográficas mucho más sensibles a la luz. Sensores basados en grafeno que transforman la luz con señal digital con mucha menos intensidad lumínica, favoreciendo las filmaciones nocturnas.

Sector energético. El grafeno permitirá la creación de baterías de larga duración que apenas tardarán unos segundos en cargarse. Se calcula que se podrá aumentar por 10 la potencia y durabilidad de las actuales baterías. Además, las energías renovables pasarán a un plano más relevante, ya que, entre otras, las placas solares recubiertas de este material serán mucho más eficientes y permitirán una forma más ecológica de consumo energético. Científicos del Instituto de Ciencias Fotónicas (ICFO) de España, en colaboración con investigadores alemanes y estadounidenses, han demostrado que el grafeno es capaz de convertir un fotón absorbido en múltiples electrones que pueden formar corriente eléctrica. Este prometedor descubrimiento convierte al grafeno en una importante alternativa para la tecnología de energía solar, actualmente basada en semiconductores convencionales como el silicio.

Industria del blindaje. La extrema dureza del grafeno, unida a su capacidad de modelar y a su ligereza, lo convierte en un compuesto ideal para ser empleado en esta industria. Chalecos antibalas, cascos y multitud de elementos de protección que se emplean para diversos profesionales pasarán a ser mucho más ligeros y seguros.

Industria automovilística. Su aplicación en el chasis de los vehículos les haría mucho más resistentes, por lo que el número de muertos en accidente de circulación anuales se podría reducir drásticamente. Por otra parte, los coches híbridos se convertirán en una alternativa real gracias a baterías de larga duración, con tiempos de carga mínimos.

Aviónica. El Pentágono ha invertido una gran cantidad de dinero para fomentar el desarrollo de un aditivo basado en el grafeno que mejore el rendimiento de los aviones militares en cuanto a consumo y rendimiento.

Industria alimentaria. Envases para alimentos más ligeros y seguros; recubrimientos para los muebles del hogar que impidan el desarrollo de bacterias en la superficie.

Tratamiento de aguas. Debido a su peculiar estructura de alta densidad permeable al agua, se estudia su posible uso para la desalinización del agua. Se prevé que se podrá realizar esta tarea en un tiempo muy inferior y con un costo mucho más reducido. Una ayuda importante para reducir la carencia de agua potable de gran parte de la población del planeta.

Recubrimiento de superficies. Para dar conductividad térmica y eléctrica; para eli-

minar la electricidad estática; para evitar la corrosión.

Medicina regenerativa. Sustitución de los implantes de titanio actuales por grafeno. Regeneración del cerebro y de los nervios. Evitar el rechazo de los trasplantes.

Industria farmacéutica. La nanotecnología permite fabricar nuevos tipos de fármacos a nanoescala, de efectos muy superiores a los convencionales; proporcionar sistemas mucho más efectivos de suministro de fármacos que incluyen, entre otras virtudes, la adaptación al genoma de cada paciente concreto (el programa federal del gobierno estadounidense: National Nanotechnology Initiative), y plataformas o soportes para la reconstrucción de tejidos. Se están desarrollando también nanobots que incluirán pequeños dispositivos que puedan interaccionar con las células en el cuerpo humano, a un nivel molecular, para un diagnóstico y tratamiento más preciso de cada enfermedad.

Desarrollo de nuevos materiales. La alta reactividad del grafeno con otros elementos químicos diferentes del carbono es una de las características que más atrae la atención en el campo de la investigación para fabricar nuevos materiales de propiedades superiores a los materiales actuales.

- **Gran ligereza.** Como la fibra de carbono, pero con mejor flexibilidad. El carbono es un elemento de peso atómico 12, entre los sólidos más bajos de la tabla periódica. No hay ningún material que pueda proporcionar una capa más fina de espesor: un solo átomo de 0,142 nm.
- **Transparencia.** En capas finas, es transparente.
- **Menor efecto Joule.** No se calienta tanto como el silicio al conducir los electrones.

Expectativas de futuro de las nanotecnologías

La tendencia actual es combinar la nanotecnología de materiales inertes con la nanotecnología de los seres vivos (la ingeniería biomolecular) y los resultados con algunas áreas apuntan maneras de llegar a ser espectaculares en muchos campos de la medicina e, incluso, de las industrias manufactureras.

La empresa japonesa Spiber Inc. trabaja en la transformación del ADN de proteínas para producir variedades ilimitadas de materiales con versatilidad sin precedentes. Materiales nuevos que la naturaleza no fabrica *motu proprio* y que, en el futuro, serán tanto o más utilizados que los metales, vidrios, cerámicas y plásticos.

Angela Belcher, investigadora del MIT y fundadora de dos empresas especializadas,[15] ha descubierto la manera de construir materiales inertes, útiles para la edificación, utilizando virus marinos, sin consumos de energía ni necesidad de productos químicos agresivos. Ella defiende la tesis de que, en un futuro más o menos próximo, será factible que las fábricas usen estas nanotecnologías que combinan la ingeniería técnica con la nanobiología (la ingeniería biomolecular) para implantar sistemas de producción impulsados por seres vivos, sin necesidades de grandes consumos ni de energías ni de químicas degradantes del medio ambiente.

---

[15] Véase https://be.mit.edu/directory/angela-belcher (consultado el 15 de enero de 2019).

Capítulo 7

Marco ético y socioeconómico de la Industria 4.0[16]

Dificultades e incertidumbres en el impacto de la Industria 4.0

Las revoluciones industriales anteriores han sido objeto de análisis socioeconómicos *a posteriori*, es decir, han sido tipificadas con posterioridad como consecuencia de los hechos observados, pero históricamente los cambios no se pudieron predecir con antelación suficiente. Ni existía la comunicación globalizada actual ni la capacidad social de prever por adelantado el impacto de los cambios tecnológicos. Por primera vez en la historia, se preanuncia a la humanidad el advenimiento de una revolución industrial.

Industria 4.0 tiene más similitudes con la tercera revolución industrial que con las dos primeras. Efectivamente, por su configuración, no surge como consecuencia de un impacto tecnológico concreto (como originaron en su momento la máquina de vapor o la cadena de producción en serie), sino como acumulación coyuntural de tecnologías diversas que se venían desarrollando progresivamente con anterioridad hasta confluir en un momento determinado en el tiempo en que su impacto agregado se convierte en muy significativo. Así pues, Industria 4.0 no es fruto de una tecnología concreta sino un ecosistema científico y tecnológico con tecnologías e innovaciones en diferente grado de maduración, haciendo muy difícil, subsecuentemente, proponer una fecha de nacimiento exacta. Ni siquiera va acompañada, como otras revoluciones, de un cambio dramático en el uso de la energía, aunque puede significar un factor catalizador de la transición hacia un escenario basado en energías limpias y renovables en pro de la sostenibilidad del planeta.

---

[16] Este capítulo ha sido elaborado con la colaboración de Juan Luis de los Ríos.

Aunque es difícil establecer un punto de arranque concreto,[17] por sus peculiaridades se está incorporando progresivamente en nuestras vidas por difusión. La combinación sinérgica de los factores tecnológicos que la caracterizan nos lleva a pensar que su generalización será mucho más rápida de lo que nos imaginamos.

Ahora bien, la Industria 4.0 llega para instalarse en un contexto socioeconómico que atraviesa por un momento de particulares dificultades e incertidumbres, por lo que está por verse y sustanciarse sus previsibles impactos positivos y negativos. En otras palabras, la Industria 4.0 está llamada a generar un gran cambio y a significar un punto de inflexión, pero hay ciertas incertidumbres sobre qué tipo de consecuencias y rumbo provocará este punto de inflexión.

Contexto del sistema socioeconómico

El sistema socioeconómico predominante en el planeta y que configura nuestro entorno actual es la combinación de la democracia participativa con el capitalismo. Ninguno de los dos enfoques está exento en la actualidad de crítica y contestación, pero hay que recordar que, a pesar de sus defectos, a lo largo del siglo pasado y por muchos años se manifestaron como sistemas plenamente satisfactorios para amplias capas de la humanidad. Probablemente, una de las críticas más objetivas que se pueda poner sobre la mesa es que sus efectos beneficiosos nunca trascendieron a toda la humanidad, quedando circunscritos a tan solo los países desarrollados.

Si la propiedad privada de los medios productivos y la posibilidad de ganar dinero explotándolos son dos coordenadas conocidas del capitalismo, no lo es menos que se trata de un sistema fundamentado en el crecimiento de sus variables. Efectivamente, el crecimiento del producto interior bruto (PIB) de las masas monetarias o la inflación de precios son solo algunos ejemplos que ponen de manifiesto el incrementalismo como paradigma de funcionamiento y la naturaleza expansiva del sistema económico capitalista. Cuando dichas variables dejan de crecer, la economía suele entrar en períodos de recesión de más o menos larga duración.

Sucede pero que desde mitad del siglo pasado ya se vienen detectando dificultades para sostener el ritmo de crecimiento del sistema. En cada episodio de crisis, las soluciones puestas en marcha por los diversos actores gubernamentales, económicos y financieros han buscado liberar las trabas al crecimiento por varios mecanismos, más o menos acertados según se ha visto en sus efectos posteriores. A causa de la

---

[17] Se suele considerar que la primera vez que se lanzó el concepto fue en el CEBIT de 2011 en Alemania.

necesidad continua de crecimiento, pues, pueden explicarse hechos como los siguientes:

- La rotura de los acuerdos de Bretton Woods[18] provoca que el valor del dinero deje de estar soportado por una masa finita de oro que limitaba el crecimiento, y pase a estar fundamentado en la confianza que los poseedores le otorgan.
- La obsolescencia programada de determinados productos es un ardid de los *lobbies* industriales para provocar la recurrencia de las compras.
- La liberación del suelo y la escasa planificación en la construcción de viviendas, junto a la falta de controles en la concesión de créditos hipotecarios, sirvió para acelerar una economía estancada, provocando una terrible burbuja en el mercado inmobiliario que se sumó con el efecto de la caída del banco estadounidense Lehman Brothers. En definitiva, fruto de su propia evolución, el sistema presenta actualmente síntomas de agotamiento que hacen de incierta predicción los efectos que pueda ocasionar la incorporación del modelo de Industria 4.0, teniendo en cuenta que son numerosos los retos y problemáticas que se deberán afrontar.

Agua y alimentos

Una de las primeras consecuencias del crecimiento demográfico experimentado por el planeta en los siglos XX y XXI ha sido la presión para la obtención de agua y los alimentos, vertientes ambas fuertemente conectadas.

Muchos analistas sitúan las raíces de la expansión demográfica en que, durante el siglo XX, las cotas de productividad agrícola llegaron a extremos inimaginables, fruto de la mecanización del campo. Esta mecanización agraria, particularmente visible entre décadas de 1960 y de 1980 en Estados Unidos y la llamada Revolución verde, se fundamentó, a su vez, en que el petróleo proporcionó dos factores esenciales:

- la energía necesaria para incrementar dramáticamente la productividad del campo, y
- los herbicidas, pesticidas y fertilizantes que hacían posible llegar a techos de producción desconocidos.

---

[18] Los acuerdos de Bretton Woods hacen referencia a las decisiones tomadas en la convención que en julio de 1944 reunió a 44 países con el fin de establecer un nuevo modelo económico mundial de posguerra donde se fijarían las reglas de las relaciones comerciales y financieras entre los países más industrializados.

Debido a la expansión demográfica, los sistemas actuales de producción de alimentos en todo el mundo son incapaces de abastecer las necesidades actuales y futuras a medio y largo plazo. Cabe recordar que la productividad del campo no es ilimitada y solo a base de fertilizantes se consigue mantener niveles de producción elevados. Pero la explotación intensiva consume el manto o humus que la naturaleza ha generado a lo largo de siglos de trabajo, los terrenos se agotan y deben «descansar» para regenerarse y volver a alcanzar ciertas cotas de productividad.

Uno de los factores más determinantes en este escenario es el progresivo agotamiento del petróleo, ya que en el contexto actual −tal como ya hemos mencionado− se podría perfectamente considerar situado en la base de la pirámide alimentaria del ser humano.

La solución pasará obligatoriamente por la robotización industrializada de la agricultura. Aplicar la inteligencia artificial para producir mejores alimentos con

La distribución del agua en el mundo según el Centro Virtual de Información del Agua de Mèxico. (Fuente: https://www.agua.org.mx/)

mejores nutrientes en naves cerradas controladas por procesadores y sensores que optimizan las condiciones. El MIT ya está desarrollando la versión doméstica de esta idea con el proyecto Personal Food Computer.[19]

En cuanto al agua, la situación no se prevé más optimista, pues nos dirigimos a una era de escasez de agua sin precedentes. Se calcula que solo un 3 % del agua de la Tierra es agua dulce y el 97 % es agua salada. Los usos del agua dulce son numerosos: agua de boca, higiene personal, consumo doméstico, consumo agrícola, consumo industrial, entre otros. Dado que el 70 % del consumo actual de agua tiene destino agrícola, la expansión demográfica conducirá inexorablemente a muchas comunidades hacia el agotamiento y salinización de los acuíferos. Se estima que en 2050 los sistemas agrícolas deberán nutrir a 2.000 millones más de personas que hoy en día.

En cuanto al consumo industrial del agua, continuará creciendo y pidiendo su cuota. Si en 1900 la industria utilizaba un 6 % del agua dulce mundial, actualmente ya consume cuatro veces más. El uso industrial del agua tiene tendencia histórica a crecer por encima del crecimiento de la población. Deberá hacerse todo lo posible para revertir este dato.

El sobrecalentamiento de la biosfera es otro reto mayúsculo en cuanto a su impacto en relación con la disponibilidad de agua dulce, dado que una parte de esta proviene del deshielo nieves y glaciares, y estos están en franca retirada.

La solución pasa por desalinizar el agua de mar de maneras mucho más económicas en consumo de energía que las actuales. Los científicos tienen fuertes esperanzas en el proceso de ósmosis inversa basada en filtros de nanotubos de grafeno.[20]

A todo esto, el ser humano debería hacer una reflexión en cuanto a su papel dentro de la biosfera, y tomar conciencia de que los seres humanos no somos los únicos habitantes legítimos del planeta; debemos velar por la disponibilidad de agua no solo para usos humanos sino también por los ecosistemas naturales, cada vez más amenazados.

Los problemas demográficos

De todos los fenómenos que amenazan el actual sistema socioeconómico, la superpoblación mundial es sin duda el más grave, pues se encuentra en la raíz del resto de problemas significativos.

---

19 Más información en https://www.media.mit.edu/projects/personal-food-computer/overview/ (consultado el 15 de enero de 2019).
20 Véase https://www.technologyreview.es/s/4640/la-desalinizacion-desesperada (consultado el 15 de enero de 2019).

A lo largo del siglo xx, el planeta experimentó un crecimiento casi exponencial de la población humana. Mientras que en julio de 1986 la población de la Tierra había alcanzado los 5.000 millones de personas, en diciembre del año 2010 la población superó los 7.000 millones. Solo está prevista su estabilización hacia el año 2050, en una cifra aproximada de unos 9.000 millones de habitantes.

Esta gran expansión trae como consecuencia una enorme presión para captar los recursos de la biosfera, dado nuestro estilo de vida y sistema económico fundamentalmente extractivo. Así, las cifras de población actuales y las que vendrán pondrán al límite la capacidad de generación de alimentos y de energía principalmente, pero también pondrán contra las cuerdas la Humanidad en cuanto a disponibilidad de agua, de materias naturales y otros elementos necesarios en el marco actual.

Los retos vinculados a la demografía no solo tienen que ver con la cantidad de seres humanos que habitamos y habitaremos el planeta, sino también con la disparidad en las tasas de natalidad y esperanzas de vida de las diferentes comunidades. Efectivamente, la pirámide demográfica de un área o comunidad está condicionada a su tasa de natalidad y su esperanza de vida. La tasa de reposición sostenible se considera situada alrededor de los 2,1 hijos por pareja. Así, la tasa de natalidad y la

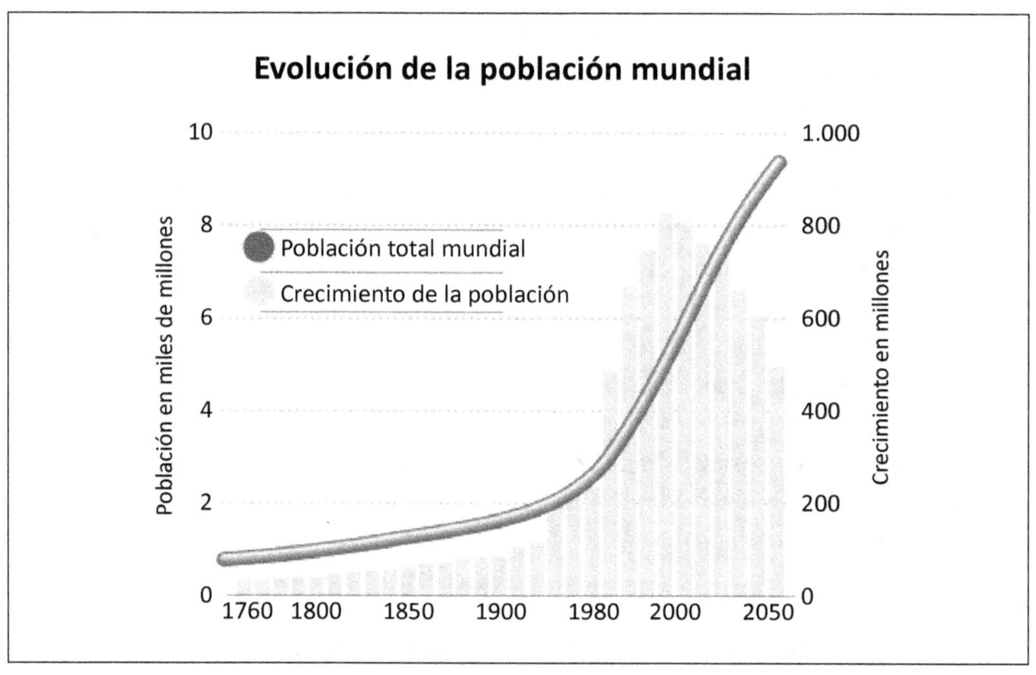

Previsión de la evolución de la población mundial.
(Fuente: Naciones Unidas. Departamento de Asuntos sociales y económicos, 2017)

esperanza de vida condicionan las dos tendencias principales, que son crecimiento frente a decrecimiento y rejuvenecimiento frente a envejecimiento, y no por separado sino por acción conjunta. La combinación de ambos vectores determina que mientras en África y buena parte de Asia (con tasas de natalidad altas) se manifiesta una clara tendencia al crecimiento y rejuvenecimiento de la población, en Japón y en buena parte de Europa se aprecia una reducción y envejecimiento progresivo de la población. En cambio, Estados Unidos y varios países nórdicos europeos disfrutan de un crecimiento moderado y saludable fundamentado en tasas positivas de natalidad ligeramente superiores a las de reposición.

En este escenario, muchos gobiernos de países pobres y/o en vías de desarrollo, especialmente de África, vivirán una lucha desesperada para garantizar los mínimos básicos para su población. Esto probablemente significará tener que desviar recursos potencialmente dirigidos al desarrollo económico de sus sociedades para dedicarlos a las necesidades fundamentales, con lo cual se alejarán del camino del progreso. Mermados de capacidad inversora, es esperable que para captar fondos para el desarrollo deberán abrirse a la deuda internacional o bien a las inversiones de las transnacionales. Se prevé un éxodo significativo de amplias capas de sus sociedades en dirección a los países desarrollados, movimientos migratorios, en dirección al continente europeo principalmente, ya evidenciados actualmente de una manera dramática.

La otra cara de la moneda la representarán países como Japón, España, Italia y buena parte del resto de actores europeos. Con clara tendencia a la reducción y envejecimiento de su población, estos países encontrarán en la reducción de suficientes trabajadores con cualificación y talento un freno a su crecimiento económico y su competitividad a escala mundial. Por otra parte, las capas de población de mayor

Pirámides de población			
Tipo de pirámide	Progresiva	Estancada	Regresiva
Desarrollo	Subdesarrollado	En vías de desarrollo	Desarrollado
Tasa de natalidad	Muy alta	Reduciéndose	Baja
Tasa de mortalidad	Muy alta	Alta, pero reduciendose	Baja
Esperanza de vida	Baja	Creciente	Alta
Grupos de edad	Joven - Adulta - Anciana	Adulta - Joven - Anciana	Adulta - Anciana - Joven

Tres tipos de pirámides de población según nivel de desarrollo.
(Fuente: jaimelopedevegasociales.wordpress.com)

edad y con importante esperanza de vida son altamente consumidoras de recursos del Estado, dificultando el sostenimiento del sistema de salud y pensiones, mientras que desde el punto de vista económico son consumidores de bajos ingresos y bajo poder adquisitivo. En definitiva, en estos países crecerán significativamente estratos de población altamente consumidores de recursos y disminuirán los colectivos que los generan, provocando un gradiente negativo que amenazará la sostenibilidad de sus sistemas fiscales y sociales. Los gobiernos de estos países se debatirán pues entre aceptar unos flujos migratorios que actualmente tratan de combatir, y la necesidad de regularlos e integrarlos en el sistema productivo.

El agotamiento de recursos

En esencia, el orden desarrollado por los seres humanos a lo largo de los últimos siglos está basado en la extracción de recursos de la biosfera y su valorización dentro del marco económico. Alimentos, agua, petróleo, minerales…, son los principales ejemplos del uso expansivo que hacemos de los recursos de la naturaleza. En cambio, la capacidad de la biosfera para la regeneración de estos recursos es lenta y limitada, y actualmente se sitúa en muchos capítulos claramente por debajo de la capacidad del ser humano para su captación extractiva. Desde este punto de vista, el crecimiento de la población humana nos abocará a la escasez de una amplia gama de recursos más allá del agua y el petróleo.

Las consecuencias del modelo extractivo serán, pues, notables y palpables. Pero desde un ángulo sistémico, si el funcionamiento del modelo económico actual continúa dentro de los mismos parámetros, a largo plazo encontrará sus límites al crecimiento, precisamente en la falta de disponibilidad de los recursos finitos de la biosfera. Estos posicionamientos refuerzan y dan la razón a muchas voces que piden una revisión del modelo y una reforma de este antes de atravesar umbrales de no retorno.

Crisis del modelo energético

Si la expansión demográfica proyecta sombras de falta de sostenibilidad, probablemente la sombra más alargada apunta hacia el modelo energético actual, y dentro de este, hacia la disponibilidad a medio plazo de petróleo.

Bajo un prisma termodinámico, para muchos analistas, la población mundial ha sido históricamente limitada por la cantidad de energía que el hombre ha sido capaz de captar de su ambiente. Así, cuando solo era capaz de captar la energía del Sol a través de las plantas y animales que comía y de la leña que quemaba, la población era más bien poca y dispersa. Su capacidad de caza y recolección ponía límites a su crecimiento y expansión. En cambio, cuando comenzó a dominar otras fuentes energéticas como el vapor, la población se elevó significativamente. Pero el gran incremento de la población se atribuye al descubrimiento del petróleo y se pone de manifiesto por la gran expansión demográfica de los siglos xx y xxi. El petróleo fue el factor que cambió la productividad agraria, y la explosión demográfica se produjo en buena medida debido a la disponibilidad de alimentos de calidad y en cantidad.

Pero sucede que el petróleo mejor y más barato disponible en la Tierra ya ha sido consumido a lo largo del siglo xx —probablemente no de la forma más inteligente (quemándolo)— y es un hecho incuestionable que cada vez queda menos petróleo para consumir.

En 1956, el geofísico estadounidense Marion Hubbert King pronunció uno de los avisos más serios sobre la disponibilidad finita del recurso petróleo, así como del gas natural.[21] Marion H. King analizó la correlación existente entre el patrón estadístico de los descubrimientos de yacimientos petroleros y el de su posterior entrada en explotación. Al observar que los descubrimientos de petróleo en Estados Unidos estaban menguando, desarrolló un modelo gracias al cual predijo el declive de la producción petrolera de su país hacia finales de la década de los sesenta y principios de los setenta, y acertó. Fue en este momento en que la llamada «teoría del pico de Hubbert» alcanzó gran notoriedad pública y aquellas predicciones catastrofistas del año 1956 obtuvieron carta de naturaleza.

Dado que los principios y modelos propuestos por Marion H. King habían demostrado su validez tanto para una región como para un país, se pudieron aplicar también a la proyección de las reservas y producción petrolera a escala mundial, y las proyecciones indicaban la pésima noticia de que hacia el año 2012 la Tierra alcanzaría su pico de producción.

En este punto hay que señalar los muchos factores que pueden condicionar la exactitud de la predicción, desde el incremento de consumo del carbón (nada aconsejable a nivel ambiental), la irrupción de las energías renovables, o la sucesión de varias crisis económicas, aspectos todos ellos que tienden a afectar el consumo de petróleo a la baja. De igual forma que ciertos consumos de petróleo se han sustituido por el gas natural, otro recurso sujeto a las mismas reglas del pico de Hubbert.

Valgan todas estas razones para justificar que, actualmente, es difícil objetivar si la producción mundial ha atravesado ya por su pico o está a punto de hacerlo.

---

[21] Véase http://www.hubbertpeak.com/hubbert/ (consultado el 15 de enero de 2019).

Sin señalar que el eventual error de predicción, si existe, puede no ser el aspecto más importante de la ecuación si nos atenemos a los siguientes hechos, que son los verdaderamente relevantes:

- El consumo energético y de petróleo a escala mundial no para de crecer y está a punto de superar la capacidad productiva demostrada.
- El petróleo más accesible, barato y de mejor calidad ya ha sido consumido durante el siglo xx.
- Se desconoce con precisión las reservas mundiales de petróleo.
- Casi todos los países productores ya han sobrepasado su *peak-oil,* el pico petrolero o momento de máxima producción de petróleo. Solo Arabia afirma no haberlo superado todavía y tener suficiente capacidad productiva, pero mantiene como secreto de estado el cálculo de sus reservas.
- El ritmo mundial de descubrimiento de nuevos yacimientos ha ido en rápido declive desde 1960.
- El tráfico mundial de petroleros está en descenso. Casi todas las grandes petroleras reconocen que sus existencias de petróleo están disminuyendo, y tratan de diversificar sus negocios.
- Las reservas de carbón son, por el contrario, muy grandes (pero enormemente contaminantes). En cambio, las de gas natural y uranio son también limitadas.
- Se explotan de manera creciente tipos de petróleos que requieren más refinamiento, y formas más ineficientes, como las arenas bituminosas o la hidrofracturación *(fracking)*, y las inversiones para explotar los yacimientos de petróleo son cada vez más costosas.

Ante esta avalancha de evidencias, muchos ciudadanos, políticos y opinadores desinformados suelen agarrarse a la tecnología y las inversiones para quitarle importancia, con afirmaciones excesivamente optimistas en cuanto a las posibilidades de extracción futuras. Ciertamente, más dinero y mejor tecnología ayudarán a tratar de extraer el petróleo de los lugares más recónditos y profundos de la corteza de la Tierra, pero hay que remarcar que los límites a la extracción son a la vez de carácter económico, ecológico y energético, y que no tiene sentido invertir en la extracción de petróleo más energía de la que el petróleo extraído puede proporcionar.

Adicionalmente, las personas tenemos que empezar a apreciar el petróleo remanente en la Tierra más por su valor como materia prima que como combustible. Efectivamente, el petróleo tiene que ver con una gran variedad de productos industriales de usos diversos y tiene tantos vínculos con nuestra producción agrícola que no tiene sentido quemarlo y contaminar el aire, y deberíamos promover su uso racional para estas otras utilidades. La producción energética futura deberá venir de la mano de un conjunto de fuentes de generación donde las renovables deben constituir la base del sistema. La energía del futuro será renovable, o no será.

Afortunadamente, crece en todo el planeta la conciencia a emplear energías limpias y tenemos lógicas esperanzas puestas en el futuro de los reactores de fusión nuclear.

El reto climático

Finalmente, de la mano del crecimiento de la producción industrial y de un modelo energético basado fundamentalmente en la combustión de carbón y petróleo, la humanidad se encuentra actualmente ante la amenaza del calentamiento global. Las investigaciones científicas han podido constatar que la actividad agregada del ser humano a lo largo fundamentalmente del siglo xx y lo que llevamos del presente siglo ha sido capaz de alterar el clima hasta acercarse a un punto crítico de no retorno.

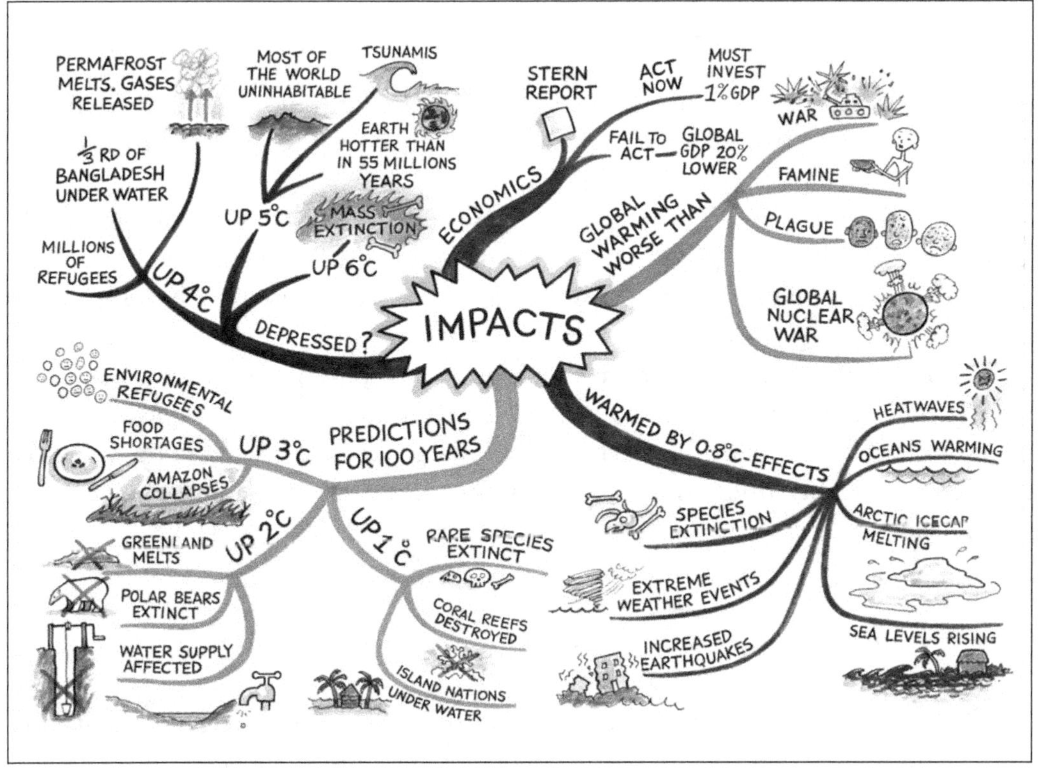

Mapa conceptual de los peligros del cambio climático. (Fuente: A. Rawlins, *Level Geography*)

Efectivamente, nuestra actividad industrial ha provocado la producción de gases de efecto invernadero, de los que el CO_2 es el más abundante y representativo. La concentración de estos gases en la atmósfera es actualmente superior a las 400 partes por millón, cuando antes de la primera revolución industrial era de tan solo 280 ppm. De acuerdo con James Hansen y los estudios llevados a cabo por parte del Instituto Goddard de Estudios Espaciales de la NASA, si la acción combinada de los gobiernos no es capaz de reducir la concentración por debajo del umbral de las 350 partes por millón, las consecuencias sobre el clima derivarán en graves efectos que pueden convertirse en irreversibles.

Dado que el reto climático está intrínsecamente vinculado al modelo energético, controlar la producción de gases de efecto invernadero constituye un objetivo fundamental a conseguir antes de que sea demasiado tarde, pero de muy difícil consecución si no se aborda desde la perspectiva de un nuevo *mix* energético y no se implementa la necesaria reforma de las coordenadas fundamentales del modelo económico imperante. (Véase el capítulo 8 dedicado a las necesidades energéticas.)

Dimensión ética y social de la Industria 4.0

La tecnología y la innovación son factores que históricamente han contribuido a mejorar la vida de las personas y de los que, en general, podemos sentirnos más satisfechos y orgullosos como seres humanos.

Sin embargo, como ciudadanos conscientes también tenemos la obligación de hacer una previsión crítica, dado que la historia de la humanidad no está exenta de claroscuros y episodios oscuros vinculados a los avances tecnológicos y su impacto imprevisto o a un mal uso de los mismos.

Es por ello que, una vez revisados los ángulos y efectos más positivos previsiblemente vinculados al advenimiento de la Industria 4.0, es justo y preceptivo dedicar a continuación unas líneas a una previsión especulativa crítica de sus potenciales efectos y contradicciones éticas y sociales. Este apartado va dedicado, pues, a la formulación de preguntas más que de respuestas.

La resistencia al cambio

En todo proceso de cambio suelen aflorar actuaciones y conductas que, de forma más o menos consciente, son la manifestación de una resistencia latente al cambio. Dado que la cuarta revolución industrial tiene suficiente potencial como para convulsionar el sistema socioeconómico a medio y largo plazo, es de esperar un grado importante de desconfianza, escepticismo e incluso contestación por parte de muchas personas.

En esta línea, una de las primeras reacciones esperables está relacionada con la incapacidad natural de las personas para captar los cambios que se producen a un ritmo lento. La Industria 4.0 irá aflorando poco a poco e incrementando su presencia en todos los rincones de nuestra sociedad, pero se requerirán unos años para que la mayor parte de las personas tome conciencia del fenómeno, tiempo durante el cual muchas de estas personas pueden estar negando el cambio y resistiéndose a él de forma inconsciente. En este sentido, conforme más y más se hablará de la Industria 4.0, devendrán comunes las generalizaciones y opiniones desinformadas en relación con el movimiento, tratando de simplificarlo, sacándole importancia e incluso ridiculizándolo. Pero de la misma manera que hoy en día, y por mucho que pueda parecer inverosímil, ya se están utilizando robots para proporcionar compañía y entretenimiento a las personas mayores en Japón (país por cierto con una de las más altas tasas de envejecimiento del mundo y con una necesidad perentoria de buscar nuevos recursos en este terreno). Las aplicaciones más insospechadas irán aflorando aquí y allá y dando a los escépticos un baño de realidad.

Es de esperar que habrá personas con tendencia a maximizar los rasgos negativos asociados a la Industria 4.0 y minimizar sus rasgos positivos. Así, los discursos centrados en la capacidad de la robotización para destruir puestos de trabajo o en las eventuales aristas éticas serán más populares que los discursos que hagan hincapié en su potencia para aumentar el bienestar social y sus efectos positivos sobre la renta per cápita.

Hay que observar, sin embargo, que la tendencia de sobreestimar la información negativa por encima de la positiva tiene raíces antropológicas; raíces que, de alguna manera, han tenido un efecto positivo en relación con la supervivencia del ser humano a lo largo de su historia. En efecto, la supervivencia y longevidad de nuestros ancestros estaba directamente vinculada a su capacidad de diagnosticar, incluso en cuestión de milisegundos, el riesgo potencial de determinadas circunstancias. Así, para nuestros antepasados, encontrarse una fiera cara a cara significaba huir o morir, y la opción optimista (enfrentarse y luchar) les ofrecía probabilidades de supervivencia inferiores y un peor pronóstico que las opciones negacionistas (huir o permanecer impávido y hacerse el muerto).

En general, siempre ha habido y seguirá habiendo personas más curiosas, valientes y optimistas. El problema, en términos de supervivencia, yace en que un error por exceso de confianza en el uso de estas capacidades puede llegar a costarle al valiente la vida ante un riesgo cierto, en tanto que el desconfiado, conservador, temeroso y timorato tratará de mantenerse alejado de los riesgos y dispondrá de algunas probabilidades adicionales de supervivencia. Las personas que actualmente poblamos el planeta somos los descendientes de aquellos que sobrevivieron debido a ser desconfiados, miedosos y timoratos, y esto explica nuestro sesgo innato y nuestra inclinación a dar más preponderancia a los *inputs* e informaciones de carácter negativo y pesimista. Siendo cierto que históricamente el sesgo negativo ha tenido un efecto positivo en cuanto a la supervivencia de la raza humana, desde un punto de vista racional y ante el caso concreto de la Industria 4.0, habrá que poner en la balanza tanto sus riesgos potenciales (vistos desde la óptica del sesgo pesimista) como el excesivo optimismo tecnológico ante la digitalización. Solo de esta forma podremos obtener un marco de comprensión ponderado del balance de riesgos y oportunidades que la cuarta revolución industrial nos depara.

Más allá de apreciaciones y estados de ánimo más o menos innatos e inconscientes en relación con la Industria 4.0, también viviremos actos de resistencia activa y deliberada ante el cambio y el advenimiento del nuevo orden protagonizados por personas y colectivos que se resistirán a abandonar su zona de confort y la seguridad que les otorga el estatus actual. Hay estudios internacionales sobre el impacto laboral de la Industria 4.0 como el de Frey y Osborne (2017),[22] orientados a la identificación de profesiones con alta probabilidad de automatización en los próximos años y que nos dan una previsión en cuanto a los focos de probable contestación y resistencia. Hay puestos de trabajo y profesiones innegablemente en riesgo (en España se calcula que un tercio de los puestos de trabajo tienen una alta probabilidad de ser automatizados en el horizonte del 2030, significando su desaparición o reconversión profunda), y es esperable que las personas que no consigan redirigirse hacia otros ámbitos laborales hagan visible su problemática, de forma más o menos notoria en función de su capacidad de colectivización. Tenemos un buen ejemplo en la movilización de los taxistas tradicionales ante la irrupción en su sector de nuevos modelos de negocio de movilidad vinculados al mejor uso de la tecnología existente.

Más inquietante que estas actuaciones promovidas por trabajadores y profesionales preocupados por la pervivencia de su puesto de trabajo, podrá ser la reacción de ciertos grandes actores, *lobbies* y grupos industriales, cuyos intereses económicos y financieros se puedan ver afectados por el impacto de la digitalización y la tecnología.

---

[22] Véase https://www.sciencedirect.com/science/article/pii/S0040162516302244 (consultado el 15 de enero de 2019).

En muchos países se han vivido diversos episodios de resistencia al nuevo orden tecnológico por parte de poderosos actores con grandes intereses económicos. Un ejemplo, en España, ha sido la regulación regresiva de la autogeneración eléctrica (que ha puesto trabas a la producción de energía por parte de usuarios y pequeños generadores de fuentes renovables, protegiendo los intereses de las grandes compañías energéticas y operando contra el medio ambiente). Otro ejemplo español lo hallamos en la resistencia por parte de la industria de la música y de actores como la Sociedad General de Autores y Editores (SGAE) ante la reconfiguración del sector de la mano de fenómenos como la distribución digital, los intercambios *peer-to-peer* (entre particulares) o las plataformas digitales como Spotify. Los ejemplos son numerosos, y es que estos conglomerados pueden tener capacidad para torcer o ralentizar en beneficio propio los cambios socioeconómicos necesarios, pues suelen tener más capacidad de influencia en los gobiernos y en las decisiones políticas que los colectivos de trabajadores y profesionales que puedan verse afectados por el nuevo orden.

Por último, habrá que observar también la reacción de las administraciones y poderes públicos ante el nuevo orden tecnológico y su capacidad para reconfigurar la forma en que estos se relacionarán con los ciudadanos. La digitalización incrementa el acceso de la ciudadanía hacia la información, estimulando su sentido crítico hasta cotas que pueden llegar a ser incómodos de manejar por parte de los gobiernos. Buena parte de las acciones futuras se desplegarán en un entorno digital donde las herramientas de control por parte de los poderes se manifiestan, por el momento, mucho más ineficaces que las aplicables en el entorno físico.

Acceso a la tecnología y analfabetismo tecnológico

El ritmo de la innovación y de la implantación de la Industria 4.0 debería ir acompañado de un ritmo análogo en cuanto a la asunción y asimilación por parte de la población. Ahora bien, en las últimas décadas el ritmo de cambio se ha ido acelerando y, cuando las personas aún estamos tratando de buscar respuestas a muchas de las preguntas que nos hacemos en relación con las transformaciones, presiones y retos que el entorno nos impone, la Industria 4.0 nos aporta un nuevo factor de complejidad e incertidumbre. ¿Estará todo el mundo preparado para asumir el nuevo orden que poco a poco se está infiltrando en todos los ámbitos de nuestra vida?

Industria 4.0 es un modelo industrial basado en el uso intensivo del conocimiento. El conocimiento tecnológico, la innovación, el talento y las ideas son capacidades y valores que silenciosamente se van imponiendo en la sociedad digital. La competitividad de las economías, y por supuesto de las empresas y de los profesionales, ya no podrá basarse solo en sus bajos costos de producción, sino que está requiriendo una acumulación crítica del talento y de la capacidad para convertir la creatividad en una producción comercializable.

La lucha por el talento entre empresas ya es un hecho palpable hoy en día, pero irá a más y se traducirá de forma agregada en una lucha por el talento entre las economías, donde la intervención por parte de las administraciones públicas será necesaria para defender e incrementar la cuota de presencia del país en el nuevo escenario económico. En el modelo de Industria 4.0 se requieren científicos, matemáticos, ingenieros informáticos, ingenieros de telecomunicaciones, en automatización, en diseño, pero también se requerirán graduados en humanidades. Bajando al terreno concreto, en la próxima década, muchos países se enfrentarán a un notable déficit de graduados STEM (científicos, tecnólogos, ingenieros y matemáticos), por lo que tendrán que competir contra los mejores alumnos de la clase de otras procedencias (incluso transcontinentales) con un brazo atado en la espalda. Paradójicamente, hay países que sufren una tasa de desempleo de profesionales con titulación universitaria (o, visto desde otro ángulo, de una falta de empleabilidad para las profesiones de los

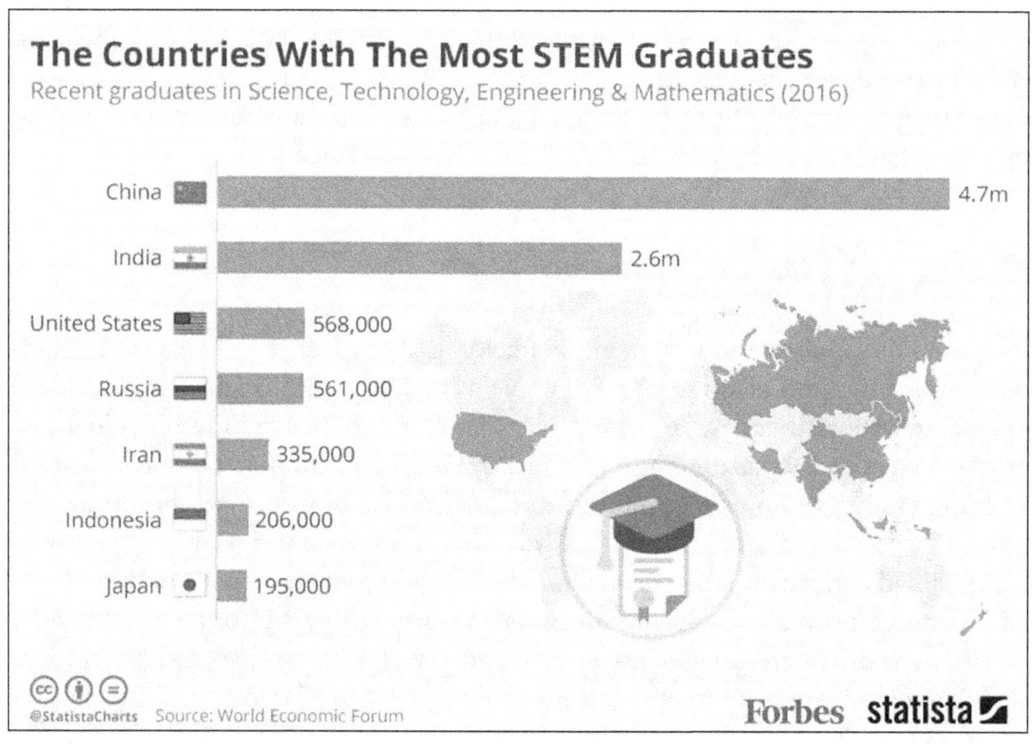

Graduados en ciencias y tecnologías (STEM) de los distintos países. (Fuente: World Economic Forum)

estudios que cursaron) que pone en evidencia una falta de sintonía entre la producción de talento y los requerimientos de las empresas.

Así, es más que previsible que tengamos que presenciar un cambio en el modelo actual de generación de profesionales y de graduados universitarios y vivamos la evolución hacia un nuevo modelo basado en la planificación de la actividad económica e industrial a largo plazo vinculado con la planificación de la producción de talento en las universidades. Aunque sea contrario a la sacrosanta libertad del mercado para autorregularse, este modelo intervencionista tiene la virtud de compensar buena parte de los problemas del errático mercado laboral actual y operar en favor de la carrera por el talento.

La batalla por el talento no se fundamenta solo en su generación o eventual captación, sino también en su conservación (mal llamada «retención»). El talento del futuro no debe ser un talento «cautivo», como evoca la palabra «retención», sino fruto de un particular equilibrio entre una empresa, un proyecto y un estilo de liderazgo y del equilibrio entre personas trabajadoras, estímulos intelectuales y estilo de vida. Efectivamente, el «trabajador del conocimiento» –concepto acuñado décadas atrás por el gran Peter Drucker,[23] visionario y padre del *management*– no piensa ni opera igual que el trabajador de la segunda o la tercera revolución industrial. La plantilla trabajadora del conocimiento otorga un peso muy importante a los factores motivadores intrínsecos (aprendizaje, carrera, crecimiento profesional, proyecto, motivación intelectual), de forma que no puede ser dirigido solo con motivadores extrínsecos (dinero, condiciones y ventajas laborales, alabanzas, coerciones). Bajo este prisma, la conservación del talento en el seno de las empresas requerirá la abolición de estilos de liderazgo propios de otro siglo, estilos que están condenados a alejar el talento y gestionar la mediocridad, pues ni la plantilla del conocimiento comparte estas coordenadas, ni tampoco las aceptan las últimas generaciones de jóvenes, ni lo harán probablemente las próximas generaciones que se incorporarán al mercado laboral.

Cabe decir también que, ante un cambio tan profundo fundamentado en valorizar el talento, hay personas que inexorablemente perderán su particular batalla frente a la digitalización. Por un lado, en esta partida no juegan con las mismas cartas los nativos digitales que aquellos que no lo son. Ahora bien, las posibilidades de salir victoriosos no estarán vinculadas simplemente a la fecha de nacimiento, puesto que aquellas personas que dispongan de un espíritu de aprendizaje superior y una vocación innata de evolución personal y profesional serán las que conseguirán

---

[23] Véase Drucker, Peter (1999).

realmente la materia prima y el *mindset*[24] necesarios para enfrentarse con garantías el proceso evolutivo que la digitalización requerirá. Cabe decir también que habrá personas que, a pesar de desear integrarse, por circunstancias personales, económicas o sociales podrán quedar relegadas en el vagón de cola.

El tercer entorno

Aunque desconocemos todavía la magnitud del cambio que se nos viene encima, hoy en día estamos inmersos en el mundo digital y muy familiarizados con las tecnologías, por lo que no solemos ser conscientes del cambio tan profundo que estos han significado en nuestras vidas. Más allá de su capacidad para modificar gran-

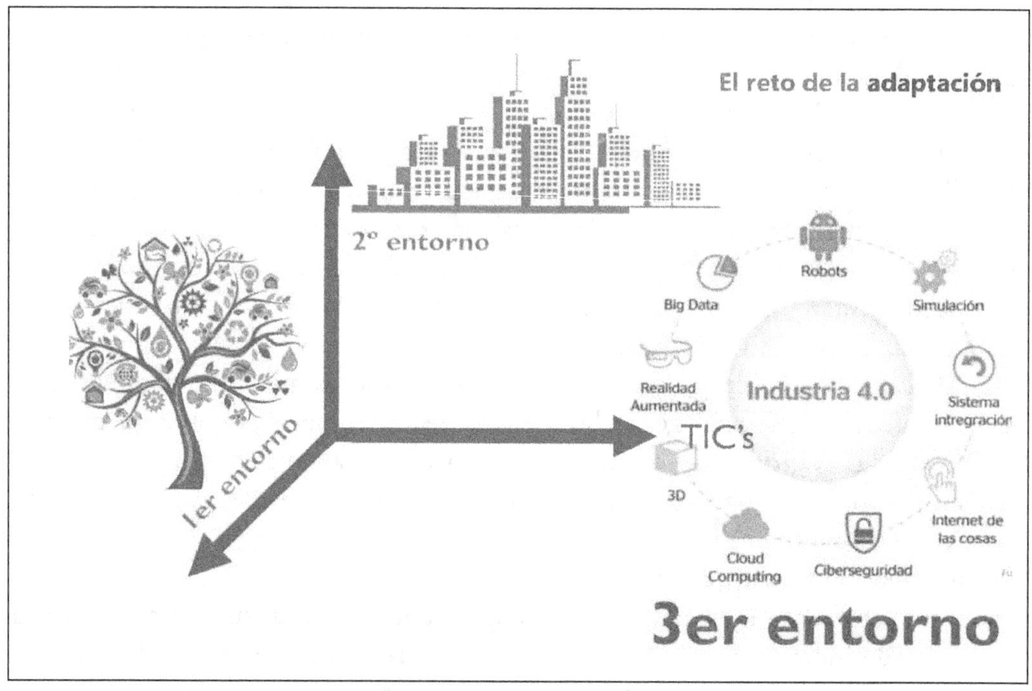

La humanidad tiene el reto de saber adaptarse al tercer entorno físico que generará la Industria 4.0.
(Fuente: Elaboración propia)

[24] *Mindset* es un concepto creado por la reconocida psicóloga Carol Dweck, y se define como la capacidad humana de aceptar los defectos, debilidades y otros aspectos negativos del ser humano, y creer que es posible un cambio con la única finalidad de crecer, avanzar y alcanzar el éxito.

des ámbitos de nuestras vidas, la irrupción de internet combinado con el progreso inclaudicable de la informática y las comunicaciones nos han llevado al increíble surgimiento de un «tercer entorno».

Efectivamente, antes de la primera revolución industrial solo existía un entorno al que las personas pudieran estar adscritas: el entorno natural. La vida transcurría fundamentalmente en el campo y en la naturaleza, y los núcleos urbanos eran pocos y de dimensión mucho más reducida, en general. Con el advenimiento de la primera revolución industrial se produjo una reducción de las personas que vivían

Características del tercer entorno

- Es un entorno inmaterial, en contra de los otros dos entornos, que son físicos.
- La distancia física de los actores es irrelevante, así como su presencia física. Se puede «estar» y mantener actividad independientemente del lugar geográfico donde se esté. Y se puede «estar representado» y operar de forma inequívoca y biunívoca sin necesidad de estar presencialmente.
- El tiempo se vive en muchos casos de forma síncrona, como en los otros dos entornos, pero suceden cosas importantes de forma asíncrona.
- Las estructuras de poder de los otros dos entornos no sirven y fracasan en el entorno digital. En el entorno digital, no existe la figura del Estado, y a pesar de que todos los Estados hacen y harán acto de presencia e intentos de regulación, manifiestan grandes dificultades a la hora de «gobernar» y dar forma a la actividad digital.

Ahora bien, el tercer entorno tiene otra característica particularmente distintiva respecto de los otros dos, y que puede determinar la presencia o no de las personas: el tercer entorno requiere necesariamente una interfaz, un dispositivo de entrada sin el cual ni se puede tener «acceso» ni se puede operar. Para acceder y operar en los otros entornos basta con desplazarse, pero para estar y operar en este tercer entorno donde se desarrollará buena parte de la nueva economía es necesario:

- Ser propietario o usuario de interfaces y dispositivos muy concretos: un ordenador con conexión a internet, un *smartphone*, una tarjeta de crédito, determinados *softwares*, un navegador GPS...
- Saber relacionarse dentro del nuevo entorno en el uso de las interfaces, los dispositivos y las tecnologías.

en el primer entorno y una migración hacia las ciudades, donde se concentraba la capacidad de producción y crecieron los servicios, cogiendo peso gradualmente lo que podemos calificar como segundo entorno. En paralelo a este segundo entorno, seguía existiendo el primer entorno, la naturaleza y el campo.

Pues bien, la cuarta revolución industrial conllevará un incremento de la actividad y de la inmersión humana, que hoy en día ya es muy significativa, en lo que podemos calificar como «tercer entorno», el entorno virtual en el que vive en buena medida la sociedad 4.0. Una fracción muy significativa de la actividad socioeconómica pasará a utilizar, o simplemente a circunscribirse, a este tercer entorno virtual restando protagonismo a los otros dos entornos físicos.

Como conclusión, se está generando un riesgo latente de que –como consecuencia del analfabetismo tecnológico o de la falta de posibilidades de acceso a las tecnologías– amplias capas de la sociedad puedan quedar fuera de juego en la realidad del tercer entorno, y queden descolgadas y excluidas de la mayor parte de la actividad económica y de buena parte de las posibilidades del ciudadano común para abrirse camino en un mundo cada vez más complejo.

Se pone de manifiesto que las administraciones públicas se encuentran ante el reto mayúsculo de sentar las bases para la generación de talento en el nuevo escenario, velando por una incorporación progresiva de los ciudadanos al tercer entorno con plenas garantías y evitando que ninguna capa de la población pierda la batalla de la digitalización. Dado que se crearán nuevos puestos de trabajo de alta calificación (en detrimento de otros de inferior aportación de valor) hay que reconfigurar la oferta formativa y aumentar la presencia en los planes de estudio de las tecnologías de la información y las capacidades digitales, acompañando estos esfuerzos con nuevos mecanismos de lucha contra la desigualdad.

Optimismo tecnológico

En los años treinta, Keynes y Schumpeter[25] mantenían opiniones opuestas. Keynes sostenía, haciendo un análisis de cómo la introducción de toda nueva tecnología transformaba el mercado de trabajo, que algún día el ritmo de sustitución de personas por máquinas sería superior al de la adaptación de las personas al nuevo entorno. En cambio, Schumpeter le discutía la tesis con el concepto de «destrucción creativa», según el cual la introducción de una nueva tecnología destruye, efectivamente,

---

[25] Véanse KEYNES, J.M. (1974) y SCHUMPETER, J.A. (2010).

lugares de trabajo, pero termina creando otros nuevos, de mayor cualificación y en cantidad superior.

Un caso paradigmático fue el de la sustitución de cajeros humanos por cajeros automáticos en los bancos de Estados Unidos durante la década de 1980. En aquella época el principal trabajo del cajero humano era la manipulación de dinero durante las operaciones de ingresos y retiradas. La irrupción de cajeros automáticos no significó un excedente de cajeros humanos sino, al contrario, un cambio en sus atribuciones. En efecto, mientras las máquinas aportaron eficiencia y seguridad en las antiguas manipulaciones del dinero en efectivo, los antiguos cajeros pudieron dedicarse a tareas de más alto valor añadido relacionadas con la atención del cliente y la función comercial, y los bancos incrementaron la venta de productos financieros. Los costos de apertura de nuevas oficinas se redujeron gracias a que las máquinas representaban menos costos en el marco de una cuenta de resultados cada vez mayor, y, pasado un cierto tiempo, resultó que había más oficinas, más máquinas y más empleados trabajando en los bancos.

Se trata de un ejemplo que explica un hecho incontrovertible hoy en día: hasta ahora (al menos), las tres primeras revoluciones industriales siempre han generado más trabajo del que han destruido. Ahora bien: nadie ha explicado todavía qué fracción de la creación de nuevos trabajos se debía a que la población mundial estaba en constante crecimiento y generaba su propia demanda de bienes y servicios. Si los expertos en demografía vaticinan que la población mundial tenderá a estancarse (con tendencia al envejecimiento) hacia el 2050, ¿cuál será el efecto sobre la disponibilidad de puestos de trabajo de la reducción del crecimiento de la población mundial sumado con unas eficiencias productivas más conocidas? Que hasta ahora se haya dado siempre el efecto «destrucción creativa» de Schumpeter no garantiza que esta vez suceda lo mismo respecto de la Industria 4.0 dado el especial marco socioeconómico al que viene a instalarse.

Los cambios en el entorno laboral

La moneda de la Industria 4.0 está en el aire. Si en esta ocasión también cae de la cara (la visión de Schumpeter), el modelo socioeconómico encontrará en esta nueva revolución un estímulo para continuar con su crecimiento y probablemente obviará durante años la necesidad de una reforma en profundidad.

Pero, dependiendo de cómo interactúen las muchas variables descritas del marco socioeconómico, existe un riesgo —difícil de cuantificar— de que en esta ocasión la moneda caiga por el lado de la cruz, confirmando los vaticinios de Keynes. En este escenario se produciría una reducción masiva de los puestos de trabajo disponibles por obra y efecto de las eficiencias productivas crecientes de la automatización. Si la moneda da la espalda a Schumpeter:

- ¿Quién pagará los efectos humanos y sociales de la creciente productividad? ¿Se socializarán las pérdidas en tanto que se privatizarán los beneficios?
- Parte de la población sin empleabilidad en el marco de la Industria 4.0 lo será por falta de capacidades tecnológicas. ¿Qué hará la sociedad con los perdedores del sistema y los analfabetos tecnológicos? Los gobiernos deberían desarrollar programas de alfabetización y desarrollo tecnológico de obligado cumplimiento para tener derecho a la cobertura social.
- Las personas deberán aceptar la reducción de la jornada laboral y del salario en menor proporción.
- Los gobiernos deberán buscar fórmulas legales para distribuir el trabajo e implantar jornadas de 20 horas semanales, explicarlo a la población y a la masa de votantes.
- ¿Lo aceptará la población o más bien será necesario la imposición del modelo?

Si en vez de generar puestos de trabajo, la Industria 4.0 afectara negativamente al empleo, ¿cómo afectará al consumo y la economía? ¿Quién tendría capacidad de compra de la creciente producción de bienes y servicios? Las personas deberían reducir su estándar de vida y adaptarlo a los nuevos ingresos, con lo cual se produciría la paradoja de la confluencia de la capacidad productiva más grande de la historia con una reducción potencial del consumo, acelerando en espiral la destrucción de puestos de trabajo.

¿Cómo se sostendrían, entre otros, el sistema de pensiones, en un escenario de reducción dramática de cotizaciones sociales? En un escenario de reducción de los puestos de trabajo disponibles, los gobiernos deberían incrementar la cobertura social para no abandonar amplias capas de la población a su suerte. El creciente gasto social implicaría un incremento de la presión fiscal sobre los trabajadores remanentes. Sin embargo, esto no sería suficiente, y los gobiernos se debatirían en la necesidad de aplicar impuestos al uso de los robots, de forma que los robots deberían «cotizar» a la Seguridad Social de forma análoga a como lo hace el trabajador humano, buscando un mecanismo no explícito para compensar el crecimiento de la robótica y su implantación, o bien para pagar el diferencial salarial provocado por el paso de jornadas estándar de 40 horas a 30 o a 20 horas manteniendo el poder adquisitivo de los salarios. Los gobiernos podrían redefinir el impuesto de actividades económicas (IAE) y hacer que las empresas coticen por el volumen de inteligencia artificial implantada (por «kilotransistores», en vez de por términos clásicos como el número de obreros y la potencia instalada).

En los países de economías más avanzadas sobrevuela la amenaza de desaparición de trabajo para los humanos a causa de la progresiva automatización y robotización. En un informe de 2017, la consultora McKinsey Global Institute[26] predecía que, en 2030, a escala mundial, se verían afectados entre 400 y 800 millones de puestos de trabajo. Consecuentemente, este enorme volumen de personas se verá obligado a buscar una nueva ocupación o variar sus funciones de una manera muy significativa.

Pero según la visión optimista, es factible que la moneda caiga del lado positivo y se generen muchos más puestos nuevos de trabajo de los que se destruyan. Es evidente que la Industria 4.0 puede aportar una notable reducción de la jornada laboral que (aplicada con ética social) puede repercutir en mejor calidad de vida para todos. Y también es evidente que las nuevas profesiones del futuro –que ya se ha hecho presente– potenciarán el capital intelectual y la generación de conocimientos, y exigirán personas mucho mejor formadas en las tecnologías que sustentan la sociedad digitalizada. En esta línea, conviene destacar el informe *Future of Jobs 2018* del Foro Económico Mundial[27] en el que se vaticina que en el año 2025 la automatización eliminará 75 millones de puestos de trabajo actuales pero, al mismo tiempo, se habrán creado 133 millones de nuevos (lo cual nos daría una creación neta de 58 millones de puestos de trabajo).

Pero esta visión optimista exige que se adopte el modelo productivo plasmado en la Agenda 2030 aprobada por la ONU en 2015 que establece una estrategia para combatir la pobreza, la desigualdad y los desequilibrios derivados de la globalización. Una tarea que obliga, por un lado, a extraer productividad a los avances técnicos y científicos y, por otra, a socializar las ganancias alcanzadas aceptando y entendiendo que los avances tecnológicos tienen un poder transformador enorme. Ahora, al igual que el vapor permitió cambios radicales en los procesos de la primera revolución industrial, la tecnología actual está transformando la sociedad como consecuencia del incremento de la capacidad de proceso, las comunicaciones, la irrupción de los robots y muy especialmente la inteligencia artificial.

---

[26] Se trata del informe «Jobs lost, jobs gained: What the future of work will mean for jobs, skills, and wages», del McKinsey Global Institute, 2017. Más información en https://www.mckinsey.com/featured-insights/future-of-work/jobs-lost-jobs-gained-what-the-future-of-work-will-mean-for-jobs-skills-and-wages.

[27] El informe está disponible en: http://www3.weforum.org/docs/WEF_Future_of_Jobs_2018.pdf.

Las consecuencias tecnológicas

Al margen del controvertido posible impacto de la Industria 4.0 en el ámbito laboral, amplificado por sus detractores y relativizado por sus defensores, la digitalización en particular y las tecnologías en general pueden llevar asociadas otros tipos de consecuencias imprevistas que también hay que tener presentes de forma desapasionada, puesto que la historia reciente nos enseña que los avances tecnológicos se han producido con independencia de las consecuencias de su uso.

Dada nuestra experiencia, hacerse preguntas de esta naturaleza y estar alerta contra usos y efectos imprevistos no significa estar en contra de la innovación. El uso de la energía nuclear es un buen ejemplo de debates tecnológicos que no pueden ni deben ser ocultados. El uso que se hizo de la fisión nuclear por parte del ejército estadounidense en las ciudades japonesas de Hiroshima y Nagasaki durante la Segunda Guerra Mundial es ejemplo de mal uso paradigmático de una tecnología con efectos no previstos. Ponerlo de manifiesto no supone estar en contra de la investigación científica y técnica. De forma análoga, la producción de energía eléctrica en las centrales nucleares lleva implícitos una serie de riesgos inherentes vinculados al control de la radiactividad y la eliminación y confinamiento de los residuos radiactivos. Los desastres de Chernóbil en Ucrania o de Fukushima en Japón ponen nuevamente de manifiesto las consecuencias potenciales de determinadas tecnologías, sin atacar la ciencia ni las tecnologías que se derivan, que de otro modo también sirven para salvar vidas. Hablar y contraponer argumentos sobre este tema, o sobre el modelo energético en general, es un debate ciudadano maduro y moderno, en contra de lo que ciertos actores con intereses creados se esfuerzan y esforzarán en trasladar a la opinión pública.

Otro ejemplo lo podemos encontrar en la innovación genética y el debate sobre la eugenesia. La eugenesia es una filosofía social que defiende la mejora de los rasgos genéticos hereditarios del ser humano mediante diversas formas de intervención. La ciencia genética es una de las que está experimentando más avances en los últimos años, muchos de los cuales proyectan ciertas dudas éticas y provocan rechazo en muchas personas. Ahora bien, ¿cuáles son concretamente los límites de la ética?

¿Por qué parece más lícito intervenir sobre un embrión para evitar una enfermedad de raíz genética que para maximizar la perfección de los rasgos genéticos y el potencial físico de la futura persona? ¿En qué punto se han de poner los límites de lo que se puede considerar una intervención justificada y lo que se puede considerar una intervención superflua o de capricho?

En cuanto a la Industria 4.0, ¿cuáles pueden ser los potenciales efectos negativos de la tecnología sobre nuestras vidas, aparte del especulativo impacto sobre el mercado laboral? Es una pregunta totalmente pertinente que no implica ejercer un negacionismo o resistencia irracional ante la tecnología, bien al contrario. ¿Es cierto, como se nos dice, que la tecnología nos hará más libres? Cuando se habla de robots colaborativos y de ayuda de la tecnología en la ejecución del trabajo pesado, ¿será exactamente este el uso real que se dará a todos estos avances, o su sentido final será que el trabajador ejerza de ayudante y complemento del robot, en tanto el robot no pueda asumir las funciones completas? ¿Significará esto que vamos a vivir mejor o peor?

El uso de la información

Si la información y su uso es precisamente uno de los pilares de la Industria 4.0, es previsible que adquiera un valor económico y estratégico aún superior al que tiene hoy en día y suponga uno de los claros campos de batalla en materia de derechos y deberes.

En este sentido, la ciberseguridad es una de las crecientes preocupaciones por parte de la ciudadanía. ¿Cómo se tratarán nuestros datos como consumidores y también como particulares por parte de las empresas privadas y por parte de las administraciones públicas? Son aspectos de los que las personas vamos tomando conciencia de forma progresiva y para los que los Estados y algunas instituciones supranacionales ya han empezado a legislar (por ejemplo, el Reglamento General de Protección de Datos de la Unión Europea, o la Ley Federal de Protección al Consumidor, en México, y la Ley sobre el acceso y uso de los mensajes de datos, del comercio electrónico y de las firmas digitales, en Colombia).

Existe un conjunto de tecnologías y herramientas que usadas con buenas intenciones nos pueden beneficiar a todos, pero de las que, si se hace un mal uso, serán un atentado grave contra nuestra intimidad, privacidad y derecho a la libre movilidad. Así, por ejemplo, la RFID tendrá capacidad suficiente para seguir el rastro de los productos en todo el mundo, pero también puede tener capacidad para determinar el patrón de consumo de cada persona individualmente, y de esta información, teóricamente confidencial, se puede hacer un uso excesivo o invasivo. Muchos detractores señalan también que en un determinado momento los gobiernos tratarán de inducir a la población a utilizar chips RFID personales implantados en la piel (aplicación similar a la identificación de mascotas) para diversos usos, como por ejemplo contener en ellos el expediente médico (algo tan útil en caso de un accidente grave), pasar automáticamente por determinados controles sin tener que hacer cola, o contener en ellos nuestras cuentas bancarias. Si no fuera porque hoy en día ya hay ejemplos reales de aplicaciones en este sentido, podríamos pensar que estamos ante un caso extremo de paranoia de la conspiración... Ahora bien, en algunos locales de moda de todo el mundo ya hay clientes VIP «chipados» como tales por propio consentimiento, y en México hay casos de agentes de la policía y personas significadas de la judicatura que llevan un chip de identificación RFID bajo la piel como mecanismo unívoco de acceso a información confidencial y complementario ante posibles secuestros.

Al margen de la RFID, hay tecnologías como la videovigilancia, el reconocimiento facial o el *tracking* de móviles que suscitan las mismas dudas. El dilema es, una vez más, abrirse a la tecnología con independencia de su uso imprevisto pasado un tiempo o ser más desconfiados y tratar de mantener sana y salva una parte de nuestra privacidad por si acaso, renunciando a algunos posibles beneficios en caso de no hacerlo. Cualquiera de estas tecnologías puede servirnos en positivo, pero también en un determinado momento, en negativo. Por ejemplo, un chip RFID podría servir para identificar y localizar a un individuo peligroso, incrementando las cuotas de seguridad a la sociedad..., pero también para el control dictatorial sobre la ciudadanía. Así, un ciudadano «chipeado» podría ser «desconectado» de su cuenta corriente si la autoridad competente lo clasificara como peligroso (un terrorista, por ejemplo). Pero ¿bajo qué criterios una persona puede ser considerada como un peligro para la sociedad? ¿Quién establece estos criterios? ¿Quién vela para que no se cambien de forma caprichosa o interesada? ¿Quién discriminará entre un «individuo peligroso» y una persona actuando dentro de sus derechos de disidencia, identidad ideológica y libertad de expresión? Nuevamente, el conflicto ante estas inquietantes preguntas yace en quién y dónde se establecen eventualmente los límites. Las casuísticas pueden ser infinitas, y los hechos prácticos nos ponen de relieve la dificultad de llegar a un consenso satisfactorio para todos.

Siguiendo el hilo de los acontecimientos, en un caso y en el otro, nos encontramos nuevamente ante la dificultad de establecer los límites éticos que justifican el uso o no de la información privada.

Toma de decisiones. ¿Quién y cómo?

Actualmente y desde hace muchos años —nos guste admitirlo o no— en cualquier almacén logístico de una cierta envergadura, las personas trabajan al dictado de un *software* informático, el sistema de gestión de almacenes (SGA o WMA, por *warehouse management system)* es, en un almacén desarrollado, el cerebro que controla y gobierna la actividad de todos los recursos, tanto de los automatizados (carruseles, transelevadores, mecanismos transportadores...) como de los humanos (preparadores, carretilleros...). Así, durante su jornada laboral y analizado en frío, los emplea-

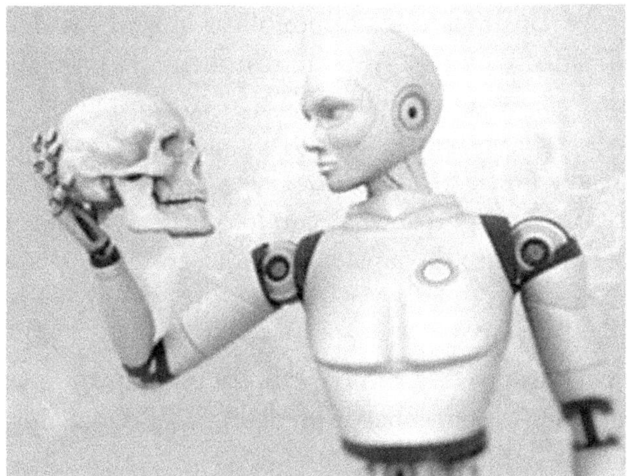

Los robots van a tener que tomar decisiones
de vida o muerte. (Fuente: envienta.net)

dos del almacén actúan mayormente a instancias del SGA, haciendo los recorridos que el sistema determina, preparando los pedidos de acuerdo con las prioridades establecidas, seleccionando los artículos según la mezcla y cantidad que el *software* determina, sin aplicar realmente su propia voluntad y capacidad de decisión. De acuerdo con este ejemplo, ¿dónde acaba la ayuda por parte de un *software* y dónde empieza una forma de alienación?

En el entorno de la Industria 4.0, y previsiblemente en el resto de los ámbitos (sociales, salud, administraciones públicas...) muchas decisiones las tomarán los algoritmos especiales programados a este fin. De hecho, los expertos en inteligencia artificial afirman que quedan pocos años para que los robots lleguen a superar a los humanos en inteligencia, opinión sorprendente e inquietante.

Las preguntas sin respuesta, nuevamente vinculadas a la ética del fenómeno, son numerosas:

- ¿Quién diseñará los algoritmos? ¿Se podrán conocer públicamente sus parámetros y criterios o serán secreto industrial?
- ¿Serán éticos estos parámetros y criterios? ¿Éticos bajo la óptica de quién? ¿Se podrán incorporar a los algoritmos parámetros con fines espurios?
- ¿Qué es preferible: que las decisiones las tome un algoritmo o una persona?

Estas dudas nos ponen nuevamente contra las cuerdas y plantean dilemas éticos y las correspondientes cautelas y reservas.

Cuando George W. Bush (candidato republicano) ganó las elecciones de 2004 a la presidencia de Estados Unidos a Al Gore (candidato demócrata), lo hizo por un estrecho margen de votos y un recuento agónico en el estado de Florida. Entre las muchas controversias que se dieron, la probablemente más inquietante estaba vinculada al recuento del voto electrónico, pues la empresa creadora del *software* nunca quiso permitir acceso a sus algoritmos alegando que se trataba de un secreto industrial. Mientras que el recuento de papeletas admite una posterior verificación de las papeletas físicas, el recuento de votos electrónicos no se puede verificar sin acceder a sus bases de datos. Parte de la población estadounidense comenzó a pensar que, debido a la existencia del voto electrónico, el sentido de su voto y en consecuencia el ganador de las elecciones se podría haber predeterminado maliciosamente mediante los parámetros secretos de un *software*.

Actualmente hay cierto grado de polémica en cuanto a los vehículos autónomos. Las empresas fabricantes o que explotarán esta tecnología llevan años haciendo pruebas con vehículos sin conductor en situaciones de tráfico real ajustando los sistemas y sin grandes sobresaltos, aunque sin poder evitar algunos incidentes que cuando saltan a la prensa cobran gran notoriedad pública. La tecnología necesaria, pues, parece estar prácticamente madura. Ahora bien, el vehículo autónomo está encontrando más dificultades para su progreso en el ámbito normativo que en el técnico, pues suscita muchas dudas éticas de difícil resolución, y es que el vehículo tendrá que estar programado en determinadas situaciones límite de acuerdo con los parámetros del *software* que lo dirige, tomando decisiones polémicas orientadas a minimizar riesgos y salvar vidas Entonces, ante un posible accidente, ¿debe tratar de salvar al «conductor» a costa de la vida de otra u otras personas exteriores? ¿Vale más la vida de una persona en el interior del vehículo o la de una fuera del vehículo?

La decisión sobre el valor de la vida, ¿se tomará con independencia del sexo, edad aparente y posibles otras condiciones de las víctimas eventuales? ¿El coche autónomo puede elegir si salvar a un grupo de jóvenes o a un ciclista con casco, en detrimento de ancianos o de ciclistas sin casco? ¿Un bebé en un cochecito es más valioso que un abuelo o abuela? ¿Habrá colectivos que deberán asumir que corren un riesgo superior de acuerdo con los parámetros del *software* de los vehículos inteligentes?

Capítulo 8
Las necesidades energéticas

Diferentes clases de energía

Conviene refrescar aquí cuatro nociones básicas de la Física. La primera: el **trabajo** es la aplicación de una fuerza sobre un objeto para desplazarlo, modificarlo o destruirlo. Segunda: la **fuerza** proviene siempre de una fuente de energía. Tercera: la **energía** ni se crea ni se destruye, solo cambia de forma (con diferentes niveles de pérdidas en otras energías no siempre deseadas). Cuarta: Einstein demostró la relación que existe entre la materia y la energía **($E = mc^2$).**

Desde los albores en la prehistoria, la humanidad ha aprendido a transformar diferentes energías presentes en la naturaleza en energías útiles con el objetivo de sacar provecho del entorno. La industria utiliza actualmente grandes cantidades de energía, principalmente de tipo eléctrico, pero también de muchos otros tipos.

La primera energía usada por el hombre en la prehistoria fue su energía corporal, que le permitió fabricar el sílex y cazar animales. La segunda energía fue la corporal de los animales que aprendió a domesticar. La tercera, la calorífica; proporcionada por el descubrimiento del fuego. El fuego le permitió producir hierro y otros metales y perfeccionar sus armas de caza y de lucha. Muchos años después, cuando las herramientas fabricadas con el hierro le permitieron afrontar la mejora de la agricultura nacida en el Neolítico, el hombre descubrió que la energía eólica le podía ayudar a moler los cereales, a extraer el agua de un pozo y a impulsar embarcaciones. Los romanos y los griegos ya aplicaban muchos siglos antes de Jesucristo la energía hidráulica de los saltos de los ríos para mover sus molinos de cereales.

No solemos ser conscientes de ello, pero todo el progreso en los siglos XV y XVI de los imperios conquistadores español, británico o portugués en la edad moderna es atribuible al uso inteligente que lograron hacer de la energía eólica para mover por todos los océanos del planeta los barcos mercantes y las armadas de buques de guerra que les protegían al tiempo que subyugaban militarmente a los pueblos conquistados.

La transformación del calor en vapor de agua representó un salto crucial de la humanidad. La fuerza impulsora de la expansión del vapor sobre un émbolo permitió a James Watt en 1769 inventar la locomotora a vapor y los ingenieros posteriores a inventar los telares que iniciaron la primera revolución industrial a finales del siglo XVIII.

En 1800, Alessandro Volta inventó la batería eléctrica basada en reacciones químicas de metales. Nació con él el concepto de corriente eléctrica como nueva forma de energía y la fabricación de pilas eléctricas y acumuladores de corriente continua. Un invento que la humanidad ha sido capaz de mejorar en gran medida y que sigue siendo, hoy en día, vital en multitud de dispositivos electrónicos.

El motor eléctrico fue el invento que permitió transformar la energía eléctrica en la rotación mecánica de un eje. La dinamo fue el dispositivo inverso, que permitió convertir la energía cinética de la rotación mecánica en electricidad. El primer motor eléctrico parece ser que fue inventado por un monje benedictino en 1740, pero la ingeniería eléctrica no arranca seriamente hasta 1886 cuando Werner von Siemens patenta la dinamo.

Durante el siglo XIX se extendió el gas natural como fuente de energía para la iluminación de las ciudades y para generar calor y luz en los domicilios. Pero era una forma de energía con muchos problemas: era caro de hacer llegar y ofrecía grandes riesgos de seguridad, puesto que era venenoso y causaba explosiones mortales.

El siguiente cambio importante en el uso humano de fuentes de energía se produce el 4 de septiembre de 1882, cuando Thomas Alva Edison −con la intención de sustituir el gas por la electricidad en los sistemas de iluminación de las ciudades− pone en funcionamiento la primera central eléctrica de la historia en Nueva York, en la calle Pearl, y ochenta y cinco hogares, tiendas y oficinas se iluminan todas de golpe con 400 bombillas incandescentes. Pero el verdadero progreso de las centrales eléctricas vino de la mano de Nikola Tesla, cuando demostró las ventajas de la corriente alterna sobre la corriente continua de Edison y en 1888 ayudó a construir la central hidroeléctrica de las cataratas del Niágara. La energía del salto de agua era la energía mecánica que hacía girar una turbina; la energía cinética de la turbina generaba energía electromagnética en sus bobinas de cobre y, finalmente, la energía electromagnética generaba corriente eléctrica alterna.

Durante el siglo XX la energía eléctrica alterna desplazó rápidamente al vapor y a la combustión del carbón y del gas porque es más fácilmente transportable y es convertible de una manera mucho más fácil en energía de otro tipo: calorífica, lumínica o mecánica y, por estas causas, sigue siendo todavía una de las formas de energía preferidas por la industria.

En 1876 Nikolaus August Otto construyó el primer motor de cuatro tiempos que utilizaba la explosión de la gasolina para convertir la energía de la combustión interna dentro de unos cilindros en energía mecánica de tracción del automóvil.

La energía en la industria

Las industrias necesitan poder acceder a energías abundantes, servidas a domicilio, a precios adecuados, que sean eficientes, que sean seguras para los usuarios, que no se agoten (renovables) y que no contaminen el aire ni generen residuos no reciclables (energías limpias).

El costo real del kilovatio/hora suministrado se puede calcular sumando todos los costos que intervienen: los costos de construcción de las infraestructuras necesarias para transformar la fuente de energía de partida y transportarla al domicilio de los consumidores; los costos de las materias primas necesarias para este proceso; los gastos requeridos para eliminar o reciclar los posibles residuos, más los gastos de mantenimiento y gestión de todo el sistema.

Desgraciadamente, los precios tarifados de la energía eléctrica de las compañías suministradoras vienen regulados por los gobiernos y están sujetos a políticas impositivas que no siempre están pensadas para incentivar la producción industrial. A este inconveniente, las compañías suministradoras le añaden el pago mensual de una cuota por potencia instalada, tanto si la usas como si no; un peaje que perjudica claramente la flexibilidad operativa de las industrias.

Eficiencia energética

La eficiencia energética mide el rendimiento de una máquina o dispositivo en el aprovechamiento de su energía de entrada para producir la energía de salida a la que va destinado el aparato (calorífica, lumínica, mecánica...). En toda transformación de una fuente de energía en una energía de otro tipo se producen mermas de energías que no se aprovechan y, por consiguiente, hacen que la eficiencia no sea nunca el cien por cien. Por ejemplo, la bombilla de incandescencia de Edison apenas aprovechaba un 20 % para hacer luz y derrochaba entre un 80 % y un 90 % de la energía eléctrica en energía calorífica.

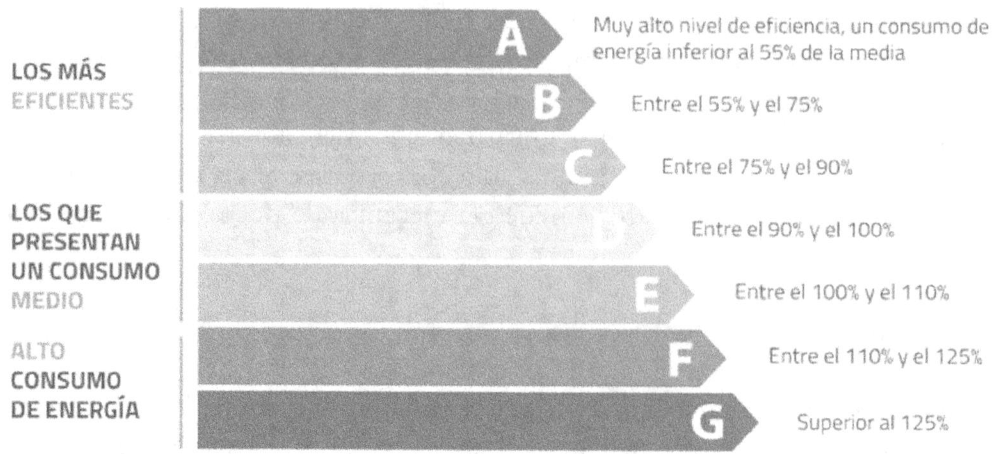

Etiquetas de eficiencia energética de electrodomésticos. (Fuente: Hisense Spain)

En la UE, los aparatos eléctricos están regulados mediante un sistema de etiquetado (A-G), de menor a mayor consumo de energía, que informa a las personas usuarias de su nivel de eficiencia. En Estados Unidos existe el programa Energy Star (de la Agencia de Protección Medioambiental y el Departamento de Energía) para fomentar los productos de consumo energéticamente eficientes. Por su parte, la Comisión Económica para América Latina y el Caribe (Cepal), que agrupa a trece naciones, se ocupa de los indicadores de eficiencia energética en los países de la región.

Energías limpias

La generación de energía puede generar residuos no reciclables que contaminen el planeta o incrementen la temperatura del planeta coadyuvante al cambio climático.

Todas las combustiones (de carbón, leña, gas, gasolina u otros derivados del petróleo) generan CO_2 contaminante. La energía nuclear genera residuos radiactivos de alta peligrosidad que, además, necesitan siglos para biodegradarse.

Energía sostenible

Si el consumo de una fuente de energía nos lleva a su progresiva extinción (caso del carbón, el petróleo, el gas, el uranio), no es una energía sostenible en el tiempo.

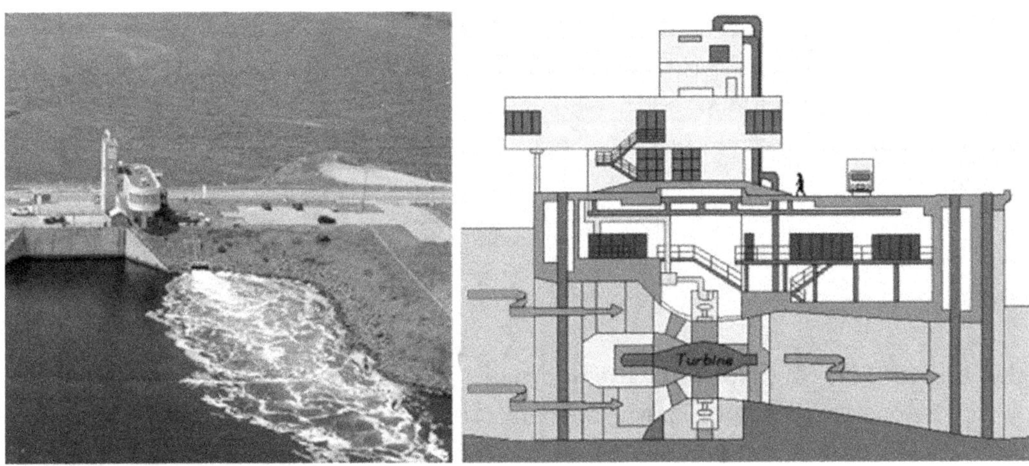

Central mareomotriz del Rance (Fuente: Electricité de France)

Las energías solar, eólica, hidráulica, marcomotriz (basada en las mareas), geotérmica (basada en el calor interior de la Tierra) son sostenibles –o renovables– porque se rehacen a un ritmo superior a su consumo por los humanos.

La energía de fisión nuclear –poderosísima– ha demostrado ser poco segura, no sostenible y con graves problemas de tratamiento de los residuos radiactivos.

La energía mareomotriz se basa en aprovechar el ascenso y descenso del agua del mar producido por la acción gravitatoria del sol y la luna para generar electricidad de forma limpia. Es evidente que la energía de las mareas producida en los mares y océanos del planeta es una fuente de energía renovable e inagotable.

En una central mareomotriz se produce el almacenamiento de agua en un embalse construido en un dique con unas compuertas que permiten la entrada de agua cuando sube la marea. El sistema es sencillo: cuando la marea sube, se abren las compuertas y se deja pasar el agua hasta que llega a su máximo nivel. A continuación, se cierra el dique para retenerla y se espera a que el mar vaya bajando al otro lado, lo que produce el desnivel que es aprovechado para hacer pasar el agua por las turbinas y generar electricidad. Según el Instituto para la Diversificación y Ahorro de la Energía (IDAE), solo en aquellos puntos de la costa en los que la mar alta y la baja difieren más de cinco metros de altura es rentable instalar una central de estas características.

La instalación mareomotriz más importante del mundo es la central del Rance, en Francia, inaugurada en 1966. Es una planta que produce al año 600 millones de kilovatio-hora (kWh), suficientes para cubrir el 45 % del consumo eléctrico de la región de la Bretaña francesa.

La energía de fusión nuclear, en cambio, apunta maneras a ser una de las mejores fuentes de energía del futuro, cuando se hayan superado los problemas técnicos y de costo que se están trabajando en las actuales instalaciones de los centros avanzados de investigación. Será una energía limpia, segura y virtualmente ilimitada.

Captación de energía *(energy harvesting)*

Hay una serie de procesos mediante los cuales captamos y almacenamos la energía de una fuente externa (por ejemplo, solar, térmica, eólica, cinética, radiofrecuencia, ondas sonoras), para su uso convencional, normalmente en pequeños dispositivos inalámbricos. Es un sistema muy frecuente para proporcionar la energía necesaria a dispositivos portables y redes de sensores. Algunos ejemplos de captación de energía:

- Energía cinética captada por algunos relojes de pulsera.
- Energía fotovoltaica captada por algunos relojes y calculadoras.
- Energía térmica captada en puntos con fuertes gradientes de temperatura.
- Energía piezoeléctrica captada en puntos con vibraciones mecánicas.
- Energía radiante captada por pequeñas antenas.

Contribución a un nuevo orden energético

De acuerdo con el análisis de entorno del capítulo anterior, el futuro energético en el que la humanidad está abocada es de alta incertidumbre, pero probablemente pasará por un modelo mixto con diversidad de fuentes energéticas (la mayor parte de las cuales renovables) y una reducción de los patrones de consumo.

Centrando la discusión en torno a las fuentes de energía renovable, hay que tener presente que la disponibilidad de energía en el planeta Tierra es infinitamente superior a las necesidades actuales de la civilización humana. Efectivamente, tan solo la radiación solar que recibimos supera en miles de veces el consumo energético total actual, a lo que hay que sumar el potencial de la energía eólica, hidroeléctrica, mareomotriz, los reactores de fusión nuclear y otras fuentes menores (geotérmica, biomasa...).

Ante el optimismo tecnológico, hay que advertir que el uso de energías renovables presenta algunos inconvenientes que todavía no han encontrado vías de resolución. Así, las energías renovables más abundantes (solar y eólica) son inestables e intermitentes. La producción solar, por ejemplo, sigue un patrón sinusoidal, pero no es estable día a día (hay días nublados) ni a lo largo del año (hay estaciones con inferior radiación). Su patrón de producción, pues, no se adapta a la curva de consumo. Hay que almacenarlas, en consecuencia, para poderlas usar de acuerdo al patrón de demanda, pero el consumo principal es el eléctrico y no existen fórmulas para su almacenamiento a escala.

Por otra parte, requieren instalaciones muy difusas. La energía es abundante, pero enormemente dispersa en el ambiente. Así, los huertos solares y los parques eólicos ocupan superficies comparativamente muy superiores a las centrales térmicas y nucleares convencionales.

Una línea de actuación bastante prometedora va dirigida al uso del hidrógeno como vector energético. Efectivamente, la energía captada con medios renovables puede utilizarse para hidrolizar agua y separar el oxígeno y el hidrógeno. El hidrógeno puede ser almacenado como vector energético, y volver a ser convertido en electricidad de acuerdo con el patrón de consumo mediante una pila de combustible.

Esta línea de trabajo podría llevarnos hacia un mundo de energía cien por cien limpia, donde las diferentes comunidades podrían producir la energía necesaria de forma autónoma, en redes descentralizadas.

Los vehículos eléctricos alimentados con hidrógeno y dotados de una pila de combustible podrían comportarse como pequeñas centrales energéticas capaces, además, de suministrar la energía al hogar.

Las redes podrían identificar los consumos, gobernar la producción, programar los consumos planificados e intercambiar la energía entre usuarios *(peer-to-peer)* mediante sensórica, internet de las cosas, comunicaciones, *big data* y pilas de combustible. De esta manera, máquinas, electrodomésticos y el resto de los elementos consumidores de energía podrían tomar decisiones de consumo de acuerdo con la disponibilidad de energía de la red y los ciclos de producción solar y eólica. Asimismo, los edificios podrían convertirse en unidades energéticamente cien por cien balanceadas y autosuficientes, donde la producción de hidrógeno y energía y el consumo eléctrico podrían ser regulados y equilibrados mediante la tecnología.

Adicionalmente a las ventajas mencionadas, el despliegue de las infraestructuras de energía renovable y de hidrógeno generaría un nuevo estímulo económico en el marco actual de dificultades al crecimiento.

Por desgracia, aún no se ha encontrado una solución técnica viable, sin riesgos y masiva para el confinamiento y almacenamiento del hidrógeno. Más allá de la energía y economía del hidrógeno, las esperanzas están centradas en las posibilidades de producir electricidad limpia y abundante mediante centrales de fusión nuclear, reproduciendo en reactores el mismo fenómeno que cada día se produce en el sol. El principal reto técnico actual pasa por encontrar soluciones a gran escala para hacer posible el confinamiento del plasma a alta temperatura mediante potentes campos magnéticos.

En cualquier caso y con independencia del *mix* energético que haga posible un nuevo orden futuro, las tecnologías de la Industria 4.0 tendrán un papel preeminente en la monitorización y control de los sistemas, en la compartición de energía en redes pequeñas y en el tan necesario ahorro energético.

Otras posibles fuentes futuras de energía

El hidrógeno usado como combustible es una de las grandes expectativas de futuro. Sale de descomponer el agua en sus componentes y su combustión genera retorno de agua. Se trata de energía limpia y sostenible. Cuando se solucionen los temas relacionados con los costos asumibles de su obtención y con la peligrosidad de su almacenamiento y su manipulación, será una solución difícil de superar.

Se está investigando biocombustibles que eliminen el problema de los residuos no biodegradables. Son opciones, sin embargo, que plantearán problemas de falta de sostenibilidad para la futura extinción, a corto o medio plazo, del biocombustible.

Algunos experimentos están aportando alternativas complementarias que sería un error desdeñar.

Como ejemplos se han citado ya en el capítulo 6 los casos del dispositivo llamado Green Noise (Ruido verde) ideado por el diseñador Hung-Uei Jou, en el que las ondas sonoras pueden transformarse en electricidad, y el del científico mexicano José Carlos Rubio Ávalos quien ha creado una variante de cemento que emite luz y genera espacios iluminados con energía sostenible y sin costos de mantenimiento.

Una tercera opción en experimentación se centra en el poder de la fotosíntesis. Si fuéramos capaces de imitar el proceso de fotosíntesis de las plantas tendríamos una nueva forma de energía con enormes ventajas. Sabemos que las plantas, gracias a la clorofila, integran la energía lumínica, el agua y el CO_2 para producir azúcares y oxígeno. Investigadores del Caltech y del Laboratorio Nacional Lawrence Berkeley trabajan en desarrollar una versión artificial del proceso de fotosíntesis de las plantas.[28] El resultado, si lo consiguen refinar, será similar al de una célula solar a la que se le inyecta una pequeña corriente de agua y produce hidrógeno e hidrocarburos en abundancia. Tendrá la ventaja adicional de eliminar CO_2 de la atmósfera y contribuir a alejar el calentamiento del planeta.

---

[28] Véase http://rsfs.royalsocietypublishing.org/content/5/3/20150029 (consultado el 15 de enero de 2019).

Capítulo 9
La sostenibilidad

Necesidad de un desarrollo sostenible

No podemos olvidar los problemas asociados al cambio climático que ya se pueden predecir hoy. Hay pruebas científicas de que el planeta se calienta, que aumenta el nivel del mar, que los glaciares se están deshaciendo, que hay destrucción de ecosistemas, olas de calor y sequías y que se extienden las enfermedades tropicales. Todo ello nos está obligando a reducir drásticamente la emisión de gases de efecto invernadero y a regular la sobreexplotación planetaria con el uso abusivo de sus recursos. Esta sobreexplotación es medida objetivamente por la llamada «huella ecológica». Hoy en día conocemos por los estudios de la Global Footprint Network,[29] que la Tierra necesita entre un año y cinco meses para regenerar los recursos que la humanidad consume en un año, una cifra creciente desde 1970.

Según la ONU, si se mantienen los ritmos actuales de consumo no reciclable, en 2025 serán necesarios 24 meses para regenerar el consumo de un año. Este hecho, comprobado científicamente, conlleva la necesidad de un cambio cultural profundo encaminado a modificar nuestros hábitos de consumo y aumentar la vida útil de los productos, con el fin de vertebrar un desarrollo sostenible, convirtiendo los residuos en nuevos recursos.

La necesidad de un modelo de desarrollo sostenible es algo indiscutible en pleno desarrollo de la Industria 4.0. Las tecnologías omnipresentes aportan nuevos problemas que se evidencian con más fuerza cuando las industrias asumen, como no puede ser de otra manera, su compromiso de buscar la sostenibilidad en el seno de

---

[29] Véase https://www.footprintnetwork.org/our-work/ecological-footprint/ (consultado el 15 de enero de 2019).

la economía globalizada sin dejar de asumir los desafíos propios de la liberalización en unos mercados frágiles y muy sensibles a los cambios y las incertidumbres.

Son unos problemas suficientemente conocidos que exigen un claro compromiso de las diferentes administraciones y un alto nivel de investigación y de innovación. Se debe garantizar que el resultado científico revierta en un incremento del PIB. Para ello, se deberá apoyar la cultura emprendedora que aporta innovación disruptiva, al mismo tiempo que se preserva la calidad de vida y del medio ambiente. Y para evitar la malversación de tiempo y energía, deberemos disponer de óptimas infraestructuras en cuanto a movilidad e intercambio de informaciones, productos y personas.

Son, todos ellos, desafíos conocidos pero que hay que recordarlos dado que las soluciones no son siempre buenas y ponen sombras e incertidumbres en el futuro, y que algunas zonas industriales se sobreponen a otras que parecían, hace unos años, ya recuperadas de las crisis.

En esta línea hay que considerar que en muchos países hay, adicionalmente, algunos problemas fundamentales, como son los relativos a la energía y el agua. Hay que destacar que, lamentablemente, esta problemática no se afronta de manera contundente para solucionar ni las carencias actuales y las demandas crecientes del futuro, ni el problema asociado a la necesidad de mejorar la productividad. De hecho, según los informes de la OCDE, España es el tercer país avanzado donde menos ha crecido la productividad en veinte años. Un dato que se arraiga, dado que, en el marco de la UE, también está a la cola en inversión en I+D+i y las empresas españolas son de las que menos invierten en TIC (casi un 38 % por debajo de la media europea); todos estos factores repercuten en que España ocupe el lugar decimoquinto en el Índice de economía de sociedad digital (DESI) que elabora la UE.

En cuanto a la energía y el agua hay que considerar que son problemas de alcance global y que han sido, son y serán motivos de desacuerdos, tensiones y conflictos internos e internacionales. Problemas complejos que no pueden ser ignorados en vista de las tensiones sociales, y los graves enfrentamientos que generan.

El control del agua

El control del agua ha sido una lucha que ha existido desde hace siglos y que todavía persiste. Podemos recordar la lucha por los Altos del Golán entre Siria e Israel, a raíz de su importante depósito de agua; o los conflictos por controlar los recursos hídricos de los ríos Éufrates y Tigres, que nacen en Turquía, pero son controlados por Siria e Iraq; o las tensiones entre Etiopía, donde nace y se nutre el Nilo, y Sudán, Sudán del Sur y Egipto por donde transcurre; sin olvidar los problemas con el Yangtsé; o los movimientos militares en torno al inmenso y extenso acuífero Guaraní en Sudamérica.

También, al pensar en el agua, hay que ser conscientes de que más de 1.100 millones de personas no tienen agua potable y que anualmente cientos de miles de personas mueren de enfermedades relacionadas con la falta de agua potable y la falta de higiene; o que casi el 80 % de las enfermedades de los países subdesarrollados están relacionadas con la falta o calidad del agua. Un hecho que sorprende si consideramos que, a pesar de que el agua cubre casi el 80 % de la superficie del planeta, solo aproximadamente un 2 % del agua es apto para el uso doméstico, agrícola o industrial.

Podríamos decir que no nos falta el agua, el problema es que a la que disponemos le sobra sal o contaminantes. El agua no es solo un bien indispensable, es una necesidad humana; consecuentemente un derecho fundamental y un recurso estratégico que incrementa su importancia al considerar el aumento de la población mundial y la concentración en grandes ciudades. Es un hecho estadístico que a lo largo del siglo la población urbana se multiplicó por diez, mientras que la rural solo se duplicó.

Hoy unos 4.000 millones de habitantes, más del 54 % de la población mundial, viven en zonas urbanas. Este hecho obliga a trasladar grandes cantidades de agua de un lugar hacia otro, ya que los recursos hídricos superficiales o subterráneos locales no son suficientes cuando la pluviometría no acompaña. Ignorarlo y no generar las infraestructuras que lo hacen posible no solo es algo inadmisible, sino que frena el desarrollo de los procesos de reindustrialización, perjudica la productividad y condiciona enormemente el progreso y el bienestar. Las zonas industriales no pueden rehuir la problemática del agua, tienen que procurar disponer de los recursos híbridos indispensables, optimizar su uso, reciclarlos y reutilizarlos.

La necesidad de energías limpias

En cuanto a la energía, es conocida su necesidad imprescindible para el desarrollo social, industrial y económico. La energía es lo que permite alcanzar altos valores de productividad, posibilita la movilidad y las comunicaciones, otorga habitabilidad y comodidad. Se establecen diferencias fundamentales entre las comunidades que tienen garantizada y accesible la energía y las que aún tienen serias dificultades para acceder a ella.

Según el Reporte sobre Situación Mundial de Renovables 2018, la transformación energética hacia fuentes renovables ha crecido en América Latina. Son muchos los países que han tomado conciencia de encaminarse a la producción de energía eléctrica limpia y sostenible. Es el caso de Paraguay, donde el 90 % del calor industrial es generado por energías renovables. En el caso de Uruguay, ese porcentaje alcanza el 80 %, en Costa Rica el 63 % y en Brasil el 48 %. En España, por su parte, se alcanzan cifras de producción de energía eólica que sobrepasan el 30 % de la demanda de energía global; el resto es aportado por centrales de ciclo combinado, energía nuclear y, en más pequeña cantidad, por centrales fotovoltaicas e hidráulicas.

Sin duda, el avance producido es una buena noticia, pero no puede hacernos olvidar que la energía suministrada sigue siendo muy cara, ni que todavía es demasiado importante el porcentaje de generación de electricidad a partir de la combustión de residuos fósiles que generan CO_2 y contaminan el aire (sumándose a la contaminación aportada por la inmensa mayoría de vehículos de motor que consumen derivados del petróleo).

Ciertamente el diseño de un modelo de desarrollo y de producción sostenible exige crecimientos del consumo energético y, en los sistemas actuales de generación de energía, se producen gases de efecto invernadero que inciden negativamente en el medio ambiente. A escala mundial, sigue creciendo el porcentaje de energía eléctrica obtenida mediante combustión de residuos fósiles, y sigue siendo muy bajo el porcentaje de energías renovables. Y la energía nuclear se ha estancado por los recelos que generan los desastres sufridos en Rusia y en Japón y por el difícil tratamiento de los residuos radiactivos.

Es difícil que el crecimiento del consumo energético no genere trastornos medioambientales, pero también es cierto que sin energía no hay vida. Nuestro cuerpo necesita para mantenerse vivo convertir los nutrientes en energía vital, y la especie humana se ha desarrollado hasta la civilización actual porque ha aprendido a canalizar energías externas a su cuerpo para incrementar sus capacidades. Podemos constatar que, en la medida en que se incrementa el bienestar y el desarrollo personal y colectivo, las necesidades energéticas crecen. Lo certifica el consumo medio anual per cápita de los países de la OCDE que sobrepasa los 8.000 kW/h, en contrapunto a los apenas 80 kW/h de los países menos desarrollados. Para a la inmensa mayoría de nosotros nos queda muy lejos (en generaciones anteriores) la utilización de la leña para calentarnos, para alimentarnos, para iluminar la oscuridad y fabricar herramientas; o utilizar animales para desplazarnos o mejorar el cultivo de la tierra; pero cientos de millones de personas de nuestro planeta viven aún en este estadio. La mejora de la calidad de nuestra vida ha sido posible gracias a herramientas y máquinas más y más complejas que ya han llegado a incorporar inteligencia artificial, máquinas que consumiendo energía permiten hacer más con menos esfuerzo y con más rapidez.

La calidad de vida en un mundo globalizado, tecnificado, hiperproductivo y masificado requiere crecientes cantidades de energía. El problema radica no solo en ahorrar —que es obligatorio y es factible—, sino también en cómo obtenemos la cantidad de energía requerida, y con qué recursos energéticos. Un reto que debe enmarcarse en el indispensable desarrollo sostenible que conlleva potenciar la implantación de fuentes energéticas estables no sometidas a situaciones climatológicas cambiantes o coyunturas globales, aspectos que no se pueden garantizar solo con el esperanzador aumento de las energías renovables.

Hoy por hoy, la más limpia en su uso, la más fácil de transportar, convertir en energía calórica, cinética y magnética es la eléctrica.

No hay que renunciar, pues, a ninguna fuente energética limpia para producir la energía eléctrica indispensable para las TIC y los procesos de la Industria 4.0. Así:

- Hay que potenciar la investigación aplicada para facilitar el incremento de la autonomía energética personal, usando energía solar, eólica, y geotérmica a escala doméstica.
- Hay que avanzar en implantar la alternativa de motores eléctricos en sustitución de los motores de explosión basados en el petróleo o en biocombustibles.
- Hay que prestar especial atención y esfuerzos a hacer posible el perfeccionamiento y dominio de los motores de hidrógeno.

Abordar y resolver estas problemáticas obliga a actuaciones de largo plazo que requieren el compromiso de los poderes públicos y la presión de la ciudadanía, fruto de tomar conciencia de su importancia.

El respeto al medio ambiente

La preocupación por que los sistemas productivos sean respetuosos con el medio ambiente para poder reducir significativamente el impacto y los desequilibrios generados por el consumo y el desarrollo humano, teniendo en cuenta la capacidad ecológica limitada del planeta para regenerar sus recursos (huella ecológica), no es algo tan reciente como solemos creer. Si bien en la actualidad ocupa portadas en los medios de comunicación, a la vez que avanza en directrices, normativas y legislaciones, fue en 1987 cuando el llamado informe Bruntland[30] formalizó por primera vez el concepto de desarrollo sostenible y estableció el objetivo de un desarrollo que considerara que los recursos son finitos y que el ecosistema debe ser preservado para

---

[30] Véase BOROWY, IRIS (2013). El informe Bruntland forma parte del libro *Nuestro futuro,* publicado por la Comisión Mundial del Medio Ambiente y del Desarrollo y editado en castellano por Alianza Editorial en 1989.

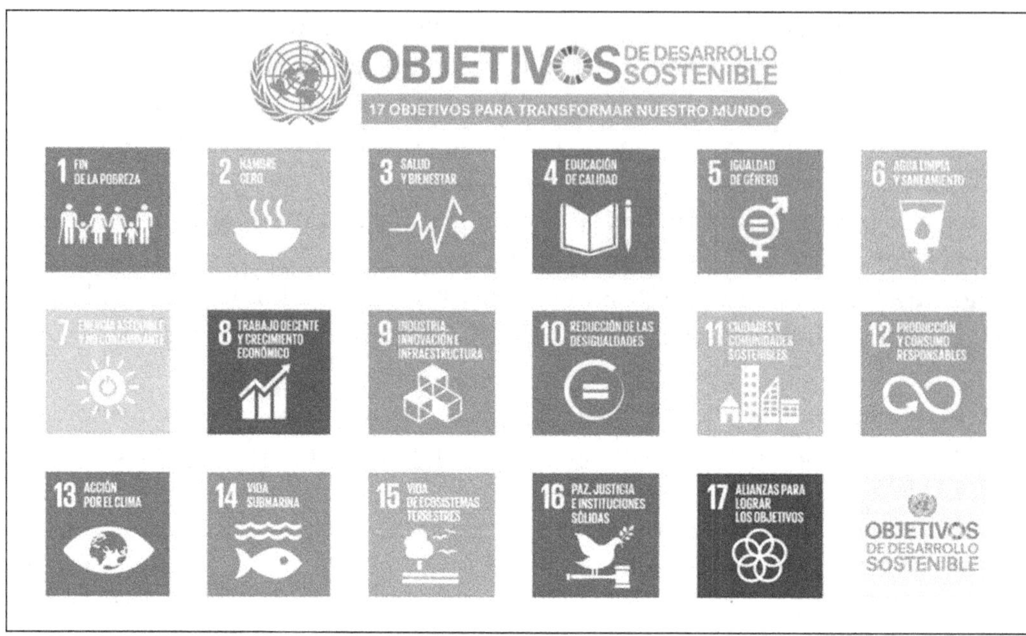

Los objetivos de sostenibilidad de la Unesco. (Fuente: Unesco)

disfrute de las futuras generaciones. Un objetivo que conlleva la interiorización de que vivimos en un planeta único donde todo está interconectado y que las decisiones que se toman tienen importantes impactos en el futuro.

Con este objetivo, tanto la totalidad de los procesos industriales, como la forma de uso de los productos manufacturados, deben estar presentes en la asunción del compromiso de hacer posible un modelo de desarrollo sostenible mediante el uso de los recursos naturales con criterios de eficiencia, no contaminación del medio ambiente y reciclaje. Un compromiso prioritario que se incluye en la agenda 2030,[31] como objetivo noveno de «Industria, innovación e infraestructuras», en la nueva hoja de ruta del desarrollo sostenible aprobado por las Naciones Unidas. Se puede afirmar que el objetivo de la sostenibilidad y el desarrollo sostenible no es otro que el asociado a que no se pueden agotar los recursos disponibles y que «hay que proteger los medios naturales y que todas las personas deben tener acceso a las mismas oportunidades».

---

[31] Véase https://www.un.org/sustainabledevelopment/es/2015/09/la-asamblea-general-adopta-la-agenda-2030-para-el-desarrollo-sostenible/ (consultado el 15 de enero de 2019).

Este compromiso de la ONU está alineado con el acuerdo del G-20, que en diciembre de 2018 ratificó su declaración de 2013 sobre la necesidad de reformas estructurales para fortalecer un crecimiento equilibrado y sostenible mejorando la productividad sin incrementar el consumo de recursos, los desechos y la contaminación.

Hay que lograr el aprovechamiento de los materiales, el reciclaje de los productos en su etapa final de vida, la reducción de los consumos energéticos y la minimización o eliminación de residuos y desechos. Es imprescindible abarcar la totalidad de la vida útil del producto y no solo aquellos aspectos asociados a su fabricación y distribución. El objetivo no es otro que aumentar la sostenibilidad global de tal manera que cada proceso debería ser considerado como un subproceso interrelacionado con el resto de subprocesos que conforman la vida útil del producto, sin olvidar la necesidad de aprovechar los componentes que lo conformaron, una vez ultimada su capacidad de aportar valor, para fabricar nuevos productos y dar nueva vida industrial a los residuos en el caso de que inevitablemente surjan.

Un conjunto de cambios positivos

Sin lugar a duda, en estas últimas décadas se ha avanzado mucho en todos los campos, al implantarse cambios muy importantes en la manera de desarrollar las actividades industriales. Conceptos como ingeniería verde o ecología ambiental, ciclo de vida y segunda vida útil o economía circular se han venido asumiendo aportando mejoras significativas.

Uno de estos cambios importantes se ha producido en la energía, elemento clave para el desarrollo industrial y de toda sociedad. Sirva como ejemplo la iniciativa de la India que ha renunciado a seguir quemando carbón y sustituir la instalación prevista de 14 GW de energía térmica por energía solar. Ello es posible gracias al incremento de eficiencia de la tecnología solar que sigue la ley de Swanson,[32] según la cual el precio de la energía solar cae un 20 % cada vez que la producción mundial se duplica.

Hay que constatar que Alemania logró un día del año 2016 que la totalidad de su energía fuera renovable algo que en la línea de los objetivos de la ONU para el 2030 debería ser habitual para todos los países industrializados.

---

[32] Véase https://www.rankia.com/blog/ecos-solares/1623929-ley-moore-fotovoltaica (consultado el 15 de enero de 2019).

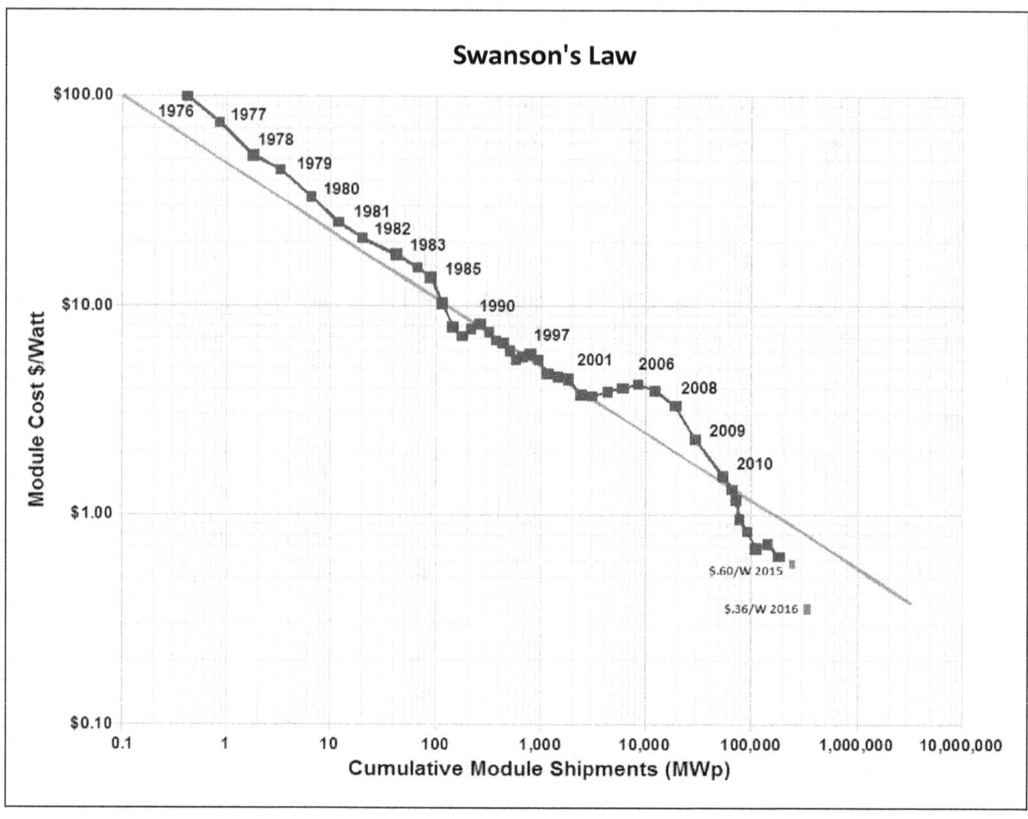

Descenso progresivo de los costos de la energía solar. (Fuente: solarcostguide.com)

Así, pues, los procesos industriales deben considerar que asumir los principios de la sostenibilidad conlleva garantizar las necesidades del presente sin comprometer el futuro y asegurar, al mismo tiempo, la consecución de un triple reto: la protección medioambiental, el desarrollo socioeconómico y la eliminación de los residuos. Para esto hay que considerar, sin duda, el ciclo de vida de los productos y procesos productivos con criterios circulares (de economía circular).

Reciclaje y gestión de residuos

Hay productos que pueden tener una segunda vida (por ejemplo, ropa usada y aparatos electrónicos de modelos obsoletos, pero aún en funcionamiento); hay materiales que son directamente reutilizables en nuevas fabricaciones (por ejemplo: reciclaje de tejidos, plásticos, vidrios, envases, etc.). Uno de los puntos importantes en la sostenibilidad industrial es el reciclaje y gestión de residuos. Las compañías deben enfocarse en hacer que sus productos puedan ser reutilizados en una segunda vida o sean eliminados sin contaminar, y en este último punto se han especializado los sistemas integrados de gestión de residuos de las agencias de residuos.

Algunas instituciones, generalmente oenegés u organizaciones sin ánimo de lucro, ayudan en el proceso de reciclaje de los productos que han terminado su ciclo de vida. Por ejemplo, la empresa Signus Ecovalor gestiona los neumáticos una vez quedan fuera de uso y los procesa para proporcionar la materia prima que se utiliza en otros productos como las suelas de los zapatos, suelos de seguridad en los parques infantiles o incluso como combustible energético.

Capítulo 10
Los retos de la Industria 4.0

Los cambios a que nos obliga la cuarta revolución

Nos encontramos en el umbral de una nueva era que se va imponiendo de forma acelerada mientras una gran parte de la sociedad comete el error de actuar como si nos encontráramos en medio de una tormenta pasajera, una tormenta que cuando finalice nos permitirá volver a la situación precedente. Aun son muchos los empresarios que creen, equivocadamente, que las herramientas e instrumentos que nos permitían crear valor, generar trabajo y alcanzar mejores cotas de bienestar y progreso social volverán a ser las mismas de antes.

La esperanza de un retorno a situaciones anteriores a la crisis es, sin duda, una visión errónea que no se sostiene tras un análisis serio y que responde a actitudes de ciertos sectores o colectivos interesados en mantener el *statu quo* y negar la realidad. Sirva como evidencia que mientras se afirma que la economía, según los indicadores, va bien —incluso muy bien según algunos analistas—, la desigualdad y la pobreza crecen, las tasas de desempleo siguen siendo muy altas y una gran parte de los puestos de trabajo tienen un alto grado de precariedad. Y esto sin olvidar que, por un lado, se incrementa la pérdida de puestos de trabajo desarrollados por humanos en beneficio de máquinas más o menos inteligentes y, por otro, que el salario del trabajo que se crea está desajustado respecto del costo real de la vida.

Hay que tener presente que la implantación del modelo de Industria 4.0 cambiará en profundidad todo lo que nos rodea, desde la manera de interactuar, producir y recibir servicios hasta la de prestarlos. Un nuevo escenario donde los bienes y los servicios, con diferentes grados de inteligencia, incrementarán su presencia y en el que los robots industriales superarán la fase actual de máquinas solo capaces de ejecutar secuencias simples o repetitivas.

Portada de la publicación del Cedefop sobre demanda de profesiones en Europa.
(Fuente: Centre européenne de développement de la formation professionnelle)

El impacto de adaptarse a la tecnología se convierte en un desafío enorme para muchas personas. Sirva como muestra de ello el informe 2018 de la agencia europea Center for Development of Vocational Training,[33] que estima en un 45 % la proporción de buscadores de empleo de la UE que no poseen las habilidades básicas de las TIC y de las tecnologías necesarias para los empleos que se ofrecen y que, situándose en el horizonte 2020, indica que el 34 % de los puestos de trabajo requerirán personas altamente cualificadas.

Una visión coherente con lo que ya habían anticipado el estudio «*The future of employment: How susceptible are jobs to computerisation?*»,[34] elaborado en 2013 por la Universidad de Oxford (que indica que la tecnología futura podría desplazar casi la mitad de los puestos de trabajo en Estados Unidos) y con las conclusiones del estudio «*The future of jobs, 2025: Working side by side with robots*»,[35] elaborado por la

---

[33] Véase Cedefop (2018).

[34] Disponible en https://www.oxfordmartin.ox.ac.uk/downloads/academic/The_Future_of_Employment.pdf (consultado el 15 de enero de 2019).

[35] Véase https://www.forrester.com/report/The+Future+Of+Jobs+2027+Working+Side+By+Side+With+Robots/-/E-RES119861# (consultado el 15 de enero de 2019).

consultora Forrester (en el que se estima que en Estados Unidos 22,7 millones de puestos de trabajo pasarán a manos de robots en los próximos diez años. Robots que ocuparán todo tipo de puestos de trabajo, incluidos aquellos en los que el contacto persona a persona es muy intenso y determinante, como los que se desarrollan en centros de acogida, información o bienvenida de empresas e instituciones. Robots que podrán entender y crear algo tan humano como es el humor).

Es cierto que la historia ha demostrado que las predicciones a veces son un poco exageradas y que muy a menudo surgen nuevos caminos no previstos. Pero, en cualquier caso, es incuestionable que, en esta carrera de futuro, el elemento será la adecuada cualificación del capital humano.

La Industria 4.0 presenta grandes oportunidades para los fabricantes innovadores, las consultoras proveedoras de sistemas y las regiones fuertemente industrializadas. Pero, como en los desarrollos transformacionales de las revoluciones industriales anteriores, la Industria 4.0 también representa una amenaza grave para los empresarios reticentes al cambio. A medida que los modelos de negocio se vayan ajustando a la sociedad digitalizada, es muy probable que veamos cambios importantes en las primeras posiciones, tanto en el ámbito de las empresas como en el de las regiones.

Los tres factores de competitividad de las empresas

Uno de los grandes cambios de la sociedad digitalizada es que no solo las personas estarán interconectadas en el entorno virtual, sino que también todos los productos y sistemas de producción, tanto los internos como los externos, estarán interconectados y sincronizados todos ellos en tiempo real. Los procesos productivos están ganando mucha más complejidad y se están moviendo en una triple dirección:

1. Adaptación a los cambios del mercado, cada vez más globalizado.
2. Maximización de la productividad.
3. Valorización de los avances técnicos y científicos con rapidez.

Las claves de la competitividad de una industria, en consecuencia y tal como detalla en su libro Antoni Garrell,[36] dependen de tres factores esenciales: su capacidad de innovación, su productividad y su capacidad de afrontar la internacionalización (los mercados globales).

---

[36] Véase GARRELL, ANTONI (2012).

Robert M. Solow,[37] premio Nobel de Economía de 1987, escribió en 1956 un trabajo seminal sobre los factores de crecimiento económico a largo plazo que constituyó un antes y un después en la teoría del desarrollo de los países. Dejó sentado que el crecimiento económico no depende del ahorro previo –como se creía hasta entonces–, sino de la tasa de productividad. El incremento de los factores de producción (capital y trabajo) no es, según Solow, la causa principal del crecimiento, sino que lo es el incremento de productividad.

Kenneth Arrow, de la Universidad de Princeton, ya afirmó en 1962 que la innovación era el factor más relevante para el desarrollo económico. Para decirlo de otro modo, la productividad no se aumenta haciendo más cosas en menos tiempo, sino «aprendiendo cómo hacer las cosas mejor». En la sociedad digitalizada, esto equivale a resaltar la gran importancia que ha cobrado el capital intelectual, a poner el énfasis en que nos encontramos en la economía del conocimiento.

El premio Nobel de Economía de 2018, Paul M. Romer, defiende con contundencia que el crecimiento económico de una nación no depende tanto de la tecnología o de la productividad, como propugnaban sus antecesores, sino del capital intelectual, de la capacidad de generar nuevos conocimientos, de innovar. La tecnología no cae del cielo, como la lluvia, sino que es el resultado de poner en marcha los nuevos conocimientos creados por la gente creativa que asume el reto de buscar alternativas a las soluciones existentes.

Las naciones que crecen son las que gestionan correctamente el conocimiento. El conocimiento es el único recurso que, en lugar de devaluarse con el uso, crece con el uso compartido. Citando sus propias palabras:[38]

«El crecimiento económico se produce cuando la gente aprovecha los recursos existentes reorganizándolos de manera que resultan más valiosos y productivos. Una metáfora útil para la producción en una economía la hallamos en la cocina. Para crear productos finales más valiosos o valorados, mezclamos ingredientes baratos de acuerdo con una receta. La cocina que se puede hacer suele estar limitada por el suministro de ingredientes, y la mayoría de lo que se cocina con la economía está produciendo efectos secundarios indeseables. Si el crecimiento económico pudiera lograrse únicamente haciendo más y más del mismo tipo de plato, eventualmente nos quedaríamos sin materias primas y

---

[37] Véase SOLOW, ROBERT M. (1956).

[38] Citado (con traducción propia) en http://www.econlib.org/library/Enc/EconomicGrowth.html (consultado el 15 de enero de 2019).

sufriríamos unos niveles inaceptables de contaminación y molestias. La historia nos enseña, sin embargo, que el crecimiento económico surge de la utilización de nuevas y mejores recetas, no solo de cocinar más veces lo que ya hacemos o sabemos hacer. Las nuevas recetas generalmente producen menos efectos secundarios desagradables y generan un mayor valor económico por unidad de materia prima. [...]

Cada nueva generación va percibiendo los límites al crecimiento que los recursos finitos y los efectos secundarios indeseables representarían si no somos capaces de plantear nuevas ideas y nuevas recetas que en buena medida ya han sido descubiertas. Cada generación ha subestimado su potencial para encontrar nuevas vías de crecimiento económico que no reproduzcan los problemas tradicionales. No somos conscientes ni comprendemos cuántas ideas quedan aún por descubrir. Las posibilidades no se suman. Se multiplican.»

La importancia de la innovación

Hasta antes de la crisis de 2008 la política industrial se asentaba en la aplicación de un modelo económico muy orientado hacia la interpretación anglosajona. Un diseño al que se denominó *consenso de Washington,* acuñado en 1989 por el economista John Williamson. Era una política basada en un conjunto de diez fórmulas relativamente específicas que constituían el paquete de reformas «estándar» para los países en desarrollo golpeados por la crisis, según las instituciones bajo la órbita de Washington DC, como son el Fondo Monetario Internacional (FMI), el Banco Mundial y el Departamento del Tesoro de Estados Unidos. Dichas fórmulas propugnaban la estabilización macroeconómica, la liberalización económica con respecto tanto del comercio como de la inversión, la reducción de las intervenciones del Estado, y la expansión de las fuerzas del mercado dentro de la economía interna.

El Estado y su brazo, el gobierno, tenían que conseguir un clima favorable a las inversiones, para que se estimulara el crecimiento económico, mediante la liberalización de los mercados de productos y servicios, protegiendo, por supuesto, los derechos de propiedad. El cuadro teórico se cerraba con una política de estabilidad macroeconómica. En otras palabras, impulsar la competencia, liberalizar el comercio y cuidar el cuadro macroeconómico.

Siguiendo este concepto se tenía el convencimiento de que, al igual que en épocas anteriores el progreso tecnológico había sido el motor de progreso, en el futuro el elemento impulsor sería la innovación, entendida como la simbiosis perfecta de la terna ciencia-tecnología-diseño. Se confiaba en una ola de crecimiento a largo plazo con el mínimo control e intervencionismo de los gobiernos.

Pero la última crisis nos ha demostrado que los mercados no son suficientemente eficientes y hemos tenido que recurrir a contundentes intervenciones gubernamentales. Como ejemplo, podemos destacar: a) las políticas impulsadas en 2013 por el presidente Obama, encaminadas al objetivo que se convirtieran en un imán en Estados Unidos para atraer empleos e industrias manufactureras; b) la política de Francia apostando por la industria con sus «campeones nacionales» y el control más estricto sobre sus grandes empresas; c) y la misma UE, que en la cumbre de Lisboa de 2000 había hecho un brindis a favor de las estrategias horizontales, con una fuerte política de la competencia (que, de hecho, pretendía sustituir la política industrial), y ahora se fija como objetivo alcanzar el 20 % de valor agregado bruto (VAB) en el sector manufacturero, tal como antes hemos mencionado.

Las inversiones en I+D+i

Mientras los países más avanzados en industria invierten entre 2,5 y 3 puntos de su PIB en I+D –la UE, por ejemplo, se acerca a los 3 puntos–, Latinoamérica en su conjunto destina apenas 0,5 puntos del PIB. A pesar de que la Cepal ya alertaba en 2004 de la necesidad de incrementar a un mínimo del 1 % del PIB, la inversión de los países de la región en I+D+i sigue todavía muy lejos de esta cifra. Esta escasa inversión repercute en la productividad y en la capacidad de innovación de las industrias latinoamericanas. Con el agravante de que en los últimos años los países líderes de la región mostraron fuertes retrocesos en inversión científica.

El hecho de que un país sea creativo y genere conocimiento no garantiza que lo explote con éxito. En España, por ejemplo, hay una gran distancia entre lo que se investiga, generalmente de primer nivel, y lo que realmente se lleva a la innovación industrial para que revierta en el crecimiento del PIB. Estados Unidos, en cambio, nunca ha tenido problemas en dar apoyo financiero al desarrollo tecnológico de sus industrias; así nacieron el GPS, internet, los microprocesadores, las comunicaciones móviles y miles de otros inventos que han sido el motor de importantes progresos industriales. La política industrial de los países avanzados se asienta mayormente a dar apoyo económico a la I+D+i industrial a largo plazo. En este sentido, es deseable que Horizonte 2020, el programa europeo de apoyo a las pymes innovadoras, sea un camino eficaz para las empresas europeas. En España, por ejemplo, la inversión privada en I+D+i no está al nivel de la pública, quizá porque no ha sido capaz

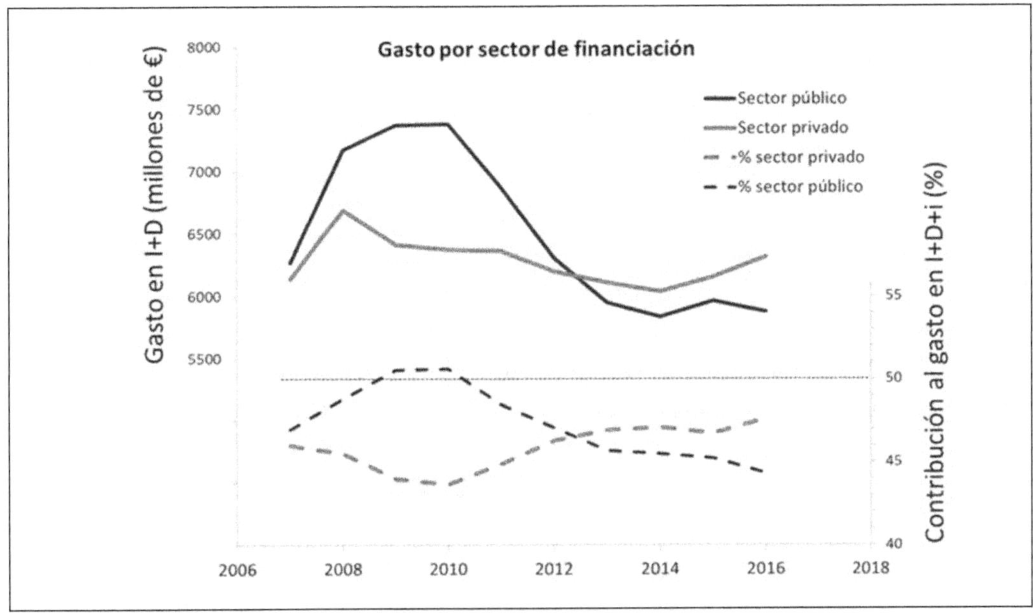

Financiación de la I+D+i en España. (Fuente: eldiario.es)

de conectar con las necesidades reales y las posibilidades de financiación privada. O, como parece más probable, la causa principal sea que la estructura de las pymes no dispone de actores de suficiente tamaño para desarrollar algunas de las innovaciones más relevantes. En este punto reside uno de los hándicaps más destacados. Y como la I+D+i no llega a las pymes, estas no ganan competitividad y, en consecuencia, no ganan dimensión.

Cuando la inversión privada en I+D+i aplicada a la industria es insuficiente, la administración pública debe fomentar la creación de institutos universitarios y centros tecnológicos. Y debe asegurarse de conseguir que las empresas que no tienen capacidad propia para desarrollar sus departamentos de I+D tengan acceso fácil a ellos. Suele ser una buena política incentivar con ayudas económicas a proyectos tecnológicos emergentes y con exenciones fiscales. Se trata, en definitiva, de garantizar que los logros de las investigaciones repercutan en innovaciones empresariales que redunden en mayor competitividad.

En los países más avanzados, las empresas van a los centros tecnológicos a encargar la investigación que no pueden hacer por sí mismas. En los menos desarrollados convendría interceder en la transferencia de tecnología porque hay demasiados minifundios empresariales. Habría que crear «agentes» que faciliten el intercambio, que sepan reconocer lo que las empresas necesitan e identificar a los centros de

I+D+i que se puedan desarrollar esas necesidades, y que sepan establecer contratos eficientes y equilibrados entre las partes. Esta función de «transferencia tecnológica» debería ser incentivada, ya que el mercado tampoco asigna bien los recursos en este ámbito.

Un buen instrumento para poner la innovación al alcance de las pymes son los consorcios de innovación. Un buen ecosistema global para tener una I+D+i más eficaz sería una combinación de grandes empresas innovadoras con pymes ágiles que crezcan a través de la incorporación de innovaciones en un clima que favorezca las empresas emergentes o *start-ups*. Obviamente, todo esto debería completarse con instrumentos adaptados a este nuevo mundo empresarial, en el que los agentes fundamentales serían los facilitadores, que harían de intermediarios entre investigadores, financiadores y mercado.

En general, este también es un terreno en el que los incentivos fiscales y financieros son más necesarios y oportunos. Para algunos segmentos de empresas nuevas y de alta complejidad tecnológica *(start-ups)* convendría establecer colaboraciones empresa-ministerio o empresa-capital riesgo para atender los pasos iniciales de las innovaciones tecnológicas. Las aceleradoras y las incubadoras son también buenos instrumentos, muy aconsejables, y su costo no es prohibitivo.

Las empresas, para ser competitivas, deben afrontar dos retos: por un lado, llegar a ser tan eficientes como la media de su subsector, pero por otro, para poder consolidar, deben dar un paso más para conseguir ofrecer, en algún punto, una de «las mejores prácticas» de su nicho de mercado. Solo así podrán competir a largo plazo.

En las empresas innovadoras es donde se genera el aprendizaje que se extiende al resto de las empresas de su subsector para fortalecer la experiencia y el nuevo conocimiento. Las empresas necesitan cooperar, establecer complicidades y buscar estabilidad para que la I+D+i se pueda retroalimentar. Está demostrado que la diseminación de las ideas innovadoras entre las empresas que aprenden de otras produce una mejora de la tecnología a través de la práctica competitiva. Los estudios en este campo nos dicen que el progreso suele provenir más de la acumulación constante de conocimientos que del resultado de innovaciones radicales.

Las empresas estables son las que pueden aprovechar mejor los resultados de la I+D+i y aplicar la innovación de manera permanente en todos sus ámbitos (diseño de producto, aprovisionamiento, tecnologías de la producción, gestión de calidad, mantenimiento, *marketing,* comercialización, distribución, logística, etc.). Los trabajadores de estas empresas se sienten integrados y vinculados a los resultados innovadores y son la principal correa de transmisión de la I+D+i dentro sus tareas cotidianas.

Estos tipos de empresas no son solo correas perfectas de transmisión interna de la innovación, sino también en el entorno en que se ubican. Acaban siendo motores de la generación de empleo y de la competitividad de su sector. Un clima de innovación acaba impregnando el resto de la economía, sin necesidad de grandes planes impulsados por las administraciones, ya que se integra en el ADN de la sociedad. Este conjunto de atributos, que son consustanciales a la actividad manufacturera-industrial, se extiende a toda la colectividad inmediata en un breve plazo y a la sociedad en general a la larga.

La política industrial de cada empresa debe asumir todos estos aspectos de apoyo a la innovación. Debe buscar el equilibrio óptimo de la terna configurada por:

1. La capacidad innovadora; procurando incluir, junto a sus productos tradicionales, los productos inteligentes *(smart products)*.
2. La adopción de sistemas avanzados de producción, para encaminarse hacia la fábrica inteligente *(smart factory)* según el modelo de Industria 4.0.
3. La ubicación óptima dentro el contexto globalizador de sus procesos de producción, comercialización y distribución.

Necesidad de estimular la concentración empresarial

¿Cuáles son las condiciones necesarias para que las empresas industriales incorporen con éxito el conocimiento *(know-how)* que es el verdadero motor de la innovación industrial? Joseph E. Stiglitz las sintetiza en cuatro:[39]

- En primer lugar, es necesario que sean empresas grandes en su sector, ya que la innovación siempre tiene importantes dosis de incertidumbre. La posibilidad de fracaso conviene que vaya acompañada de una protección que solo las grandes corporaciones pueden asumir. La financiación requerida también nos condiciona hacia las empresas de tamaño grande, ya que los mercados no incentivan por sí mismos las actividades de investigación y desarrollo. Conviene advertir, sin embargo, que una gran empresa puede degradarse por burocratismo y conservadurismo, y desaprovechar, por falta de incentivos internos, su posición privilegiada de mercado.

---

[39] Véase STIGLITZ, JOSEPH E. (2017).

- En segundo lugar, el conocimiento se consolida mejor en empresas veteranas, de larga vida, donde se ha podido acumular el *know-how* previo a lo largo de los años.
- En tercer lugar, las empresas deben tener una mínima estabilidad para el aprovechamiento de su capital intelectual. La gestión del conocimiento y de la innovación no pueden sufrir crisis periódicas de inestabilidad, porque, en este caso, los proyectos de innovación no maduran por falta de continuidad.
- En cuarto lugar, es conveniente que las empresas involucradas estén concentradas geográficamente, dado que la difusión del conocimiento es más fácil en este caso. Los clústeres empresariales existentes son una demostración de las ventajas de agrupar empresas de un mismo ámbito en un entorno geográfico cercano.

La actividad de la industria tiene un nivel de complejidad que requiere un nivel de organización nada fácil de conseguir y que necesita consolidarse con el paso del tiempo. Es lo que se denomina «curva de aprendizaje o experiencia», que afecta tanto a las tareas repetitivas de la fabricación como a las actividades de I+D+i, en las que la organización también es más eficiente cuando cuenta con una larga experiencia. Los beneficios del aprendizaje se esparcen en el resto de la economía de forma natural y son más acusados cuando más concentradas estén las actividades industriales.

Uno de los problemas más importantes es la falta de dimensión adecuada de las empresas. Muchos países están muy lejos de tener la solidez de composición de empresas de más de 250 trabajadores que se da en Estados Unidos o en Alemania. En España, por ejemplo, en 2014 el número medio de empleados de las industrias españolas era de 10,3 frente al 14,2 de la media europea y el 34,2 de Alemania. En América Latina, las denominadas mypes (microempresas y pymes) generan la mitad de los puestos de trabajo, son el 90 % del tejido empresarial y suponen el 28 % del PIB, pero no siempre reciben la atención necesaria de las políticas públicas de los respectivos gobiernos.

Las pequeñas y medianas empresas tienen serias dificultades para competir e innovar, por eso no tienen la misma resistencia a las crisis que las empresas grandes. A pesar del esfuerzo para impulsar la I+D+i que se hace a veces desde las administraciones, la transferencia de tecnología y la transmisión de la innovación hacia la empresa no suelen ser ni suficientes ni eficientes. Entre otras causas, porque las estructuras de las pymes no resisten las crisis periódicas, ni disponen de los instrumentos financieros adecuados, ni en cantidad y ni en costo, para luchar en igualdad de condiciones.

Convendría implantar algunos estímulos a la concentración empresarial. Las medidas fiscales son una buena ayuda para vencer reticencias, pero sería mucho más eficaz generar un clima social de apoyo a las empresas que entren en procesos de consolidación. También ayudaría que estas empresas fueran consideradas socialmente como ejemplos a seguir y recibieran ayudas de los gobiernos central y regional o autonómico dado que son necesarias para mejorar la fortaleza industrial del país. Deberían establecerse planes de apoyo vinculados a la implantación de fábricas inteligentes con el modelo de Industria 4.0. Al fin y al cabo, no deja de ser un proceso innovador con una probabilidad de fracaso elevada.

A las empresas que configuran la actual economía de muchos países, les convendría aumentar su tamaño, especialmente a las empresas medianas. Está demostrado que un incremento de dimensión lleva a una mayor productividad, una mejor incorporación de la innovación, y una creación de empleo mejor cualificado, mejor retribuido y de mayor resistencia ante los ciclos recesivos.

Casi todas las empresas aspiran, cuando nacen, a llegar a ser grandes; pero crecer no es tan fácil. El crecimiento orgánico es muy lento y muy costoso y no sirve de nada si al mismo tiempo no se crece en recursos destinados a I+D+i.

Crecer es una actitud, es abrirse camino y enfrentarse a riesgos de todo tipo. El más inmediato, la pérdida de capital, pero también la captación de financiación, la búsqueda permanente de la innovación, la captura del mejor talento y, en definitiva, hacer frente al «descrédito social» si se tienen algunos fracasos.

Pero una empresa puede crecer de muy distintas maneras. Una de ellas, poco explorada en la mayoría de países, es la asociación con los competidores. O formar una alianza para exportar. O contratar conjuntamente determinadas investigaciones aplicadas (como se implementa en los clústeres). O, como se ha llevado a cabo en el sector del automóvil, establecer un partenariado sólido entre fabricantes y proveedores. La política industrial debería incrementarse, empujar y apoyar las alianzas entre empresas, y la cooperación entre competidores, con mensajes positivos y claros a la sociedad. También, por supuesto, con asesoramiento y financiación.

Decididamente, los gobiernos deberían apoyar esta «actitud» con reconocimiento social y poniendo instrumentos a su disposición. Los clústeres son un buen ejemplo y, por tanto, las asociaciones de empresarios, los colegios de economistas y las organizaciones empresariales deberían apoyar estos procesos y aportar apoyo moral y asesoramiento técnico para su consecución.

La necesidad de cooperación

La actividad industrial requiere cooperación entre los distintos departamentos de la empresa, ya que de otro modo sería imposible organizarse correctamente, pero la sociedad digitalizada ha convertido en imprescindible la cooperación con agentes exteriores. La idea clave es cooperar para poder acumular juntos el nivel de competitividad que el mercado demanda.

Hoy ya no tiene sentido plantearse la relación con proveedores y distribuidores como una lucha permanente para apropiarse de los márgenes. Es obvio que cada parte tiene la obligación de procurar ganar el máximo posible, pero todas las partes han aprendido que, cuando se trata de relaciones continuadas, la mejor relación es la de socios, *partners,* en vez de adversarios o competidores. La maximización del beneficio a corto plazo ha dejado de ser la mejor opción. Con visión de futuro adecuada, es mucho mejor establecer relaciones de confianza y de largo plazo con los proveedores y distribuidores, en vez de intentar subastar los suministros al mejor postor de cada momento.

El camino que abre esta visión *win-win* se ha ido consolidando hasta el punto de que, por ejemplo, en la industria automovilística, el parque de proveedores es actualmente más importante que la propia planta de ensamblaje. Por supuesto, con unos exigentes estándares de calidad formalizada, lo que –por otra parte– ha propiciado que dichos proveedores adquieran una dimensión internacional gracias a la cooperación estrecha y de largo plazo con la empresa matriz.

Este tipo de relaciones crean hábitos de cooperación estables que permiten la mejora continua y la innovación permanente. Son situaciones con efectos beneficiosos para los trabajadores y el empleo, puesto que la actividad industrial se desarrolla de manera estable a lo largo del tiempo y no caen en prácticas especulativas. No se trata de hacer unas operaciones fantásticas donde poder ganar mucho dinero, sino de prácticas repetitivas, de márgenes más bajos, pero que van mejorando día a día con el progreso técnico y la organización empresarial; es decir, con la función diaria del empresario. Se trata de relaciones de cooperación y de confianza que requieren un empleo cualificado y estable, y la industria es capaz de crearlo con los niveles de retribuciones que le corresponden.

La necesidad de ética

Es condición esencial que las empresas tengan una reputación y se rijan por normas éticas. La cooperación no permite comportamientos no respetables. Hacer honor a los compromisos, no engañar y cuidar el medio ambiente y del colectivo, son virtudes éticas propias de la industria y beneficiosas para la sociedad que, hoy, se han convertido en exigencias innegociables.

Medidas para mejorar la capacidad innovadora

Las empresas deben tener facilidad para incorporar en sus productos, mediante procesos de diseño, los avances técnicos y científicos que surgen de los centros de investigación y universidades. En consecuencia, se hace imprescindible:

- Incentivar la cooperación universidad-empresa. Modificar las normativas de promoción de profesorado incorporando, de forma relevante y obligatoria, la transferencia de conocimiento a las empresas con proyectos de innovación.
- Implantar un programa de especialización de los graduados universitarios en las diferentes tecnologías y metodologías de innovación. Una buena idea sería tomar modelo del programa MIR que, en el ámbito sanitario, sirve para impulsar la especialización de los médicos.
- Incentivar y primar las empresas que desarrollen *smart products* mediante avances técnicos y científicos desarrollados en régimen de partenariado con centros y grupos de investigación que se apoyen en los centros tecnológicos.

La importancia de la globalización

En la sociedad 4.0 los mercados son globales y sin que el consumidor perciba fronteras físicas gracias a internet. Las empresas deben asumir la necesidad de operar en los mercados globales y ser altamente competitivas, algo que solo es posible con una búsqueda permanente de la excelencia.

Medidas para mejorar la localización

Un problema que ha impactado la industria ha sido la deslocalización, un fenómeno universal debido a la globalización de la economía. Muchas empresas han trasladado total o parcialmente su producción a otros países, buscando condiciones de producción más ventajosas en un menor costo de mano de obra, más beneficios fiscales, menor costo del suelo industrial, una legislación ambiental más permisiva, y legislaciones sociolaborales menos exigentes, tanto desde el punto de vista de la protección social como de los derechos sindicales.

Entre los años 2000 y 2009, el número de puestos de trabajo de la industria manufacturera en Estados Unidos cayó un tercio. El crecimiento de la externalización *(outsourcing)* y la deslocalización *(offshoring)*, y el desarrollo de sofisticadas cadenas de suministro *(supply chains)*, permitieron que las compañías ubicaran sus fábricas en China, India y otros países de bajos salarios. Hechos que conllevaron un todavía mayor descenso en el tejido industrial del país.

Pero en los últimos tiempos se está viendo la oportunidad de relocalizar y oímos hablar de *reshoring,* un término con el que se designa el retorno a sus países de origen de actividades productivas que las empresas habían deslocalizado en países emergentes.

El primer argumento en favor del *reshoring* o relocalización es la fuerte reducción del diferencial de costos de producción entre los países desarrollados y los emergentes. El desarrollo económico de los países emergentes ha ocasionado que los costos de producción (y no solo los laborales) hayan aumentado. Por otra parte, con la automatización inherente al modelo de Industria 4.0, el peso del factor mano de obra en el proceso productivo se ha reducido sustancialmente y para muchos productos el costo salarial representa hoy en día una parte más pequeña, y decreciente, del costo total.

En paralelo, en muchos países industrializados, la crisis económica ha producido una contención o, incluso, reducción de los costos salariales. Estos cambios determinan que las ventajas de costos obtenidos en la deslocalización se hayan reducido sensiblemente para muchas industrias de los países desarrollados.

Ahora bien, el viaje de vuelta es sensiblemente diferente, y ya no serán el mismo tipo de industrias. La manufactura tiene ahora fuertes componentes tecnológicos y la digitalización es omnipresente: todas las etapas del ciclo de vida del producto se han automatizado. Los robots y los sensores ocupan puestos clave de la actividad, la tecnología de impresión 3D y la fabricación aditiva se abren camino firme y, por supuesto, han evolucionado enormemente los oficios y las habilidades requeridas de los trabajadores. Surgen nuevos puestos de trabajo que exigen actualizar los conocimientos y adquirir nueva formación. La industria debe ser consciente de que necesita fábricas inteligentes que produzcan productos cada vez más inteligentes.

Por otra parte, la cuarta revolución industrial aporta factores de mayor incidencia en el valor añadido, como son: el diseño de productos y servicios inteligentes; los intangibles derivados de ello; la distribución y logística globalizada; el servicio cada vez más personalizado al cliente; las exigencias de calidad; el *marketing* digital y globalizado; la sostenibilidad, entre otros. Todos estos factores exigen mayor incorporación de conocimientos diversificados para poder convertir las empresas al modelo de fábricas inteligentes e interconectadas que conlleva la cuarta revolución industrial de la sociedad digitalizada. El resultado es una cadena de valor añadido superior, con perfiles profesionales de mayor y más diferente formación, y, en consecuencia, de mayor retribución. Es altamente recomendable leer, a estos efectos, el interesante trabajo publicado en 2016 por la OCDE titulado *Reshoring: Myth or Reality.*[40]

La pérdida progresiva de la ventaja relativa que representaba producir en países emergentes no solo se debe al cambio en los costos. Muchas empresas han acabado descubriendo que producir en estos mercados tiene unos inconvenientes que habían infravalorado. Podemos señalar, por ejemplo, la protección de la propiedad intelectual, a menudo muy deficiente (China es un ejemplo paradigmático de problemas en este punto) y el aumento del riesgo político de agravamiento de los conflictos internacionales en los últimos años (por ejemplo, el enfrentamiento de Ucrania con Rusia, las guerras en Siria y Oriente Medio, etc.) que pueden conllevar graves disrupciones en las cadenas globales de suministro.

Pero el factor más relevante es la creciente importancia que las empresas prestan cada vez más a la producción «en proximidad»; es decir, producir cerca de las áreas de consumo para responder con más flexibilidad y rapidez a los cambios en los patrones de demanda de los nuevos consumidores proactivos e interactivos, a quienes denominamos «proconsumidores» *(proconsumers* o *prosumers)*. La creciente personalización de los productos aconseja que los centros de producción estén cercanos a los centros de consumo. Si queremos responder con rapidez a la exigencia de customización de los productos y servicios, es altamente recomendable que los centros de producción, de innovación en el diseño y de *marketing* digital, estén próximos entre ellos.

Según señala el trabajo citado de la OCDE,[42] la creciente importancia de la proximidad ha determinado que en una serie de productos haya crecido la tendencia hacia la localización del proceso de producción de manera «regional». Es decir, los centros de producción, innovación, diseño y *marketing* no se sitúan necesariamente en el mismo país, pero sí en países suficientemente próximos entre ellos. Para denominar esta estrategia se ha popularizado el término *nearshoring* (deslocalización cercana). Mientras *reshoring* se aplica al retorno al país de origen, *nearshoring* se refiere al retorno de la producción a un país cercano. Un ejemplo claro puede ser el caso de las maquiladoras de México en relación con Estados Unidos: muchas empresas estadounidenses están trasladando sus centros productivos a México, de forma que las importaciones procedentes de México en Estados Unidos han aumentado notablemente en los últimos años.

---

[40] Véase De Backer, K. *et al.* (2016).

En el caso de España, Inditex ha sido un ejemplo destacado de *nearshoring*. En la presentación de los resultados de la empresa de 2015, su presidente destacó que «tenemos el 60 % de la producción en proximidad, es decir, en España, Portugal y norte de Marruecos y en Turquía». En la web de Inditex se afirma que «producir en proximidad a nuestra sede nos permite reaccionar con rapidez a los deseos de los clientes».

El ascenso de la subcontratación de actividades propias a otras empresas de un país cercano abre posibilidades interesantes a países con geolocalización estratégica. Un ejemplo paradigmático es México. Es vecino de Estados Unidos y los costos salariales mexicanos son más bajos. México tiene activos claros en mano de obra cualificada, buenas infraestructuras, etc., que pueden compensar –al menos en parte– las desventajas que padece en otras áreas (como, por ejemplo, el insuficiente dominio del idioma inglés).

La importancia de la productividad

Tal como ya hemos expuesto, el impulsor principal de la productividad es la gestión del conocimiento en las empresas y, en consecuencia, el enriquecimiento de sus habilidades, de su aprendizaje, de su capital intelectual.

Medidas para mejorar la productividad

Mejorar la productividad requiere actuar en los diversos componentes de los costos. Propuestas en este sentido son:

- Crear financiación finalista, por parte de las administraciones, y facilidades al crédito bancario industrial, para impulsar la renovación de los equipamientos tecnológicos y las cadenas de producción para crear fábricas inteligentes bajo el modelo de Industria 4.0.
- Articular políticas para disminuir los costos de la energía hasta hacerlos similares a los de la media de la región económica propia y evitar la merma de competitividad por esta causa.
- Incentivar el incremento de los recursos propios, bonificando a las pymes una deducción fiscal del 100 % de los beneficios que se destinen a incrementar el capital social, con la condición de que no se produzcan reducciones de capital durante los seis años siguientes.

Necesidad de una nueva política industrial

Los gestores de las industrias necesitan que el entorno los acompañe, que no dificulte su labor; sino que, al contrario, los ayude y les dé apoyo; que la regulación sea estable y previsible, y que los cambios de gobierno no conlleven cambios de política industrial. Algunas de estas funciones pertenecen claramente a la órbita de responsabilidad de las administraciones públicas. Entre ellas podemos destacar las necesidades de:

- Disminuir sensiblemente de la carga administrativa que soportan las empresas.
- Reforzar las interconexiones y las infraestructuras de telecomunicaciones y transportes.
- Dotar de flexibilidad a la planificación de las inversiones públicas, que atiendan preferentemente a solucionar los cuellos de botella antes de emprender otras obras faraónicas.
- Reformar a fondo el funcionamiento del sistema judicial mercantil y adaptarlo a la realidad del hecho empresarial.
- Establecer una regulación medioambiental rigurosa, extendida a todo el tejido empresarial y social.
- Reducir el costo de la energía.
- Mejorar la financiación empresarial.
- Impulsar la I+D+i.

Si tomamos como referencia el ejemplo de España, se puede ver que la reforma laboral de 2012 atacó viejos problemas, aunque el mercado dual aún subsiste, y quizás, una vez analizados los efectos de la reforma, convendría estudiar otras actualizaciones. Por ejemplo, en el terreno laboral-sindical, habría que eliminar la obligatoriedad de tener un comité de empresa para empresas de más de cincuenta trabajadores, ya que, si observamos las estadísticas de dimensiones de las pymes, veremos que esta regla actúa como limitación del incremento del tamaño de muchas empresas.

El profesor Roberto Velasco[41] expone en un libro los retos existentes y las actuaciones públicas necesarias para afrontarlos. Sus propuestas para España son extrapolables a América Latina, en el sentido de que es necesario un cambio de modelo productivo, que debe pasar forzosamente por reformar el sector industrial, puesto que, sin una base industrial sólida, la economía no puede prosperar. Alerta del

---

[41] Véase VELASCO, ROBERTO (2014).

pequeño tamaño de las empresas industriales y considera que las ayudas públicas deben priorizar las empresas con proyectos de crecimiento. Considera también la necesidad de mejorar la financiación de las pymes y la necesidad de disminuir el costo de la energía eléctrica y que sea equilibrado para los países de una misma región económica. Recuerda, a su vez, la importancia de disponer de un sistema educativo estable, y la necesidad de un liderazgo compartido entre el sector público y privado, encaminado a disponer de una auténtica política industrial en la que el sector público se arriesgue a colaborar con el privado para crear empresas del futuro basadas en el conocimiento.

De hecho, se puede afirmar que siempre ha existido una tensión entre dos maneras de ver la intervención del Estado. Por un lado, los más respetuosos con el mercado defienden que únicamente deberían evitarse los famosos fallos del mercado; y, por otro lado, los partidarios de políticas industriales activas propugnan que debería fomentarse el cambio tecnológico y la innovación, ya que el mercado infravalora las actividades investigadoras arriesgadas.

A los estadounidenses, mucho más pragmáticos que los europeos, les costó muy poco, en la crisis del 2008, intervenir la industria automovilística, dejar que quebrara un gran banco y una gran compañía de seguros, y controlar todo el sistema financiero; aparentemente sin mala conciencia. Del consenso de Washington[42] de 1989 ya nadie se acuerda, y el FMI ha enarbolado y enarbola, aún hoy, la cruzada contra la austeridad.

Con la crisis, la industria europea ha perdido tres millones de puestos de trabajo desde 2008, ha visto reducir su producción en más de un 10 % y su peso en el PIB se desplomó un 12 % de media. Por todo ello, la Comisión Europea no ha tenido más remedio que reconocer que «Europa necesita una modernización sostenible después de la crisis» y lanza, así, una señal de «compromiso con la reindustrialización, la modernización de su base industrial y la promoción de un marco competitivo para su industria». Toda una nueva declaración de principios.

Por tanto, algo está empezando a cambiar, y todo parece indicar que con la nueva Comisión habrá una actitud diferente, más propensa a intervenir en el mercado. Sin embargo, el cambio probablemente no será ni rápido ni radical. Los monopolios serán regulados, tal vez con otros criterios más sofisticados que los que se han utilizado hasta ahora, se impulsarán las medidas para conseguir incrementar el tamaño de las empresas para que puedan competir en el mercado internacional y se realizarán las inversiones en I+D+i imprescindibles para continuar en la carrera competitiva.

---

[42] Véase http://omal.info/spip.php?article4820 (consultado el 15 de enero de 2019).

Queda bastante claro que la política para favorecer la recuperación de la industria no será a través de empresas de participación pública y, previsiblemente, consistirá en poner el énfasis en nuevos instrumentos, como los exitosos Programas Marco de Investigación y Desarrollo Tecnológico. En cualquier caso, hay que dar más importancia al *cómo* y no tanta al *qué*. Del juego entre los reguladores, los operadores y una nueva manera de hacer política industrial, dependerá el desarrollo de la industria en numerosos países.

La necesidad de regular los mercados

Antes se tenía la creencia de que organizando mercados eficientes se podrían conseguir empresas excelentes. Pero, después de la crisis, esta idea tiene muy pocos seguidores. Los hechos han demostrado que los mercados no son suficientemente eficientes para producir conocimiento; más bien lo contrario. No tenemos más remedio que recurrir a la política industrial: una nueva política que tenga como objetivo principal promover empresas con gran capacidad de aprendizaje y que difundan los efectos beneficiosos de sus innovaciones hacia otros sectores. Ya no se tiene la misma fe en la bondad de una política industrial basada en invertir en sectores privilegiados, más o menos motores, porque, para poder competir, cada sector requiere habilidades específicas. Las habilidades y conocimientos que se precisan actualmente son muy diferentes a los requeridos en el pasado. Y si queremos que el conocimiento se convierta en productos innovadores que incrementen el PIB, deberá residir en las empresas, y, por consiguiente, son estas las que deben dotarse de un ambiente y un entorno propicio para crearlos.

Cada día se pone más en evidencia que la calidad de las instituciones gubernamentales y financieras tiene una influencia decisiva en la mejora del entorno en que se mueven las empresas. Y, desgraciadamente, en este aspecto, tanto a España como a los países de América Latina les queda mucho camino por recorrer.

En el trabajo del profesor Josep Oliver publicado en 2014 por la Fundació per la Indústria,[4] se certifica la enorme pérdida de puestos de trabajo y de aportación de riqueza por parte de la industria a causa de la crisis. España pasó de ser la economía europea que más puestos de trabajo creaba, aunque fueran de baja calificación, a liderar el desempleo. La perplejidad por la rápida destrucción de empleo sorprendió a la mayoría de los ciudadanos y analistas que estuvieron ignorando los indicadores que evidenciaban la debilidad de un modelo de crecimiento que descuidaba la industria manufacturera y priorizaba el turismo y la industria de la construcción. El endeudamiento exterior y la facilidad de crédito incentivado por los bajos tipos de interés era otro indicador claro de alto riesgo.

Con estos antecedentes, es obvio que la readaptación de la fuerza laboral hacia nuevos modelos productivos es compleja y que hacían falta políticas y actuaciones decididas para reforzar el capital intelectual del país. En esta línea hay que recordar que el capital humano está directamente vinculado a la formación básica y muy especialmente a la formación profesional, formaciones, ambas, que siguen siendo muy deficientes en comparación con los países con los que competimos.

Con la crisis, las cifras de desempleo (con la enorme cantidad de pobreza e infortunio que las acompañan) han crecido hasta cotas desastrosas. Pero la creación más segura y estable de empleo proviene siempre del incremento de productividad y competitividad de las empresas existentes y de las nuevas que se creen al impulso de las tecnologías emergentes. Es preciso situar las empresas y las personas demandantes de empleo en el camino de la Industria 4.0 si el objetivo es la creación continuada y estable de puestos de trabajo.

La inserción laboral exige que las personas en situación de desempleo estén en posesión de las competencias profesionales que las empresas innovadoras requieren para expandirse. Para ello son esenciales e imprescindibles los planes de formación a personas desempleadas coordinados de manera tripartita, es decir: promovidos y regulados por los gobiernos, subvencionados y dirigidos por las empresas y supervisados por las organizaciones sindicales. En los países emergentes es principalmente preocupante los niveles de desempleo juvenil, entendiendo por jóvenes a las personas comprendidas entre 15 y 24 años.

Según la OIT, a escala mundial, las mayores tasas de desempleo juvenil corresponden a los Estados árabes, el norte de África y América Latina. En 2017 se estimó en 108 millones los parados jóvenes en la región. Hay tres veces más de desempleo entre los jóvenes que entre los adultos, cuatro de cada diez jóvenes no tienen empleo o tienen empleos de muy baja calidad. El Banco Interamericano de Desarrollo (BID) señala que los empleos de mejor calidad de América Latina para los jóvenes los están generando Uruguay, Chile y Panamá.

La situación es especialmente preocupante, puesto que la juventud es el futuro de la región. Todos los países de la Cepal han tomado cartas en el problema y han creado programas para lograr creación de empleo y mayor inserción laboral. Se han diseñado políticas concretas separando el conjunto de los jóvenes en tres grupos. Aproximadamente un tercio solo estudia, otro tercio solo trabaja y, en el tercer tercio, más del doble ni estudia ni trabaja.

Se ha comprobado que crece el paro entre algunas titulaciones universitarias a pesar de que quedan plazas de especialistas no ocupadas en las industrias. Ello significa que, demasiado a menudo, existe una brecha entre las necesidades competenciales requeridas en las empresas y las que se enseñan en las universidades.

Por esta causa, los programas para formación de personas desempleadas y los perfiles de las titulaciones universitarias y de formación profesional deben ajustarse a los requerimientos de las industrias. Deben anticiparse a las exigencias de habilidades que está requiriendo la sociedad digital.

En una excelente iniciativa, la OIT mantiene actualizada una base datos llamada YouthPOL que informa de las políticas y legislaciones laborales de empleo juvenil en todos los países del planeta.

No hay que ocultar que son todavía insuficientes las empresas que aprovechan las oportunidades de los mercados globales con la plenitud y prontitud conveniente. Si no se han logrado mejores resultados es porque la excesiva fragmentación en pymes de pequeño tamaño no favorece el aprovechamiento de las tecnologías a su alcance, ni el saber de sus empleados, ni las capacidades de I+D+i de las universidades y los centros de investigación.

A pesar del deterioro sufrido, las regiones industrializadas de España y América Latina disponen todavía de una base empresarial bastante significativa y con muchas posibilidades para seguir incrementando su competitividad y convertirse nuevamente en el auténtico motor de progreso y generación de empleo que le corresponde. Hay que impulsar desde las instituciones una transformación encaminada a lograr que sean más eficientes, más innovadoras, más productivas y rápidas a la hora de integrar los avances técnicos y científicos.

Deben abordarse auténticas políticas industriales que incorporen el paradigma de la Industria 4.0 para garantizar un modelo de desarrollo sólido. La sociedad digitalizada reclama un plan industrial al nivel que le corresponde. Unas políticas que incentiven a las empresas con capacidad de desarrollar y fabricar productos de referencia y convertirse en fábricas inteligentes que fabrican *smart products* con un alto contenido tecnológico y un diseño adecuado a la demanda del mercado globalizado.

Solo con una industria competitiva se podrá garantizar el progreso económico y social y asegurar la capacidad de participar en los mercados globales manteniendo, o aumentando incluso, la cuota de negocio y obteniendo las plusvalías que garanticen tanto la rentabilidad de las inversiones, como las futuras actuaciones en investigación, desarrollo e innovación. En pocas palabras, el camino del crecimiento sostenible exige una clara y decidida apuesta por políticas de fomento del modelo de Industria 4.0.

Hay que dar un apoyo selectivo a aquellas empresas con capacidad de generar valor y afrontar los condicionantes de competitividad que hemos enunciado. Hay que facilitar el acceso a los recursos financieros, sobre todo en épocas de restricciones crediticias, ya sea por la vía del endeudamiento o por ayudas directas o indirectas a su actividad. Hay que afrontar el problema de la balanza comercial facilitando la expansión internacional, con especial atención a los mercados asiáticos que muestran un mayor nivel de dinamismo y fortaleza en el incremento de su demanda interna.

Cambios en factores del entorno

La competitividad requiere, además de actuaciones internas en las empresas, cambios en factores exógenos vinculados a la legislación, los impuestos y las infraestructuras de los territorios. En esta línea, es imprescindible y urgente:

- Adaptar los programas escolares, la formación profesional y las titulaciones universitarias de manera que se fortalezcan los enfoques empresariales y aumenten las habilidades de creatividad, diseño de productos inteligentes, gestión de la innovación, y las capacidades del personal con la informática, la robótica y las tecnologías emergentes.
- Homologar las tarifas de telecomunicaciones con las tarifas medias de los países industrializados y garantizar la disponibilidad de red de banda ancha en la ubicación de todas las empresas industriales con volúmenes de exportación por encima del 30 % de su facturación.
- Que las administraciones locales y comarcales mejoren los transportes públicos para garantizar la facilidad de accesibilidad a los polígonos industriales, con el criterio obligado de reequilibrio territorial.
- Ajustar las normativas locales de protección ambiental en aras de la sostenibilidad.
- Establecer una política energética que permita que los costos por consumo de energía en los procesos industriales sean competitivos con los del resto de países de la región. Muy mal pueden competir las industrias con las del resto de su región si tienen la energía a precios más altos.[43]

Por ejemplo, España hizo una inversión notable en la introducción de energías limpias y renovables (solar y eólicas) mucho antes que otros países, pero en 2017 tan solo el 32,5 % de la oferta de electricidad fue suministrada por tecnologías de costo marginal cero, muy lejos del 60 % que Alemania propugna que los países de la UE deberían alcanzar en el horizonte de 2035.

---

[43] En promedio, los precios de la energía eléctrica durante 2017 fueron en España un 20 % superior al de Alemania.

Todos los gobiernos de todos los países deben plantearse la transformación de sus centrales de producción de energía eléctrica a fuentes limpias y renovables, al mismo tiempo que impulsar la eficiencia energética en toda maquinaria industrial y en todo electrodoméstico. Es una necesidad medioambiental del planeta que, en este caso, favorece la competitividad empresarial.

Además de fomentar el ahorro y la eficiencia energética con inversiones en modernización de los equipos, las empresas deberían reclamar a las administraciones que se comprometan a mejorar el costo de un *input* tan importante como el energético. La política energética debe ser una política de Estado, no de gobierno, y no debería variar en función de la ideología y prioridades de cada gobierno.

Tal como afirma el documento de Rafael Suñol (2014) publicado por la Fundació per la Indústria: «Estas nueve actuaciones son imprescindibles, y deberían ir acompañadas de los ajustes legislativos y estructurales necesarios para que se reactiven todos los cambios internos que permiten la competitividad fundamentada en la importancia del recurso humano en un alto índice de productividad y de innovación. Se trata de configurar una óptima estrategia de alianzas para extender su cadena de valor a lo largo del proceso productivo y de comercialización, y que funcione sincrónicamente con los mercados».

Financiación de las empresas

Adicionalmente, la crisis ha obligado a poner en el ojo del huracán la falta de regulación de la banca, especialmente en los países anglosajones. Se ha tomado conciencia, con daños colectivos muy altos, que no se puede dejar el sistema financiero a su libre albedrío. Es un sector demasiado crucial para el bienestar general para que no esté sujeto a una regulación adecuada.

Las relaciones entre la banca y las pymes han sido históricamente poco satisfactorias debido a un desconocimiento mutuo que ha dado paso a desconfianzas y agravios surgidos de la oscilación de los ciclos económicos y de la estructura del mercado. Habitualmente, las pymes han tenido que financiarse a corto plazo porque los bancos controlaban el riesgo con una gran cautela, y esto ha dado lugar a que entre las entidades financieras y las empresas no se establecieran relaciones de confianza a largo plazo. Esta situación está cambiando a mejor, pero las relaciones no son todo lo fluidas que deberían ser para un buen funcionamiento global del sector industrial.

Por otra parte, las pymes sufren, en general, una insuficiencia de fondos propios, uno de los principales motivos por los que la banca es reticente a establecer compromisos más estables con ellas. Pero las pymes no disponen, como tales, de mercados

Vías de financiación de las empresas. (Fuente: Elaboración propia)

financieros alternativos, ni de bolsa de valores o de otros recursos especializados que puedan suministrar financiación asequible y de forma regular. El peso del sistema bancario comercial en la financiación de las empresas resulta ser, en consecuencia, desproporcionado.

Este entramado de situaciones hace que muchas de las empresas se muestren descontentas de sus relaciones con la banca. Un terreno en el que se podría mejorar sustancialmente. Las empresas deberían ser conscientes de que las relaciones con la banca deben establecerse sobre la base de la confianza; y la banca, que no puede dejar sin financiación a sus clientes justo cuando más lo necesitan, cuando cambia a peor el ciclo económico.

Para conseguir estas mejoras en la relación, las empresas deberían suministrar información fiable (auditada) a la banca, que permita conocer sus planes y su evolución; y la banca debería ir descartando tomar garantías reales tan rigurosas y sustituirlas por el conocimiento de sus clientes. Asimismo, los bancos centrales deberían replantearse los criterios por los que fijan las provisiones de fondos que deben dotarse los bancos. Una primera idea sería que los bancos centrales exigieran menor consumo de recursos propios a las entidades financieras cuando concedan préstamos a las pymes de mayor tamaño.

Las empresas necesitan estar bien financiadas, y mejor capitalizadas, con acceso a los instrumentos más eficientes de financiación. Las empresas necesitan prioritariamente tener asegurada la cantidad de financiación que se haya validado entre oferta y demanda. Para ello son necesarios nuevos instrumentos de financiación a medio y largo plazo.

El capital riesgo en España y América Latina se ha extendido con relativa fuerza, pero se ha concentrado excesivamente en operaciones medianas y grandes. Tenemos déficit en las modalidades de «capital semilla», *venture capital* y *start-ups*. Evidentemente, estas líneas de financiación tienen, por su naturaleza, más riesgo, pero precisamente aquí –atendiendo que no se requieren grandes cantidades– los gobiernos podrían complementar la actividad privada asumiendo parte del riesgo. Y las organizaciones empresariales y los colegios de economistas podrían desempeñar un papel de orientación a las entidades de capital riesgo y de asesoramiento a las pymes.

Debería tenerse en cuenta que muchas de las iniciativas empresariales que requieren capital riesgo son difíciles de analizar con las herramientas tradicionales debido a su complejidad tecnológica. La reciente creación de la Asociación Española de Mentores (Amce), representante en España del European Mentoring and Coaching Council (EMCC); la Asociación de Mentores Profesionales del Emprendimiento y la Innovación (Amperio), que fue creada en 2014 con la misión de profesionalizar los servicios de mentoría para emprendedores de Chile y América Latina, y la Red Internacional de Asesores ADN,[44] creada en 2015, pueden ayudar a conseguir este objetivo.

---

[44] Véase http://www.amces.org/ (consultado el 15 de enero de 2019).

Capítulo 11

La necesidad de adaptar la formación

La importancia del capital humano

Nos encontramos en un nuevo escenario en el que el conocimiento y el capital humano se dibujan como las bases imprescindibles para vertebrar una sociedad más justa, disponiendo de un modelo productivo competitivo, innovador, sostenible y capaz de asegurar trabajo estable y bien retribuido.

La economía del conocimiento obliga a incrementar el aprendizaje en las empresas y fomentar las habilidades y los incentivos para aprender, la competencia principal que consiste en «aprender a aprender». Es necesario reducir la distancia entre las empresas más productivas y el resto. En otras palabras: uno de los objetivos principales de la política económica debe ser favorecer una gran sociedad del conocimiento, como muy bien resumen Joseph E. Stiglitz y Bruce C. Greenwald.[45]

Consecuentemente, se requieren personas con capacidad de discernir lo esencial y lo necesario dentro del océano de informaciones disponibles de forma casi inmediata; de tomar decisiones a partir de ello; de ayudar a definir la mejor manera de hacer el trabajo. En definitiva, personas con sólida formación y que hayan interiorizado los retos y las oportunidades que nos brindan la globalización, los avances tecnológicos, la inteligencia artificial, los nuevos modelos productivos en red y la posibilidad de interacción en cualquier lugar y momento. Todo un conjunto de hechos que abren ventanas de oportunidades en las sociedades avanzadas que dispongan de buenos sistemas formativos. Oportunidades especialmente asequibles a las personas digitalmente nativas, es decir, aquellas que han crecido

---

[45] Véase STIGLITZ, JOSEPH E. y GREENWALD, BRUCE C. (2014).

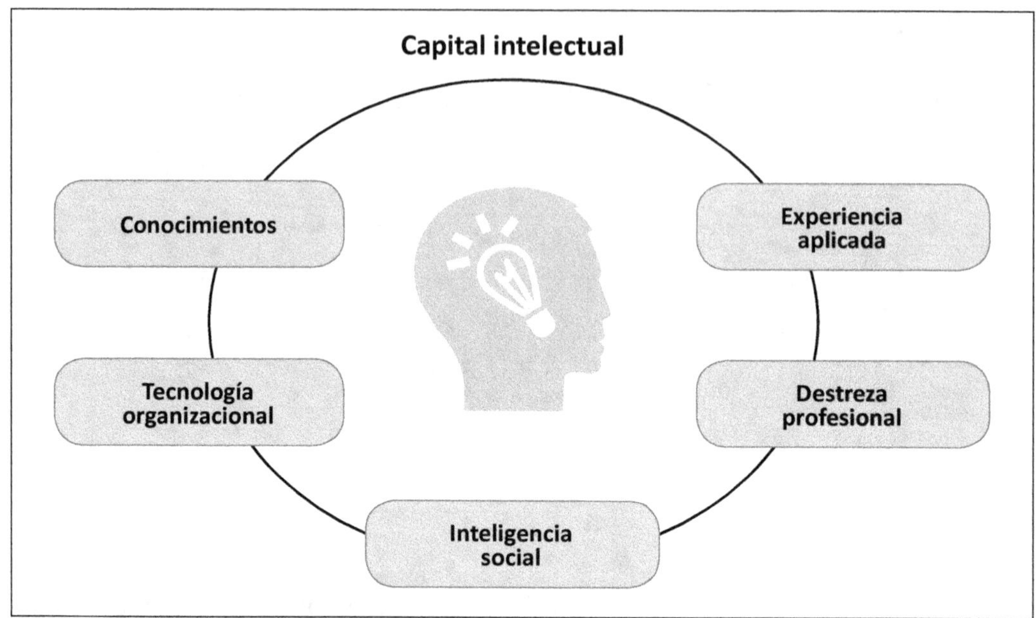

Principales componentes del capital intelectual. (Fuente: Elaboración propia)

con dispositivos electrónicos en sus manos. Personas que en 2020 serán el 50 % de la población activa.

En este escenario de cambios, la formación de las personas, la innovación y la dotación de capital humano de los colectivos devendrá la clave del progreso económico y social, ya que la obsolescencia acelerada de las acciones e instrumentos presentes, la rotura de los viejos paradigmas y la necesidad de vertebrar los nuevos exigen más conocimientos y una formación mucho mejor en la generación del cambio.

Vivimos en un nuevo ecosistema en el que las tecnologías han cambiado la cotidianidad y han aparecido nuevos métodos de fabricación, de toma de decisiones, de relacionarse y de aprender. Esta nueva realidad exige que la formación se redefina por completo. Es necesaria una reforma del sistema educativo que debería sustentarse en aspectos irrenunciables, atemporales, que garanticen el progreso y la convivencia; que enseñe cómo afrontar los desafíos que presentará el desarrollo vital de cada persona y de la colectividad; que asuma que somos ciudadanos de un mismo planeta interactuando a escala global pero nos desarrollamos en un ecosistema específico, en el que día a día, como miembros de una comunidad concreta, debemos cumplir con las obligaciones que hemos consensuado y protegen nuestros derechos. Por tanto, el proceso educativo debe moverse en un marco de deberes éticos universales y debe huir de las visiones parciales de la realidad y la historia; debe facilitar –sin renunciar a los aspectos identitarios de los colectivos humanos– la adquisición de una visión global, transcultural, cosmopolita, y posibilitar la comprensión del trasfondo de los conflictos, retos y logros de la humanidad.

Hay que enseñar a emprender; a desarrollar la capacidad de observar, analizar, razonar y proponer; trabajando al mismo tiempo para ayudar a descubrir lo que más gusta y apasiona a cada alumno e identificar si dispone de las capacidades necesarias para hacerlo. Para ello, la formación debe ser flexible, adaptativa y debe ofrecer programas abiertos sustentados en metodologías docentes avanzadas. La clave de la educación se encuentra, pues, en los contenidos y en los métodos, es decir, en determinar cuáles son las materias que permiten alcanzar las capacidades asociadas a los anteriores objetivos y cómo se han de enseñar, asumiendo que siempre habrá materias que pueden no interesar inicialmente, pero que son requeridas para lograr una formación integral que permita seguir aprendiendo y desaprendiendo lo largo de la vida.

La formación en los avances implicados en el modelo de Industria 4.0 debe darse en el seno de las empresas y debe scr prioritaria. El modelo de formación profesional dual debe tomar ejemplo del sistema alemán. Las empresas deberían ser –junto con las universidades– las grandes impulsoras y responsables del proceso de reforma de la formación profesional a todos los niveles. Si en algún ámbito los cambios son muy urgentes es, precisamente, en la formación profesional, dada sus peculiaridades y, a la vez, las urgencias del sistema productivo de las fábricas inteligentes.

La principal habilidad que enseñar seguirá siendo «aprender a aprender», pero, para el nuevo tipo de persona trabajadora, los conocimientos básicos y la educación para el trabajo deberán ser diferentes, y deberán priorizar la creatividad y la innovación.

Una nueva formación humanista y digital

Así pues, el futuro, que ya está presente, requiere asumir que el cambio se ha convertido en un desafío insoslayable. El mundo ha cambiado mucho en los últimos años por la rápida expansión de las tecnologías digitales y los cambios sociales que se han derivado de ello y que, de paso, han cambiado el mundo laboral.

Debemos entender que necesitamos adoptar nuevas actitudes y aptitudes. Debemos ajustar los métodos y las herramientas utilizadas en el sistema de educación. Necesitamos un sistema que, asumiendo la importancia de combinar las humanidades y el método científico, se ajuste de manera simbiótica con la sociedad presente y las exigencias de futuro, entendiendo a la vez qué estudiar y aprender.

Hay que aceptar que el proceso de aprendizaje es multifactorial. No solo hay que enseñar a leer, escuchar, experimentar y observar. Hay que enseñar también a estimular la voluntad de superación y la ambición de mejorar, de superar retos y alcanzar éxitos con lealtad y respeto a los demás. Competencias que parecen haber sido expulsadas de la escuela actual, como si conducir a las personas a lo mejor de sí mismas y hacerlas desplegar todo su potencial fuera algo negativo.

Una escuela desconectada de la sociedad no es un buen presagio de futuro. Este es un hecho explicado reiteradamente por el filósofo Gregorio Luri,[46] quien nos alerta:

«Lo que ven los alumnos es que la ambición se estimula en el deporte, en la empresa y en otros muchos entornos. Pero en la escuela se ha hecho sospechosa. Esto es terrible. Sin embargo, ¿qué es educar, sino hacer deseables las posibilidades más altas de cada uno? ¿Y cómo se pueden visualizar estas posibilidades si no se es ambicioso? Yo defiendo el deber moral de ser inteligente, que es el deber de no mutilar ni nuestra inteligencia, ni lo mejor de nosotros mismos. Me resulta más estimulante una efectiva movilidad social que una mediocridad equitativa. Me pregunto, ¿qué confianza en sí mismo puede tener un país que no valora el talento? ¿Qué futuro le corresponde a un país en el que solo el 3 % de sus universitarios quieren crear su propia empresa?».

Así pues, la adquisición de conocimientos debería desarrollarse simultáneamente con la construcción de actitudes de asunción de compromisos, de aceptación de contratiempos y de la fuerza para superarlos, de la ambición de conseguir la excelencia en las actividades, de dar lo mejor de nosotros mismos y, a la vez, a asumir con naturalidad la incertidumbre propia de una nueva era donde casi todo varía o puede variar. Las personas debemos adquirir la fortaleza arraigada en la paz interior, debemos saber escuchar y observar, tenemos que sobreponernos a la adversidad, entendiendo que la seguridad plena no existe y que es imposible tenerlo todo.

Si instauramos en la escuela un ecosistema divergente con los modelos sociales, nos llevará inevitablemente al fracaso escolar; fracaso que también se producirá si el sistema formativo y el profesorado no disponen de las infraestructuras requeridas y los mejores recursos didácticos posibles de acuerdo con las aportaciones de los avances técnicos y científicos. Necesitamos mejorar las herramientas pedagógicas, utilizando toda la capacidad implícita en la tecnología computacional y telemática.

---

[46] Véase LURI, GREGORIO (2010).

Se ha convertido en una obligación insoslayable para todos aquellos que creemos que la clave de todo éxito colectivo es su dotación en competencias.

Hemos de mejorar la forma de enseñar, potenciando la adquisición de habilidades imprescindibles como son: el dominio de varios idiomas; disponer de una potente formación cultural y de conocimientos abstractos; saber explicarse y desarrollar ideas y proyectos; interiorizar la capacidad de emprender; saber actuar autónomamente y con responsabilidad...

Hay que asumir la obsolescencia de muchos de los métodos y procedimientos empleados en la actualidad y dar respuesta a la nueva sociedad compleja, heterogénea y globalizada. La nueva formación debe asumir que existe un horizonte imprevisible de profesiones aún no definidas en un marco caracterizado por la digitalización, la computación, la inteligencia artificial, la inmediatez, la realidad aumentada y las telecomunicaciones de alcance universal. Del modelo de Industria 4.0 en la sociedad digitalizada, en definitiva.

Las capacidades de los nuevos trabajadores

Así pues, la formación debe ser revisada, tanto la básica como la universitaria, y muy especialmente la profesional, al igual que la asociada a la actualización de conocimientos de los trabajadores activos y a la dotación de nuevos conocimientos a los parados con el fin de incrementar su empleabilidad.

Por otra parte, los empresarios deben fomentar la formación en el puesto de trabajo *(in-company)* de sus trabajadores para capacitarlos en la transformación necesaria hacia el modelo de Industria 4.0. Para ello es conveniente que cada empresario establezca cuáles son sus prioridades para sus procesos productivos y se concentre en mejorar las competencias laborales en función de ello. Cada empresario debe identificar cuáles son las áreas clave que desea mejorar, tales como flexibilidad, velocidad, productividad o calidad, y a continuación, considerar en cuáles de los pilares tecnológicos va a basar las mejoras deseadas. Es recomendable que evite quedar atrapado en enfoques incrementales poco ambiciosos; al contrario, debe considerar cambios fundamentales de las habilidades para aplicar una combinación de las nueve tecnologías. Deberá llevar a cabo una planificación estratégica de la fuerza de trabajo y definir roles, reclutamientos y planes de formación para preparar la mano de obra con las habilidades adicionales que se requieren.

Si bien estas mejoras tienen un potencial importante para las industrias existentes, nada impedirá que las industrias emergentes utilicen las tecnologías de la

Industria 4.0 para alterar los estándares existentes utilizando diseños innovadores y procesos de producción creativos.

Hay que aceptar que es imprescindible reajustar los modelos productivos y redefinir el trabajo asociado, considerando que las personas deberán interactuar en un mundo productivo en el que se hace imprescindible ser capaz de:

- Apoyarse en el conocimiento como principal motor de desarrollo.
- Saber extraer productividad de la tecnología, apoyándose en ella para innovar.
- Vertebrar servicios de alto valor añadido que aporten conocimiento e innovación, y que tengan en cuenta la progresiva interrelación de los humanos con robots o con utensilios inteligentes e interactivos.
- Potenciar el trabajo a distancia y la deslocalización; tender a reducir la movilidad obligada de residencia en los lugares de trabajo; potenciar el trabajo colaborativo en red; velar por la sostenibilidad y la conciliación de vida laboral y familiar.
- Tener capacidad de trabajo en equipos multisectoriales, con profesionales altamente cualificados y comprometidos en el seno de organizaciones sociales y empresas que asuman el reto de la competitividad, la innovación, la sostenibilidad y los aspectos relativos a la responsabilidad social.
- Influir en el ciclo de vida de los productos; acercar la fabricación al consumidor final potenciando la tendencia de que los consumidores se conviertan en fabricantes de parte de su energía y en codiseñadores de los bienes que consumen. De consumidores a prosumidores.
- Asegurar a los productos una segunda vida útil o su reciclaje.
- Influir en la comunicación de la nueva filosofía de trabajo en las redes sociales, que no entienden de horarios, ni de fronteras, ni de limitaciones por normativas locales.

Los tres ejes básicos de la nueva formación

El **primer eje** es el relativo a modificar completamente el entorno docente, asumiendo la digitalización y la **cooperación entre el mundo educativo y el sistema productivo.**

Hay que sacar parte de la docencia de las aulas y lograr un partenariado con el sistema empresarial.

Hay que adoptar el modelo dual, aceptando que el proceso de aprendizaje es un proceso mixto y simbiótico en la línea desarrollada con éxito en el ámbito de las ciencias de la salud y muy especialmente en la medicina.

La realidad aumentada tendrá vital importancia en la futura educación.
(Fuente: maseducacion.aptitus.com)

Hay que interiorizar que la información y muchos de los conocimientos están digitalizados en la red y no tan solo en los libros. (Los libros son el conocimiento de ayer, la red es el conocimiento de hoy y de las tendencias de futuro.)

En las aulas hay que aprender a aprender contenidos concretos, y también a desaprenderlos cuando convenga; hay que aprender a analizar y discernir entre verdad y falsedad; a saber cómo detectar tendencias y cómo aplicar los conocimientos; a adquirir las aptitudes requeridas para el ejercicio profesional, cada vez más configurado para equipos heterogéneos, en cuanto a conocimientos, talantes y culturas primigenias.

Hay que aprender a aplicar dentro de la empresa los conocimientos aprendidos con criterios de productividad, a aportar creatividad al equipo y a la organización; a asumir compromiso y a responder, con acierto y rapidez, a las necesidades de los clientes; a adaptarse a los requerimientos y oportunidades de los mercados.

El **segundo eje** se refiere a las **herramientas adecuadas;** la posibilidad de adquirir experiencia simultáneamente a la adquisición de nuevos conocimientos mediante el uso de sistemas expertos y simuladores híbridos que unan el mundo virtual con el real.

Hoy en día la creación de mundos virtuales y escenarios con realidad aumentada, así como el uso de productos inteligentes, permiten aplicar conocimiento y adquirir destreza en su uso en bancos de simulación y pruebas que incorporan inteligencia artificial.

Hay que disponer de bancos de datos vertebrados con sistemas expertos y simuladores híbridos para conseguir que, al finalizar el período de aprendizaje, los alumnos ya dispongan de la práctica asociada al ejercicio profesional en sus primeras etapas de actividad.

Hay que desarrollar herramientas que, aplicando las técnicas de los videojuegos, recreen espacios productivos, mediante holografías inmersivas o realidad aumentada. A medio o corto plazo, se convertirán en herramientas indispensables (al igual que lo han sido, desde hace años, en los entrenamientos de pilotos de aviación, astronautas o capitanes de grandes barcos).

No hay que olvidar tampoco las técnicas de simulación con realidad virtual inmersiva, disponibles para personal de profesiones de riesgo, o las propias de simulación que se emplean habitualmente en las escuelas de negocios. En definitiva: nuevas herramientas y metodologías que permitan alcanzar el mejor nivel de aprendizaje a cada persona de acuerdo con sus posibilidades.

Hay que adaptar los ritmos de exposición a los estados de ánimo en que se encuentra cada persona en cada momento del proceso de aprendizaje. Estar atento a los signos que identifican el interés o aburrimiento es, sin duda, un aspecto fundamental que utilizan los profesores y tutores.

El **tercer eje** de actuación consiste la incorporación de **tutores personales sustentados por la inteligencia artificial,** con la finalidad de desarrollar metodologías ajustadas a las características específicas de cada persona.

Se trata de aceptar que cada persona debe poder desplegar el máximo de sus potencialidades cognitivas. Ajustar a cada persona los ritmos de aprendizaje y de asistencia personalizada es fundamental para evitar la exclusión de aquellas con necesidades especiales y minimizar el fracaso del proceso formativo. El uso de robots tutores personales basados en inteligencia artificial será la herramienta imprescindible de futuro.

Desarrollar estos tres ejes de enseñanza altamente innovadora y con tecnologías pioneras no solo repercutiría en una mejora muy significativa del proceso de estudio y adquisición de conocimientos y habilidades sino que conllevará, a la vez, el surgimiento de un nuevo sector de actividad extremadamente competitivo, altamente cualificado, capaz de valorizar conocimientos, crear valor y con incidencia en el mundo global, dado que la eficiencia de los procesos de aprendizaje no pueden ser exclusivos de ningún colectivo; por el contrario, es necesario que se conviertan en universales para asegurar la minimización de la exclusión y el desarrollo armónico de la humanidad.

En síntesis, la formación no puede seguir ajustándose a lo que se hace ahora. Hay que actuar para rediseñarla de nuevo, en una modificación que debe afectar a todos los niveles. Ha llegado la hora de ahuyentar las excusas y cooperar para competir rompiendo compartimentos estancos. De asumir con determinación los retos que se dibujan en el horizonte. Unos retos a nuestro alcance si, por un lado, logramos la colaboración de las administraciones, los sindicatos, los centros de formación, las universidades y las empresas, ya que sin ellas el proceso de formación nunca será plenamente eficiente y eficaz.

Tenemos que desplegar aquel empuje que caracterizó a nuestros antepasados, aquellas personas que, sin recursos naturales ni materias primas suficientes, supieron afrontar los desafíos de todas y cada una de las revoluciones industriales anteriores y, es bueno recordarlo, sentaron las bases de un país comprometido con el progreso económico y social.

Gestión del cambio

Uno de los mayores retos en la transformación digital de cualquier empresa es facilitar la adaptación de todos los empleados a las nuevas herramientas y las nuevas tecnologías y procedimientos que se quieren implantar. La resistencia al cambio forma parte del instinto humano de supervivencia.

Desgraciadamente, no hay ninguna fórmula mágica que nos asegure que el cambio cultural necesario se lleve a cabo de la manera más efectiva y con menos daños colaterales. Siempre habrá detractores y partidarios del cambio. Pero tanto los unos como los otros van a necesitar un plan de transformación, de adaptación al nuevo entorno.

Una pieza fundamental del plan de gestión del cambio será el plan de formación del personal afectado. Lo primordial es establecer un clima de confianza, replanteando y actualizando los valores de la organización y procurando que el proyecto del cambio sea un proyecto común. Una vez tengamos asegurado que el equipo humano sea consciente de que se va a producir el cambio, empezaremos a trabajar en el plan de formación.

Un plan de formación permite identificar a los empleados resistentes al cambio y poder aplicarles esfuerzos adicionales de integración. Detectaremos el talento y lo tendremos en cuenta para encajarlo en los nuevos roles que se crearán según los requerimientos de la adaptación a la Industria 4.0. Con toda probabilidad, el cambio causará que aparezca la necesidad de nuevos perfiles con habilidades digitales, conocimientos en las nuevas tecnologías y formación en la necesidad de protección medioambiental. Procuraremos que, si se incorporan nuevos talentos a la empresa, tengan la capacidad de ayudar a la dinamización del cambio.

Una vez hayamos conseguido integrar a la mayor parte de la plantilla, tendremos que decidir qué hacemos con aquellas personas que no aceptan el cambio (en el probable caso de que las hubiera). Debemos recordar que el clima laboral es un pilar fundamental que puede llevarnos tanto al éxito como al fracaso, por lo que debemos tener claro quién apoyará el cambio, quién necesita ayuda para entender el proceso y quién lo entorpecerá poniéndolo en riesgo.

En la gestión del cambio no podemos perder de vista al cliente. Todos los objetivos que nos planteamos en la adaptación de las empresas en la Industria 4.0 deben estar orientados a la creación de valor para las clientelas (que al final es lo que justifica la existencia de la empresa). Si no somos capaces de transmitir el valor añadido que supone este proceso de integración en el modelo de Industria 4.0, deberíamos replantear nuestros objetivos iniciales.

Si estamos alineados con las necesidades de la clientela seremos más competitivos ya que estaremos creando lo que el cliente espera. Este concepto es válido para cualquier mejora que queramos implantar en cualquier empresa y, aunque es algo trivial, a menudo se tiende a olvidarlo.

Capítulo 12
Hoja de ruta para implantar
el modelo de Industria 4.0

Las industrias y los países afrontan la Industria 4.0 de diversas maneras. Las industrias que fabrican un número muy alto de productos diferentes –como pueden ser, por ejemplo, las industrias de la automoción, de la alimentación o de la moda–, se beneficiarán de un mayor grado de flexibilidad en pedidos customizados que les generarán ganancias importantes de productividad. Las industrias que fabrican productos que deben cumplir exigencias muy altas de calidad –como son los semiconductores y los productos farmacéuticos–, se beneficiarán de las mejoras impulsadas por el análisis continuo de datos a lo largo de todo el ciclo de vida que reducirán drásticamente las tasas de error.

Los países con trabajo de alto nivel de cualificación accederán con mayor facilidad al grado de automatización más alto y sin grandes problemas para asumir el aumento de demanda de mano de obra más cualificada. Sin embargo, muchos países emergentes con una fuerza de trabajo joven, pero con buenos conocimientos tecnológicos, también podrán aprovechar la oportunidad e, incluso, crear nuevos conceptos de fabricación.

Para dar forma activa a la transformación necesaria, tanto los fabricantes como sus proveedores deben tomar medidas decisivas para abarcar los nueve pilares del avance tecnológico. También deben abordar la necesidad de adaptar la infraestructura donde sea necesario y procurar la formación adecuada de todo el personal involucrado. En la línea explicitada en los capítulos anteriores, convertirse en una industria conlleva que los sistemas de producción estén totalmente interconectados, tanto los internos como los externos y todos ellos sincronizados en tiempo real, y que la producción se encuadre en el triple condicionante de: adaptación a los cambios del mercado, maximizar la productividad y valorizar los avances técnicos y científicos con rapidez.

La Industria 4.0 tiene por finalidad implementar fábricas inteligentes, entendidas como el uso intensivo de la automatización y la inteligencia artificial. Pero este objetivo, por sí solo, no tiene suficiente consistencia. Hay que asumir el desafío verdadero de la Industria 4.0, que no es un simple cambio tecnológico. Es un cambio de filosofía y de estructura económica que se hace difícil prever hasta qué punto cambiará las vidas de las futuras generaciones. La creciente digitalización y coordinación colaborativa entre todas las unidades productivas de la economía es la meta final que alcanzar. El eterno reto de aunar la oferta con la demanda y ser proactivo con las tendencias del mercado.

La Industria 4.0 consiste, también y básicamente, en diseñar y fabricar productos inteligentes. Este es el auténtico reto y la clave para ser competitivo en los mercados globales. La tecnología permite hoy que todos los productos sean inteligentes. En consecuencia, todo, absolutamente todo, tiene que rediseñarse, reinventarse; desde la indumentaria, los utensilios del hogar y de oficina, los objetos dirigidos al ocio o al aprendizaje, la gestión sanitaria, los vehículos e instrumentos de movilidad de personas y mercancías, la gestión de edificios y ciudades, y –en especial– la aportación de servicios personalizados.

Así pues, la Industria 4.0 conlleva efectuar grandes cambios en toda organización que asuma los paradigmas asociados a la misma y como tal prepare y ejecute las actuaciones encaminadas a encuadrar su actividad en el nuevo contexto. Se deben asumir no solo los aspectos vinculados a las tecnologías que la configuran, sino también los aspectos de repercusión global, como son los relativos al poder transformador de la sociedad digitalizada.

Se ha generalizado, de forma creciente, la percepción de que la digitalización de la información y las comunicaciones se ha convertido en el elemento imprescindible para un cambio necesario en la humanidad, lo que hemos llamado «humanidad digital». Los nuevos profesionales y las nuevas empresas fabricarán productos y servicios inteligentes en fábricas inteligentes y el internet de las cosas configurará las redes de diálogos entre dispositivos con una creciente capacidad de toma de decisiones autónomas que aportarán mejor calidad de vida y serán la clave de la transformación social.

La sociedad, en general, es consciente de que las TIC, la biotecnología, la inteligencia artificial y la digitalización están cambiando la naturaleza del empleo, reduciendo el número de oficios no especializados disponibles para los humanos. Partiendo de este contexto hay que encuadrar las actuaciones de cada organización encaminadas al pleno desarrollo de la Industria 4.0, interiorizando que el tiempo disponible para prepararse hacia el cambio se está acortando a marchas forzadas.

Tenemos que asumir la obsolescencia acelerada del sistema actual. Tenemos que hacer nuestras las banderas de las energías limpias, la economía colaborativa y circular, la movilidad no contaminante, la eliminación de la maldición bíblica del «sudor en la frente» en los trabajos.

Alcanzar el éxito en este proceso conlleva caminar hacia él mediante actuaciones específicas en una hoja de ruta de 10 fases. A continuación, se detallan en qué consisten cada una de estas fases.

Fase 1. Completar la integración digital

Un punto de partida indispensable para asumir el paradigma de Industria 4.0 es haber informatizado previamente la empresa de forma completa, o lo que es lo mismo,

Las 10 fases de la hoja de ruta para implantar el modelo Industria 4.0. (Fuente: Elaboración propia)

haber incorporado *software* de propósito específico (o customizado) para gestionar todos los diversos procesos que encuadran la actividad de la empresa.

Lograr la integración digital es un estadio posterior a la informatización que consiste en interrelacionar todos los procesos de la empresa de tal manera que los datos necesarios fluyan de manera automática entre todos ellos.

Un puesto de trabajo integrado digitalmente es aquel en el cual toda la información le llega, se genera y se propaga con soporte digital. Conseguir la integración digital de la empresa supone que a todos los procesos y subprocesos les llega la información en soporte digital y se propaga hacia el siguiente proceso también de forma digitalizada, incorporando a la vez toda aquella información que se va generando en todos los procesos por los que el producto o servicio transita.

Fase 2. Maximizar el binomio productividad–calidad

Disponer de una organización informatizada y que además haya hecho la integración digital no garantiza que se maximice la capacidad productiva de la tecnología utilizada. Lograrlo conlleva ajustar los procedimientos de trabajo y adaptarlos a las nuevas potencialidades de los instrumentos, máquinas y *software* disponibles. Un ajuste que conlleva visualizar la organización como un todo y poner el flujo de información que acompaña o constituye los procesos como el eje central a optimizar.

Solo entendiendo la calidad como el cumplimiento riguroso y estricto de los requisitos predefinidos del producto, se podrá maximizar el binomio productividad-calidad, y eliminar el costo del incumplimiento de ellos o de no haber utilizado todas las potencialidades que ofrecen las tecnologías empleadas.

Consecuentemente, se puede afirmar que una empresa ha alcanzado, o está en camino de alcanzar, los beneficios de la integración digital cuando los datos que configuran la información se convierten en conocimiento disponible en todo momento y lugar, y permiten maximizar la productividad, minimizar los errores y garantizar la calidad y la mejor eficacia y acierto en la toma de decisiones.

Fase 3. Automatizar el conocimiento en los procesos productivos

La integración digital y el aumento en la calidad y la productividad que comportan las dos primeras fases del camino hacia la empresa 4.0, se han centrado básicamente en el proceso de la información que caracteriza toda organización en el paradigma de industria 3.0.

Para las empresas que centran su actividad en la manufactura de productos, el siguiente paso consiste en integrar el *know-how* de forma automatizada en los procesos productivos. Es decir, dotar a las máquinas de capacidad de interacción entre ellas, de tal manera que se autorregulen gracias a los diálogos establecidos entre ellas y los objetos que están en curso de producción. Se trata de conseguir que las decisiones sobre el proceso productivo sean adoptadas de forma automática por procesadores regidos por inteligencia artificial que aplique el *know-how* de la ingeniería de la empresa. Unas interacciones en las que también cabe la intervención humana en la medida en que su capacidad de interactuar aporte mayor conocimientos sobre una situación particular de la producción en una máquina concreta, o se produzca la necesidad de mantenimiento (preventivo o correctivo) a demanda de la propia máquina. Optimizar el proceso productivo requiere que las máquinas interactúen con los productos en curso y ayuden al MRP a optimizar la planificación de la producción.

Las empresas que logran esta tercera fase en la transformación se aseguran un mejor nivel de productividad y calidad, y, al automatizar la toma de decisiones en la producción, obtienen los beneficios asociados a disponer de la velocidad y el ajuste acelerado a las situaciones no previstas de todo proceso complejo. Son los beneficios de conjugar simbióticamente la inteligencia humana con la inteligencia artificial.

Fase 4. Dar soporte al producto en su ciclo completo de vida

Una vez optimizados los procesos productivos, el siguiente paso a implementar es cuidar del producto a lo largo de toda su vida útil. Para ello hay que:

- Ofrecer un buen *marketing* digital.
- Ofrecer un buen soporte técnico preventa y posventa.
- Solucionar las problemáticas surgidas a lo largo de su uso, prolongando su vida útil y la satisfacción de los clientes.
- Actualizar el producto con las demandas y sugerencias de los clientes, si son pertinentes y viables.
- Partir del diseño actual para mejorar las versiones actualizadas del producto.
- Conseguir que cada producto no pierda el contacto con quien lo ha ideado, diseñador o fabricante, y que gracias a esta interacción se maximice la satisfacción de la clientela.
- Buscar aportaciones para mejorar el ciclo de vida del producto y hacer que progrese en el camino de la sostenibilidad, logrando que al finalizar su vida

pueda convertirse, de forma directa o indirecta, en materia prima de una nueva etapa de aportación de soluciones a las necesidades de la sociedad o de los propios procesos productivos.

- Conseguir que los clientes sean nuestros mejores mentores.

Fase 5. Definir la estrategia *smart* a medio plazo

Alcanzadas las fases anteriores, que han cubierto el objetivo de convertir la organización en inteligente mediante la incorporación, con mayor o menor intensidad, de las tecnologías propias de las organizaciones 4.0, llega el momento de definir la estrategia a medio plazo para convertir los productos, o servicios, en inteligentes *(smart products)*, es decir, con capacidad de interacción y con identidad propia. Un proceso que conllevará el rediseño de los productos y al mismo tiempo el diseño de otros nuevos, aplicando la creatividad en el aprovechamiento de los avances técnicos y científicos.

Fase 6. Diseño de los productos *smart*

La fase sexta, como consecuencia de las estrategias definidas en la fase anterior, tiene por objetivo rediseñar los productos, o diseñar nuevos productos, con criterios de inteligencia *(smart)*. El objetivo es dotar al producto de propiedades de interacción con los usuarios o con otros productos existentes en el mercado.

La interacción podrá ser presencial o telemática (o ambas a la vez) y dotará al producto de capacidad intelectiva gracias a proceso local o empleando la potencia de cálculo de la nube.

Diseñar productos *smart* se encuadra en los programas asociados al desarrollo del internet de las cosas o, lo que es lo mismo, a las actuaciones encaminadas a lograr la cobertura global de internet en todo el ciclo de vida del producto.

Fase 7. Establecer el seguimiento del producto en su ciclo de vida completo

El diseño y fabricación de productos inteligentes capaces de conectarse vía internet abre las puertas a que estos disfruten de las ventajas asociadas a la evolución de sus nuevas funcionalidades, la actualización a distancia de sus prestaciones, el telemantenimiento y la reparación de averías a distancia, algo que desde los orígenes de la computación e internet ya vienen disfrutado las aplicaciones de *software* y, más recientemente, los teléfonos inteligentes.

En el capítulo de logística 4.0 ya se ha detallado cómo las tecnologías nos permiten la trazabilidad del producto desde su nacimiento hasta el final de su vida útil.

Fase 8. Definir e implantar la segunda vida útil del producto

La sostenibilidad nos obliga a evitar los productos de usar y tirar (puesto que contaminan el planeta o comprometen el clima), y centrarnos en dar una segunda vida útil a los productos; ya sea en forma de materia prima o de una base para transformación de los productos convencionales a inteligentes.

Es un aspecto importante que debe ser considerado en las etapas del diseño y fabricación, dado que, en gran medida, el diseño y el proceso de fabricación condicionarán la viabilidad con criterios de costo/beneficio de la imprescindible reutilización o reciclaje como única vía para reducir la huella humana sobre el planeta.

Fase 9. Gestión colaborativa y en tiempo real de todos los agentes implicados

Una vez alcanzado el objetivo de tener una fábrica inteligente que produce productos inteligentes, la fase siguiente perseguirá la optimización del conocimiento en todas las etapas del ciclo de vida del producto. Establecerá los convenios y pactos *win-win* —es decir, beneficiosos para todas las partes— con los proveedores, distribuidores y agentes involucrados para conseguir las comunicaciones interactivas en tiempo real de todas las incidencias que puedan permitir optimizar cualquiera de las etapas del ciclo de vida.

Las opiniones de los clientes, las tendencias del mercado, las disponibilidades del producto en los canales de distribución, las previsiones de ventas y su futura evolución, las previsiones de cambios en los costos de las materias primas y la energía, las incidencias en los transportes y la logística, etc. Todas las informaciones de fuentes externas que pueden influir en proporcionarnos mejores criterios para una toma de decisiones más acertada en tiempo real deberán ser abordadas e incorporadas en el sistema de soporte a las decisiones (o DSS por las siglas en inglés de *decision support system*).

Pero este objetivo solo se conseguirá con una perfecta colaboración entre todas las partes y una interacción cooperativa entre los diferentes sistemas de inteligencia artificial y inteligencia humana de todos los agentes implicados. Una colaboración que progresivamente irá mejorando y agilizándose con el uso.

Fase 10. Evolución continua de los productos e innovación disruptiva

La velocidad de los avances técnicos y científicos, al igual que las nuevas potencialidades de las máquinas herramienta y los productos, juntamente con los progresos asociados a la gran convergencia tecnológica, aceleran la obsolescencia de los procesos productivos, los equipamientos asociados, y los propios productos. Son aspectos que nos obligan a amortizaciones aceleradas de las inversiones efectuadas, que solo se pueden afrontar con un buen dimensionamiento de los niveles de actividad y de las cantidades de las series que se van a fabricar. Que nos obligan también a establecer una estrecha cooperación entre el mundo industrial y el mundo científico y técnico en la búsqueda de una innovación permanente con criterios de mentalidad abierta.

El objetivo final es implementar equipos de diseño e ingeniería capaces de convertir los avances técnicos y científicos en productos y servicios disruptivos que mejoren la calidad de vida de la sociedad.

Bibliografía

Arrow, Kenneth Joseph: *Social choice and individual values.* Eastford, CT: Martino Fine Books, 2012.

Borowy, Iris. *Defining sustainable development for our common future: A history of the World Commission on Environment and Development (Brundtland Commission).* Londres: Routledge, 2013.

Caballero, Rafael; Martín, Enrique: *Las bases de Big Data.* Madrid: Los Libros de la Catarata, 2015.

Cedefop: «The changing nature and role of vocational education and training in Europe. Volume 3: The responsiveness of European VET systems to external change (1995-2015)». *Cedefop Research Paper* 2018, No. 67.

De Backer, K. *et al.* : «Reshoring: Myth or reality?». *OECD Science, Technology and Industry Policy Papers* 2016, No. 27.

Del Val Román, José Luis: *Industria 4.0: La transformación digital de la industria.* Valencia: Conferencia de Directores y Decanos de Ingeniería Informática, Informes CODDII, 2016.

Drucker, Peter: «Knowledge-worker productivity: The biggest challenge». *California Management Review* 1999, Winter, Vol. 41, No. 2: 93.

Dweck, Carol: *Mindset la actitud del éxito.* Málaga: Editorial Sirio, 2016.

Garrell, Antoni: *La competividad y sus claves.* Sabadell: FUNDIT, Design Knowledge & Future, 2012.

Guerrero, David: «Los patinetes se incorporan al reparto de mercancías». *La Vanguardia* (ed. electrónica), 9 de marzo de 2018.

Guilera, Llorenç: *Anatomía de la creatividad.* Sabadell: FUNDIT, Design Knowledge & Future, 2011.

Keynes, John Maynard: *Teoría general de la ocupación, el interés y el dinero*. México: Fondo de Cultura Económica, 1974.

Luri, Gregorio: *La escuela contra el mundo: el optimismo es posible*. Barcelona: CEAC, 2010.

Marr, Bernard: *Big data en la práctica: Cómo 45 empresas exitosas han utilizado análisis de big data para ofrecer resultados extraordinarios*. Zaragoza: Teell Editorial, 2017.

Oliver, Josep: *La pèrdua de posicions de la indústria catalana en el context europeu: transformacions estructurals de l'expansió (1995-1907) i efectes de la crisi (2007-2013)*. Sabadell: Fundació per la Indústria, 2014.

Schumpeter, Joseph A.: ¿Puede sobrevivir el *capitalismo? La destrucción creativa y el futuro de la economía global*. Madrid: Capitán Swing Libros, 2010.

Solow, Robert M.: «A contribution to the theory of economic growth». *The Quarterly Journal of Economics* 1956; 70 (1): 65-94.

Stiglitz, Joseph E.; Greenwald, Bruce C.: *Creating a learning society*. Nueva York, NY: Columbia University Press, 2014.

Stiglitz, Joseph E.: *Globalization and its discontents revisited: Anti-globalization in the Era of Trump*. Nueva York, NY: W.W. Norton & Company, 2017.

Suñol, Rafael: *Un entorn propici per a la indústria. Objectiu, la competitivitat: propostes*. Sabadell: Fundació per la Indústria, 2014.

Taniguchi, Norio: «On the basic concept of 'nano-technology'». *Proceedings of International Conference on Production Engineering*. Part II. Tokyo: Japan Society of Precision Engineering, 1974.

Velasco, Roberto: *Salvad la industria española: Desafíos actuales y reformas pendientes*. Madrid: Editorial Catarata, 2014.

Villegas, Gema: «Logística 4.0: Preparados para la nueva revolución industrial». *Alimarket/Gran Consumo* 2017; mayo: 232-256.

Wang, Shiyong; Wan, Jiafu; Li, Di; Zhang, Chunhua: «Implementing smart factory of Industrie 4.0: An outlook». *International Journal of Distributed Sensor Networks* 2016; 2016: 1-10.

Libros para la gestión empresarial

**Lean Company.
Más allá de la
manufactura**
Luis Socconini

**Lean Six Sigma.
Sistema de gestión
para liderar
empresas**
Luis Socconini, Carlo Reato

**Lean Energy 4.0.
Guía de
Implementación**
*Luis Socconini,
Juan Pablo Martín*

**Manual de estrategia
de operaciones**
Ángel Caja Corral

**Lean Manufacturing.
Paso a paso**
Luis Socconini

**Manual del comercio
electrónico**
*Eva María Hernández Ramos,
Luis Carlos Hernández
Barrueco*

**FUNTRADERS.
Un juego para
aprender comercio
internacional**

**Técnicas para ahorrar
costos logísticos.
Aurum 2**
*Luis Carlos Hernández
Barrueco*